天下文化
BELIEVE IN READING

BGB485A 社會人文

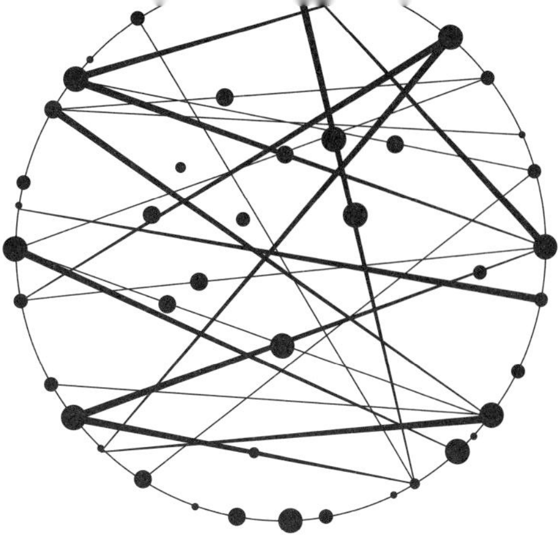

全球化的裂解與再融合

中國模式與西方模式誰將勝出？

The Future of Globalization

Fission vs. Fusion

朱雲漢 著

目錄

推薦序

遍地烽火，何日河清：從鑲嵌到融合

許倬雲

朱雲漢教授撰成新作，討論全球化的裂解與再融合。特別請我撰寫序文，拜讀之後，深有感觸。二〇一九年八月十一日，《紐約時報》刊載的新聞，就有不少世界各地的動亂。僅以各處新移民與當地主要族群的衝突而言，即不少於五條，衝突出現地點遍及挪威、瑞典、美國的德州、亞洲的克什米爾等；牽涉經濟發展與國際貿易的事件至少七件，包括中美貿易戰、北美國際貿易與北美自由貿易協定、日韓貿易糾紛、歐盟與英國脫歐問題、中東石油國際禁運等。每天打開報紙，觸目之處，竟可說遍地烽火，狼煙四起，這一地球幾乎沒有安寧土，沒有清靜日。

朱教授討論的主旨是最近一、二十年，世界各處政治經濟局面中前所未有的變化，處處都出現。尤其是民族主義，達到高潮。這一民族主義不是肯定自己，而是排斥他人。同樣湧現的是經濟發展的混亂，也使得過去已經維持三十年的供應鏈，幾乎處處斷絕。回憶當年，應該是一九六〇年以後，世界各處都在討論全球化。而到今日，全球化的夢想不僅愈來愈渺茫，國與國之間的衝突，人與人之間的矛盾卻是愈來愈顯著。

全球化這一夢想，其實與「大同世界」有相當大的不同。在中國文化中，大同世界是無私的世界，二十世紀討論的全球化，則是一個相互依賴的世界。大家融合成一團，而不是彼此分割。這些國際組織，如世界貿易組織、北美自由貿易協定，還有歐盟從一個產業結合，演變為一個「歐洲大聯盟」的雛形，凡此，都推進了全球化的過程。但是進入二十一世紀以來，如此趨勢，卻被美國的新領導者川普總統悍然推翻。他或者主動退出協定，或者乾脆廢除協定，以至於曾經為了經濟秩序而建立的種種約定與布局，正在化為灰燼。

全球化的現象，本來是基於經濟上的資源和產品流通，建構了彼此聯結的供應鏈。進入二十一世紀以來，突飛猛進的資訊科技，將信息鏈的聯繫輕易地轉達到個人手中。也因為信息鏈的聯繫，讓人感覺「天涯若比鄰」。任何地方的信息，俄頃之間，就可以達到另一地方，增加了合作的機會，也增加了衝突可能。建構全球化的前提，是經濟合作和資訊流通這兩個文化現象。但從負面角度看，近世工業化的發展，消耗能源龐大而迅速，使得本來「靠天吃飯」的農業，也變成了「戡天而毀之」。這些現象配合因為人類行為而導致的生態危機，使得人們開始警覺「地球只有一個」——七十多億的小螞蟻，只有這個拳頭大的地球作為生存基地。這種同生死共存亡的感覺，為全球化增加了一個沉重的注腳。

如此順暢進行的全球化，為什麼忽然之間又出現了問題，乃至於每個國家都出現了像川普一樣的人物？族繁不及備載，不必一一提及，而他們的共同特色是「唯我獨尊」。在富有國家，典型的是「使美國再次偉大」這種口號；在窮困地方，則是窮凶極惡地剝削百姓，使其上層比任何階層都要優越。無論在公在私，全球化的夢想被我們拋在腦後。我們面臨的是一個分裂中的世界，而且這裂痕一天比一天擴大，因為有像川普這樣的人物在不斷創造危機。

朱教授特別提出兩個陷阱。第一個陷阱是經濟方面，即不惜破壞正在融合的格局，代之以分裂與混亂，掉入失序的「金德伯格陷阱」（Kindleberger trap）。另一個陷阱則是所謂「修昔底德陷阱」（Thucydides's Trap），也就是掌有權力者不允許另一個夥伴共享權力。第一號掌權者要消滅第二號掌權者。擂台主要把搶奪者扔到台外。朱教授的新作就這兩個現象，舉了很多政治與經濟方面的例證，說明這兩種狀態幾乎已到了野火燎原的亂局。

朱教授特別提到兩個名詞，一個是鑲嵌的格局，一個是融合的完成。這兩個名詞，其實也代表人類歷史上兩種發展的型態。我是學歷史的，對於朱教授所提的這兩種對立的現象，深有同感。在歷史發展過程中，我們的確可以看到白人的世界，常見鑲嵌而罕見融合，即使有融合的個例，則或是毀己從人，抑或是化他為己。

從大歷史現象看，我們且從希臘世界開始，看看歐洲的局面。古代希臘世界常以雅典為首善之區。雅典文化發達，城邦富足，的確不愧這一領頭身分。因為有了雅典的帶頭，配合斯巴達的合作，才能成功擊退波斯的擴張。但是從彼時以後，修昔底德陷阱就出現了，雅典不容許斯巴達在其臥榻之旁酣睡。終於因為雅典的獨占霸主地位，強令各國的海軍建設必須由各國出資，卻將艦隊歸屬雅典控制。雅典先後壓服可能的挑戰者，斯巴達和柯林斯，控制了希臘各城邦。雅典不以此為滿足，又傾全力遠征西西里，也導致雅典最終的覆亡。希臘世界終於屈服於遠在邊陲的馬其頓。馬其頓建立的亞歷山大帝國也不容許波斯與其並肩，所以亞歷山大一生的努力就是東征西討，卻帝業未成，英年逝世。他屍骨未寒，亞歷山大帝國就崩解為三個中東的王國。

第二次出現大國，是在羅馬時代。羅馬城邦是仿照希臘城邦模式建構的集合體，格局已經超越城邦體制，核心力量則還是羅馬城邦。這個核心力量，依賴其獨特的權力共享觀念，由元老院代表貴族聯合體，而羅馬城外農夫則以公民身分，武裝為羅馬軍團。羅馬軍團兵鋒四出，遂將地中海四周北達高盧、南到埃及，都征服於羅馬之下。羅馬的統治幾乎涵蓋當時地中海世界的全部地區，只剩下迦太基依然以其商業帝國的經營方式，富有而強大，成為羅馬的挑戰者。迦太基可能並不想挑戰羅馬，因其有自己發展的天地，比如非洲。但羅馬卻容不得迦太基存在。羅馬屢次征戰，三代經營，終於消滅了迦太基，隨即屠戮其百姓，乃至引海水灌入良田，使其不能生產穀物。這就是「修昔底德陷阱」。中文所謂：「臥榻旁不容他人酣睡」，只是羅馬作為的殘酷，則不是這句中文言語的想像可及。

羅馬世界並不是一個融合的總體，各地都有羅馬的屬地。羅馬容許各個新占土地保有自己的法律風俗，也並不將原有統治者代之以羅馬的官員。缺少人才、資源、文化在龐大疆土流轉，與因此產生的逐漸融合，羅馬帝國不是一個融合的集合體，只是一個霸主宗邦，強制將許多單位納入其麾下。

古代的羅馬帝國逐漸衰亡，首先出現「蠻族入侵」，他們成為傭傭兵，暗中偷換為羅馬內部權力的質變：新侵入的蠻族，以基督教為名建立的神權秩序。這個秩序無論是本來成為教廷的羅馬，或是後來以「神聖羅馬帝國」之名建立的國際秩序，不同於中國秦漢以後出現的編戶齊民制度，處處都是各種族群建立的單位。有的是以封建方式，只承認宗主國權威，但是並不接受其治理。在封建小國內，也是封君與領主的從屬，並不接受王者派遣的官員。

歐洲儘管有一個共同的秩序，但依舊只是「鑲嵌」格局，並不是融合。歐洲歷史上從來沒有出現過「華夏」方式的「天下」，及其不斷進行的文化、種族融合過程，以至於最終互相融合為龐大的有機集合系統。

十七世紀，自簽訂《西發里亞和約》以後，歐洲告別了名義上的帝國體制，承認列國體制的秩序。從十七世紀至今，歐洲戰亂不斷，其原因不外乎爭奪霸權——地中海東、西之間的爭霸，歐洲大陸上中歐與西歐的爭霸。近世以來，歐洲的霸業爭奪，落實於法國、德國、英國之間的征戰。有一方做大，另兩方就合力而攻之，兩次歐戰都是這種現象。

由世界格局論，大英帝國的擴展，與資本主義的發展共生，大英帝國國旗因此而飛揚各處。英國一度統治世界三分之一的人口，掌握大半個地球的資源。但與羅馬帝國一樣，是鑲嵌的格局，而不是融合的秩序。在大英帝國內，印度歸印度，馬來歸馬來，甚至英語民族分出去的國家，如美國、澳洲、紐西蘭等處，一旦分出去，就只是因為語言原因接受為同族，絕對不會趨向國與國之間的融合。最近，英格蘭、蘇格蘭、威爾士三個勉強併合在一起的「聯合王國」，因為脫歐的趨勢自外於歐洲，其內部也將分裂成四個國家。

以上所說，兩千餘年來白人世界的力量一步步擴大和壯盛，終於成為地球上的統治群體。然而，尤其是後半段白人世界稱霸時，我們只看見他們搶占別人的領土作為自己的殖民地，卻沒有看見以「和」引起的合作，只看到以「力」進行的利益爭奪。更可詬病者，白人殖民各處，又往往以「一神信仰」的排他性，視各處有色人種為異類，悍然殺戮、奴役、掠奪，何來融合的觀念？

鄙意以為，自從公元前四千年以前，高加索山下的人馴服了馬匹，加長了活動距離，也擴大其控制範圍。很快地白人發展了騎乘技術，騎馬民族一波一波四下擴充。其中一路湧向南亞次大陸，後來者處於先到者之上，構成了千層糕一樣的制度。向西擴充的路線，將先到者推到大陸旁邊，後來者占據主要地區，各處建國。他們衝擊原有居民的社會，改組原有格局——或以宗教信仰，或以結盟方式，建構列國體制。但是如此局面依然是「鑲嵌」，而不是「融合」。最近一個例子，就是原本可能逐漸走向融合局面的歐盟，卻被英國的「脫歐」引發了內部的矛盾。從此以後，歐洲融合的機會只會更遙遠，而不是更接近。

美國在川普總統的治理下，悍然撕毀各種條約、約定，或者努力將原有的合作條約重新簽訂。他要求各國接受霸主的約束指揮，凡參與新訂條約的國家要承擔義務，只有霸主美國可獨享權力。原本似乎正在開展的全球化過程，因為美國忽然以「霸主」姿態自居，以致世人終於發覺——全球化竟不過是一個幻影，其背後是「強者為王」的現實。今日，世人難得不作如此想法：歷史竟是屢次不斷重現的錯誤。所謂「大同世界」，在世人眼中，其實只是白人的天堂。《太陽城》不過是白人的一神信仰教義中設想的境界，而不是人間可以期盼的理想秩序。

相對而言，在中國歷史上，春秋戰國的融合過程何嘗不是刀光劍影，人喊馬嘶？春秋戰國時代經過不斷的戰爭，秦始皇統一了中國。在這一過程的競爭之中，各國彼此學習，至統一之前，各國已紛紛實現內部的郡縣制度，也紛紛招納客卿，借用賢才為自己服務。他們無不推動資源流通，逐漸建構了資源流通的道路網絡。秦始皇統一中國以後，推動「書同文，車同軌」，規劃度量衡標準化。出於同樣心態，戰國招納賢才的政策，在秦漢帝國發展為「察舉」制度，延攬賢良為國家工作。至漢代，終於將中國融合成一個結實的集合體「華夏世界」，因而鑄成一個文化與經濟的共同體。中國的「天下」，其終極境界是大同世界。儒家講究修己、安人，終於安天下百姓。《禮記．禮運》大同章盼望的大同世界，是選賢與能，人人有職業，老幼婦孺都受到照顧。人有能力，應當服務大眾，而不是只為自己；資源屬於大眾，不在自己。當然，如此美好的世界不易企得，卻應是憧憬與努力的目標。

這種融合的思想，自古以來貫穿至今。這一核心力量的強大，足以將邊陲的文化融化在華夏文化的大圈子之內。大文化圈的繼長增高，也經常不斷地透過吸收各地乃至域外的文化，使其本體不斷變化，終於融合，而不是鑲嵌。猶如熬製一鍋濃湯，五味雜陳，調和成味，而不再顧及其本來成分的味道。相對而言，美國的烤牛排，是肉歸肉，配料歸配料；美國的沙拉，諸種成分攪合，無非是一盤「鑲嵌」。

這種不能融合的現象，也是騎馬戰鬥民族的心態。擴張和掠奪的目的是為「我」，而不是為「他人」。我為主，旁人為從。跟我走，「我」凌駕於「你」之上。美國標榜的自由主義，本來是人人擁有眾人應有的權力，現在卻變成我要保護自己的權力。於是，自由主義成為個人主義的另一個名稱。每個人都堅持自己的權力，乃至於性別差異都不被作為界限。每個人堅持自己的選擇之後，可以去除自己先天的性別，而是選擇自己認同的性別。只認同「I」這個字，最終超越了「He」與「She」。

這一全盤放任的心態，使白人構建的近代歷史，充滿了開創的活力和冒險犯難的精神，但是也帶來了蔑視他人、埋葬過去的短處。最後只剩下獨立於萬民之中，一個孤獨的我。自由兩個字被誤解了，以至於在這種新的自由理想之下，鑲嵌，最後導致裂解；自我肯定，終於喪失了尊重別人、融合為一體的心。法律規定保護的是「利」，法律之外界定人際關係的是「力」。利與力結合在一起，就不再會有容忍他人，彼此尊重的寬容。譬如，一碗眾味調和的佳餚，失去了這一番互補，竟成為一口怪味。

在近現代醫學史上，只有最近才認識到人體各個器官彼此之間的影響。至今還有人執著於頭痛醫頭、腳痛醫腳的觀念，沒有想到要整體的考慮器官之間的關係。我們不僅應當認識到人體是一個整體，世界是一個整體，宇宙也是一個整體。個體不能妨礙全部，而應對全體有所貢獻，而且在全體中應當有所約束，而不是一定要取得「第一」的地位。朱教授這本大作的下半部，其所以提出世界的、今天的、中國的未來，也許他的想法，也是我在這裡通過歷史的引證，而呈現出的白人世界和中華世界之間巨大的差異。這一差異的來源，白人的掠奪是一個心態，中華的農耕也是一個心態。在農耕文明中，人與人的合作，土壤、空氣與生物本身的生機的結合，這些因素必須互相配合，才能構成一個鳥飛於天、魚躍於淵的和諧、活潑的世界。

以上所說，是我對朱教授大作的感想。提醒各位讀者，也許我們可以相呴以濕，相濡以沫，我們要在自己的四周，主動創造融合的局面，而不是鑲嵌的裂解。我們盼望，川普的現象只是過眼雲煙。這種忽然出現的一個「變態」，會在人類的正常心態中最後化解於無形。我盼望，有朝一日各處人類都能覺悟——個人不能立群獨立生活，任何族群不能永遠稱霸，世界和平必須建立於各處族群之間的融合。何日河清？仰天祈禱，早日能見！

許倬雲撰於美國匹城旅次，二〇一九年八月十一日

（本文作者為中央研究院院士）

推薦序

全球化下的西方與中國：讀朱雲漢《全球化的裂解與再融合》的一點感悟

鄭永年

前不久，朱雲漢教授來新加坡參加會議，提到他的新著《全球化的裂解與再融合》即將出版，我祝賀他，同時也很期待。這些年來，雲漢教授筆耕不輟，對今日世界發生的事物有非常深刻的思考，寫了不少洞見文字。但每次讀後，總感覺他還沒有說完，因此就有了新的期待。在和雲漢教授交換一些看法之後，他問我是否可以為他的新書寫個短序。我欣然答應，但同時我也告訴他，答應寫序主要是向他學習。我們都是從美國留學回來，雲漢教授長我幾歲，對他的作品，我都是抱著學習的態度，看他的文字的確獲益匪淺，也影響了我自己的研究。所以，這裡的文字與其說是序言，倒不如說是讀書心得。

雲漢教授的書不長，文字也不多，但本書不是一般的學術研究，而是他多年來深刻思考的文字表達，加上深厚的知識背景，讀者需要花很多時間來思考、消化，最終才會有所感悟。特別需要提出的是，本書涉及到的是「西方」和「中國」這兩個原本只是地域性的概念，但已經高度政治化和意識型態化的對象。近年來，人們對二十世紀九〇年代以來中國和西方（尤其是美國）所發生的變遷，感性太多，理性過少。讚嘆、懷疑、恐懼等情緒充滿輿論空間，但缺失基於理性思考之上的分析。雲漢教授所代表的是少數理性派，在當今這個時代，理性本身既是稀缺，也更遭人懷疑。不過，對雲漢教授這樣的理性者來說，這並不要緊，因為要緊的還是理性。

在此，我並不是要讚揚或評判雲漢教授的觀點，而是藉由學習他的論述，圍繞他所思考的問題，也談論一下我的看法，既作為對作品的「悟」，也作為對其觀點的延伸。

＊＊＊

全球化在西方和中國所發生的巨變，的確令人深思。記得二十世紀九〇年代初，美籍日裔學者福山發表了「歷史終結論」，認為西方自由民主是世界上最好、也是人類最後的一種政治制度。一方面是因為其符合西方主流意識型態的需要，另一方面是因為蘇聯東歐共產主義的轟然倒塌，這一理論廣為流傳，名噪一時。但是好景不長，沒過多久，西方自由民主內部開始發生巨大危機，並深刻影響到作為西方內部秩序外延的「自由國際秩序」。時至今日，西方內外部危機互相交織，互相惡化，人們看不到內外危機如何緩和解決，出路在何方。與此同時，也正是在這段不長的時間裡，中國實現了快速和可持續的崛起，不僅催生了內部新制度的誕生，而且開始走向世界舞台中心，在劇烈變化的國際事務上扮演愈來愈重要的角色。世界歷史不僅沒有被西方的「自由民主」所終結，相反地，中國的崛起開啟了新的世界歷史。

曾經創造輝煌的西方制度，為什麼會在今天面臨這樣的困局？簡單地說，西方制度為根深蒂固的既得利益所懷抱，不能與時俱進，適應新的環境，到今天形成了政治之「惡」、資本之「惡」和社會之「惡」等「三惡並舉」的局面。儘管人們對此甚感可惜，但也無可奈何。應當指出的是，這裡的「惡」並非是一種道德上的判斷，而是指一種正常社會現象，即各種角色的「自私」行為。

今日人們所見到的西方制度，是近代變革的產物。無論從理論上還是在實踐層面看，人們可以說，西方政治制度起於暴力，終於民主。在近代民族國家產生之前，西方所經歷的政治體制要不是非常地方化的體制，包括部落和歐洲式的小王國（kingdom），要不就是龐大的帝國。在很長時間裡，歐洲的政治歷史就是由地方化的小王國到帝國、帝國解體再分裂成小王國、再由小王國到帝國的循環往復。直到近代，歐洲才實現了統一的民族國家。德國哲學家黑格爾對近代的民族國家形式到了迷信的程度，直接宣稱近代民族國家為「歷史的終結」，認為它就是人類最好的國家形式，也是最後的國家形式。

但現實中，民族國家並非當時的人們所想像的那樣美好。基於近代「絕對主權」理論之上的主權國家，儘管推進了經濟和社會的發展，但並不能保障國家之間的和平。近代歐洲國家之間戰爭頻發，至一戰和二戰時達到了頂峰。二戰結束後，西方諸國內部實現了經濟和社會的繁榮；國際層面上，在英美兩國的主導下，西方也形成了其一直為之驕傲的所謂的「自由世界秩序」。這種局面一直維持到二十世紀九〇年代初蘇聯和前蘇聯集團的解體。儘管蘇聯和蘇聯集團的解體有其複雜而深刻的內在因素，但在西方國家看來，這完全是「自由民主」的功勞，是那裡的人民拋棄了自己的制度，選擇了西方制度。這就是「歷史終結論」的背景。

***

那麼，西方政治制度到底發生了怎樣的危機？這就要看西方政治制度的「初心」及其演變。

一言以蔽之，西方政治制度需要解決的是「權力之惡」問題。西方國家起源於暴力，即戰爭和征服。在理論上，從義大利的馬基維利到英國的霍布斯，人們已經為通過暴力（包括戰爭）而建設國家路徑的合理性，提供了最有力的論證。霍布斯的《利維坦》假定人類的原始狀態是一個「無政府的戰爭狀態」，他人就是敵人，人與人一直處於戰爭狀態。為了求生存，就要結束這種不安全狀態。因此，人們「讓渡權力」給主權國家，並且和國家簽署「契約」，讓老百姓保存一部分不可讓渡的「權利」。實踐層面，歐洲近代國家從戰火中誕生，並且絕對專制，是所有近代歐洲國家的最主要特色。只有在近代專制國家形成之後，歐洲才開始「軟化」和「馴服」權力的過程，也就是後來稱之為「民主化」的過程。洛克的自由主義理論開始「軟化」政治的專制性質，到了阿克頓勳爵的名言「權力導致腐敗，絕對的權力導致絕對的腐敗」，歐洲政治制度的設計目標昭然若揭，那就是「權力制衡」。

西方通過一系列的制度設計來達成「權力制衡」的目標，包括憲政、三權（即立法、行政和司法）分立、法治、多黨制、自由媒體和多元主義等。到了美國經濟學家加爾布雷斯（James K. Galbraith）那裡，就連經濟力量也是對政治力量的有效制衡，即政治和經濟權力的分離是西方民主的前提條件。在此必須指出的一點就是，所有這些制度設計都是當時西方諸國社會力量的反映。

且不說所有這些「制衡」是否有效及其制衡的結果，西方政治制度的設計既忽視了資本之「惡」的問題，也忽視了社會之「惡」的問題，但這種忽視卻又很容易理解。西方近代國家的產生本來就和資本不可分離，如馬克思所言，資本主義國家本來就是「資本的代理人」。在亞當・斯密的「看不見的手」之中，「惡」（追求私利）是一種積極要素，他相信人們的「自私」行為可以自動導致公共品的出現。但其他人發現資本之「惡」的惡果。

對資本之「惡」，馬克思進行了充分的理論揭示，法國作家雨果和英國作家狄更斯等則作了文學描述。近代以來，各國通過社會主義運動，對資本之惡有了一定的制衡。在這個過程中，民主制度的確發揮了很大作用。在馬克思描述的原始資本主義階段，西方議會內都是傳統貴族或者新生權貴（即商人和資本家），但隨著民主的擴張，愈來愈多人進入議會和政治過程，西方政府權力的基礎逐漸從資本轉移到選票。

但是，當代全球化已徹底改變這種局面，資本再次坐大。資本之「惡」可以被民主所制衡的條件，就是資本具有主權性，即無論是政治還是社會都可以對資本產生影響力。然而，全球化意味著資本可以輕易和主權「脫鉤」，資本可以沒有國界，也就是說資本沒有主權。一旦資本與主權脫鉤，資本所從事的經濟活動，無論是全球化還是技術進步，無一不演變成「獨享經濟」，而非往日的「分享經濟」。全球化和技術的進步為人類創造巨量財富，但財富卻流向絕少數人手中，大多數人民並無法分享。這是今日西方收入差異加大、社會分化加深的最主要根源，也使得各種社會衝突浮上檯面。

＊＊＊

與政治和經濟相比，在任何地方，社會似乎永遠處於弱勢狀態。無論是宗教時代還是世俗政權下的帝國或者地方性政權，社會永遠是「被統治者」。自近代民主產生以來，社會力量的地位儘管有所改善，但仍改變不了其弱勢的局面。儘管社會之「惡」基本上是其弱勢地位的反映，但也有效制約著西方政治體制的運作。今日的西方世界，社會一方面追求自己的權利，但同時也傾向於濫用權利。福利制度就是明顯的例子。民主經常演變成為福利的「拍賣會」。儘管「一人一票」的民主保障人們可以得到「一人一份」，但沒有任何機制來保證「一份貢獻一份」。不過，如果沒有「一人一份」的貢獻，很難保障福利社會的可持續性。資本自然被要求多付幾份，即政府通過高稅收政策來追求社會公平。但顯然地，一旦資本可以自由流動，那麼就可以逃避本國的高稅收制度。實際上，「避稅」也是西方資本「全球化」的強大動機之一。隨著社會愈來愈不平等，西方社會各種激進主義、極端主義及其所導致的暴力行為橫行，影響社會的正常運作。

在西方世界，一個不可迴避的現實就是：政治上愈來愈民主，經濟上則愈來愈不民主。也就是說，政治上已經充分實現「一人一票」制度，但經濟上則愈來愈不平等。在這種情況下，政府需要有所作為，因為政府代表社會的整體利益。但現實是殘酷的，西方政府不僅無能為力，反而趨惡，其表現就是政治菁英之間沒有共識，黨爭不止，治國理政被荒廢。更為嚴重的是，黨爭往往和表現形式繁多的民粹主義，甚至政治極端主義聯繫在一起，造成更進一步的社會分化。近代以來的代議民主已經失效，因為政治人物已經失去政治責任感，導致「有代議、無責任」的局面，民主成為各種社會衝突的根源。政黨政治要不是意識型態之間的、階級之間的、宗教之間的、民族之間的、公民與移民之間等種種衝突的直接根源，要不就是對這些衝突推波助瀾。

無論是民主還是福利，其邏輯就是：一旦擁有，再不能失去。儘管危機愈來愈深刻，但人們看不到出路。很顯然，在政治、資本和社會所有群體都成為既得利益的一部分，但沒有任何一個群體可以站在既得利益之上的時候，誰來解決問題呢？

這個新時代因此呼籲著一種新體制的出現，這種體制既可以形成政治、資本和社會內部的制衡，又可以形成政治、資本和社會三者之間的制衡，從而實現雙重的均衡及其在此基礎上的穩定發展。中國經過數十年的創造性探索而造就的一整套新體制，正適應了這個時代的需要。

＊＊＊

一九四九年之前，毛澤東這一代解決了革命與國家的問題，通過革命建設了一個統一的國家，結束了中國近代以來的內部積弱、外部受人欺負的局面。建國之後的三十年裡也對制度建設做了很多探索，即使有些是失敗的探索。不可否認，直到今天為止的基本國家政治制度，都是在毛澤東時代得到確立的。毛澤東之後的中國被稱為「改革」時代，顧名思義，改革就是「改進」、「改善」、「改良」和「修正」等，而非革命和推倒重來。

自改革開放以來，鄧小平一代解決了經濟發展問題。中國在短短四十年時間裡，書寫了世界經濟史上的最大奇蹟，把一個一窮二白的國家提升為全世界第二大經濟體和最大的貿易國，即使就人均國民所得來說，也已經接近高收入經濟體。不過，中國更大的奇蹟在於促成近八億人口脫離貧困。從歷史上看，任何社會都有方式致富，但不是任何社會都能夠找到脫貧方式。在脫貧方面，中國獨一無二。

儘管中國的經濟奇蹟為人所稱道，但其取得的成就並不能僅僅以各種經濟指標來衡量。無論是中國傳統上的輝煌還是近代西方國家崛起的經驗，都表明了一個道理——無論是國家崛起還是民族復興，最主要的標誌便是一整套新制度的確立，和其所產生的外在影響力，即外部的崛起僅僅只是內部制度崛起的一個外延。光有經濟總量但沒有制度建設，這樣的崛起是不牢靠的。中國近代歷史充分說明了這個道理。例如一八二〇年，中國經濟總量仍然占世界經濟總量的百分之三十以上，但在一八四〇年的鴉片戰爭中就被英國所打敗。

制度是決定性因素。看不到中國的制度優勢，就難以解釋其所取得的成就，也難以保障已經取得的成果，更難以實現未來可持續的發展。這些道理很多人都明白。制度建設是最難的，近代以來直到今天，很多人一直期待「天」上會掉下來一套好制度，一些人更迷信西方制度，以西方為「天」，以為移植了西方制度，中國就可以輕易強大。但恰恰是這一點，早已證明是失敗的。二戰之後，很多開發中國家簡單地選擇了西方制度，把西方制度機械式的移植到自己的國家。儘管從理論上說，憲政、多黨制、自由媒體等什麼都不缺，但在實際層面什麼也沒發生，不僅沒有促成當地社會經濟的變化，反而有效阻礙社會經濟的發展。

自主的制度建設和改進，正是中國數十年以來的要務。如果說十八大之前，人們對中國自己的體制還缺乏信心，不僅不敢正視自身體制的優勢，反而認為是必須被改革的，那麼十八大以來的「制度自信」和「文化自信」相互配合、相互強化，正造就了今天人們所看到的一整套制度體系。

在基本經濟制度方面，中國已經形成了「混合經濟制度」。具體來說，就是「三層資本構造」，即頂端的國有資本，基層是以大量中小型企業為主體的民營資本，以及國有資本和大型民間資本互動的中間層。這個經濟制度可以同時在最大程度上，發揮政府和市場的作用。各種經濟要素互相競爭和合作，造就了中國經濟的成功，同時它們之間也存在互相制衡的局面。因為一旦三層資本失衡，經濟就會出現問題，人們就必須在三層資本之間找出一個均衡點。在這個過程中，政府扮演著不可或缺的角色。

在中國的哲學中，發展和管理經濟永遠是政府最重要的責任之一。政府承擔著提供大型基礎設施建設、應付危機、提供公共服務、平準市場等責任，民間資本提供的則更多是創新活力。過去數十年，中國創造了世界經濟歷史的奇蹟，又避免了一九九七年的亞洲金融危機和二〇〇八年的世界金融危機，與這個經濟體制密不可分。

* * *

在政治領域，西方的「三權分立」體系為黨爭提供了無限空間，造就今日無能政府的局面。相反地，中國在十八大以來，以制度建設為核心，通過改革融合了建國以來的基本制度和傳統制度因素，形成「以黨領政」之下的「三權分工合作」制度，即「決策權」、「執行權」和「監察權」。傳統上，「三權分工合作」體制自漢至晚清，存在了兩千多年，並沒有受王朝興衰更替的影響。今日通過創新和轉型，重新確立了「三權體系」，為建設穩定、高效、清廉的治理制度奠定了基礎。

儘管「三層資本體系」和「三權分工合作體系」仍有很大的改進空間，但它們已經構成中國最根本的制度。從經驗上來說，經濟形式決定社會形式，而社會形式又決定政治形式。三層資本形式塑造今日中國的社會結構。同時，中國的政治過程又是開放的，不同資本和社會形式都可以進入這一開放的政治過程，參與政治過程，有序的主導和影響國家進程。

中國的制度模式不僅促成其成功的故事，也為那些既要爭取自身的政治獨立，又要爭取經濟社會發展的國家，提供另一個制度選擇。中國的經驗表明，制度建設不能放棄自己的文明，但需要開放，對自身文明進行創造性的轉化。凡是文明的，才是可持續的。只有找到適合自身文明、文化的制度形式，人們才可以建設一套行之有效和可持續的制度體系。虛心學習他國經驗很重要，但學習的目標不是把自己變成他國，而是要把自己變得更好、更像自己。這是普世真理，中國成功了，其他國家也會成功。

這些是我閱讀雲漢教授這本書的一點感悟。應當強調的是，讀者若從不同角度來讀這本書，得到的感悟也應當是不同的。無論如何，能夠把西方、中國、全球化這些當今世界所面臨的最大問題，在如此短小的篇幅中進行壓縮性討論，很少有學者能夠像雲漢教授那樣勝任。我個人認為，讀者不必要求自己從讀這本書中得到任何肯定性結論，但這本書肯定會成為你思考問題的起點。

（本文作者為新加坡國立大學東亞研究所教授）

導言

當前的全球政治經濟格局，正處於新舊秩序交替的黎明破曉時分，也正處於科技大爆發對現有社會體制帶來顛覆性衝擊的文明蛻變前夕。舊的觀念、規範與體制，正出現運作失靈與不勝負荷的疲乏、凋零跡象；新的思維、秩序與模式正處於激盪、探索與醞釀階段，尚未破繭而出，因此全球經濟與人類社會正面臨五個巨大的不確定性：

第一，全球化的前景高度不確定。從二〇一六年開始，西方社會反全球化運動與排外民粹主義風起雲湧，英國選擇脫歐，川普異軍突起，義大利反歐盟聯盟上台，西方已開發國家內部對自由貿易與經濟開放的社會共識已經全面鬆動，全球化引爆的政治兩極化衝突震盪，讓不少經濟研究機構紛紛提出警告，他們擔心世界經濟已經開始步入「逆全球化」（deglobalization）的通道，過去三十年高速前進的全球化即將出現逆轉。二〇一九年底，突如其來的新冠病毒大流行，暴露了全球產業供應鏈缺乏應對突發大型災變的韌性，助長了經濟民族主義的聲浪，更讓全球經濟瞬間跌入一九二九年大蕭條以來最急遽的衰退，讓有些觀察家擔心這場庚子年大瘟疫將是壓倒全球化駱駝的最後一根稻草。

第二，二戰後西方主導的國際秩序之前景高度不確定。在川普主政下，美國外交政策加速轉向唯我獨尊的民族主義、專斷的單邊主義與貿易保護主義，向中國與歐盟發起貿易戰，並拒絕履行多項國際條約義務，拋棄維護國際秩序的責任，不惜讓許多過去美國帶頭建構的國際多邊體制失靈或陷入癱瘓。在最近爆發的這場百年來僅見的全球公衛危機中，川普政府不但未曾在全球抗疫行動中扮演任何建設性角色，反而在全球搶奪各國急需的醫療物質，還遷怒世衛組織並停止經費資助。川普變局讓許多國際觀察家擔憂，由於國際領導權青黃不接，戰後美國主導的所謂「自由國際秩序」恐難逃分崩離析的命運，這就是哈佛大學奈伊（Joseph Nye）教授所擔心的，世界經濟因領導真空危機而滑向「金德伯格陷阱」（Kindleberger Trap）。

第三，中美關係前景高度不確定。川普身邊的鷹派智囊正在逐步推升與中國（以及俄羅斯）的戰略對抗，試圖在美國社會掀起一場全面對抗中國威脅的麥卡錫主義式風潮，甚至擺出不惜對中國發動一場新冷戰的決心，最近為了掩飾川普抗疫不力而企圖嫁禍中國。這讓國際關係學者高度擔憂，因為如果中美之間戰略摩擦與對抗快速升級，雙邊關係將陷入傳統國際政治霸權爭鬥的零和遊戲，不但會嚴重衝擊全球與區域的和平與穩定，也會將世界經濟推向全面裂解的深淵。這就是哈佛大學甘迺迪政府學院前院長艾利森（Graham Allison）所提醒的，「修昔底德陷阱」（Thucydides's Trap）的歷史悲劇可能重演。

第四，中國在建構後西方世界秩序中的角色與擔當也存在高度不確定。以中國為首的新興市場國家，正成為全球經濟成長的新動力，也正以更大的力度要求改革全球治理機制，提出追求更民主、公平、包容與可持續的國際新經濟秩序的目標，中國國家領導人也提出建構人類命運共同體的宏大願景，全力推進「一帶一路」倡議，為全球化開闢新路徑與注入新動力，並積極創建新的多邊合作機制與搭建全方位的多層次政策協調平台以深化南南經濟夥伴關係。一方面，這些正面發展在廣大的非西方世界激起了對全球經濟秩序重構的樂觀期待；另一方面，也引來西方國家的疑慮、抗拒與抵制，畢竟西方國家早已將自己位居世界秩序的核心，以及掌控普世價值標準的話語權，視為天經地義。西方國家的知識與政治菁英雖然對自己體制優越性的信心已經動搖，也不再提倡歷史終結論，但尚未存在與非西方新興國家平起平坐的心理準備，更談不上迎接多元文明而願意彼此尊重、相互借鑑。西方政治菁英傾向將中國所展現的制度自信與全球治理改革倡議，視為對西方核心利益的挑戰與威脅，並刻意把中國施展的新型軟實力刻意扭曲為「銳實力」。而在開發中世界也有不乏對西方中心秩序早已養成嚴重心理依賴或利益依附需求的社會菁英，對於中國宣導的社會主義價值觀、人類可持續發展願景與新型多邊合作倡議半信半疑，甚至盲目跟隨西方媒體妖魔化中國的論調起舞。

第五，對於人類社會如何駕馭科技革命的巨大潛力，充滿不確定性。量子物理、人工智慧、萬物聯網、綠色能源與生命科學正處於科技大爆發的前夕，新科技對現有的社會結構、物質供需關係，以及工業化社會的生產與交換模式，將帶來顛覆性的改變，涉及極為複雜的利益協調與分配、基本權利重新設定、社會分工模式變革，以及道德風險控管等制度創新議題。科技大爆發也將帶來棘手的社會變革路徑選擇難題。人類社會正處於歷史十字路口，我們也可能身不由己走上邪路，放縱壟斷性數位資本攫取支配新增生產力與主導社會秩序的絕對權力，並對人類社會可持續發展構成嚴重威脅。但我們也可能藉助科技革命的巨大賦能潛力，讓世界人口爆炸帶來的糧食、能源、水資源、疾病控制、生態挑戰與基本需求保障等問題迎刃而解，並有機會開啟通往分享經濟與共享社會的康莊大道。

這本小書就是我對令許多世人感到困惑的五個不確性的初步觀察、分析與思考。我的基本觀察是，當中國愈來愈接近恢復其於人類歷史舞台的中心地位時，面臨的挑戰必然愈大，戰略情勢也必然更險惡與複雜。「新冷戰」威脅、「債務陷阱」、「銳實力」等批評聲浪此起彼落。中國的理論、道路、制度與文化自信，宏大的「一帶一路」倡議，以及在G20架構下積極作為，完全超出美國菁英的預想，一時之間心理難以調適。在最近這場新冠病毒大感染危機中，西方已開發國家居然成為全球疫情集中爆發的震央；而包括中國在內的東亞國家在應對疫情第一波爆發所展現的應變、控制、協調與調度能力，以及把確診病例與死亡人數成長曲線迅速而有效壓制下來的客觀紀錄，更是為西方社會菁英帶來巨大的心理震撼，他們對自身的體制與文化自信、自尊與優越感，遭遇到一次顛覆性的打擊。所以在疫情消退後，以美國為首的西方國家政客與媒體必然掀起新一波對中國的詆毀與攻訐，西方媒體與智庫也會炒作「去中國化」的全球化這個議題。中國大陸需要審慎因應當前美國冷戰思維重現、戰略對抗升高，以及仇中情緒高漲，預估攀登頂峰的最後一段路程可能十分驚險。

儘管中美戰略對抗形勢可能日趨險惡，中國大陸領導人需要保持冷靜與戰略定力，我個人對全球戰略格局變化趨勢與中國面對的百年未有之變局，有五個基本判斷：

一、西方中心世界秩序開始式微，以中國為首的非西方世界全面崛起，人類歷史進入後西方中心時代，世界經濟重心快速移向亞洲，新興經濟體開始全面參與國際社會規則與標準制定，人類歷史回歸多元文明並舉的常態。在全球秩序重組歷史分水嶺的時刻，中國的角色最為關鍵，中國的國際擔當已經難以推卸，但仍須量力而為，在短期內仍須沉著應對新舊秩序並存及多元模式磨合的過渡期必然發生的局部震盪與戰略摩擦。

二、全球化的動力仍十分豐沛，已經在世界各地創造了眾多而廣大的利益攸關者，還有更多的潛在利益攸關者期待分享全球化的紅利。反全球化運動主要集中爆發於西方已開發國家，因此全球化的融合能量仍遠大於裂解能量；新冠病毒危機會引導全球產業布局的調整，並激發網路經濟的蓬勃發展，而不是全球化的全面倒退。過去三十年由美國主導的全球化模式已經難以為繼，全球化的路徑與規則需要調整，必須與包容性成長及社會可持續發展目標建立有機的連結。高度經濟對外開放需要相應的國際多邊體制以及社會保障體制，才能維持全球化的社會支持基礎。COVID-19病毒大流行導致的嚴重經濟與社會衝擊，凸顯了當前全球治理機制以及各國社會風險管理體制均嚴重落後於經濟全球化，國際社會急需建構全球健康與公衛互助機制，來控制流行疾病的風險。過去長期由西方國家把持的全球治理機制已經僵固老化，需要新興市場國家參與改革，才能紓解反全球化的社會壓力，並有效回應當前人類社會共同面臨的生態失衡、地球暖化、流行疾病、人口爆炸、貧富懸殊等生存發展挑戰。

三、中國模式與美國模式有機會進行一場良性競爭，而模式競爭優勝劣敗的關鍵不僅僅在於哪一個體制可以在二十一世紀科技創新競賽中居於領先，也在於哪一個模式可以更靈活的掌握科技創新帶來的制度創新與社會變革機遇，可以更有效的去發掘這些新科技對社會的巨大潛在效益並駕馭其風險，可以更有效的利用人工智慧、大數據以及5G通訊，進行數位化社會風險管理。這很大一部分取決於政治體制是否能為社會治理、生產組織、經濟分工與合作模式、物質交換與分配機制的革命性演進，打造健康的生態環境。

四、美國放棄多邊主義與戰略收縮，正好為全球政治經濟秩序轉型帶來契機。全球社會正迫切需要超越新自由主義的窠臼，建立更符合對等與互惠原則的經濟交換與合作模式，一個更能統籌兼顧地球上絕大多數群體可持續性發展需要的全球貿易、貨幣與金融體制，一個更尊重文化與宗教多樣性及差異性的全球公共論述場域，一個更能體現「休戚與共」及「和而不同」理念的全球社會和平共處規範。亞洲國家可以先在自己的區域建構公共衛生共同體，以及更緊密的經濟共同體，退可以應付全球化裂解的風險，進可以審時度勢積極掌握參與全球秩序改造的歷史機遇。

五、得道多助，失道寡助。中國推進全球化路徑與規則的修正，提供新型國際公共服務產品（公共財），引領全球治理機制改革，以及倡議人類命運共同體，最終將得到廣大非西方世界愈來愈積極的回應。歐亞大陸更緊密的經濟整合也可以為陷入停滯的西歐帶來經濟生機。而美國川普政府所展現的激進單邊主義以及超級流氓大國行徑，最終必將被廣大全球社會所唾棄，美國對中國發起經濟圍堵、科技封鎖，最終必然導致美國作繭自縛。中國思考新興大國全球責任與推進全球治理變革的最高指導思想應該是「天下為公，世界大同」，這是源於自己的文化傳承與數千年智慧的積累，也是孫中山先生一生倡議的最高理想；這既是中華文化嚮往的地球上多元文明和睦共處、互助合作的最高境界，也是中華民族追求全面復興並再度站立於先進文明之林的初衷。

第一章

反全球化政治浪潮全面來襲

近年來幾乎所有的西方已開發國家，都陷入擁護全球化與反對全球化力量的激烈衝突。雖然每一個國家引爆衝突的導火線不盡相同，反全球化浪潮所推動的具體政治訴求與尋求的政治宣洩管道也各異其趣，而且通常還夾帶其他社會矛盾，包括宗教衝突、價值觀衝突或族群認同衝突等，不過根本上還是反映了全球化的經濟果實與社會風險分配極端不均的問題。所有主要的已開發國家，都因為擁護全球化與反全球化兩股勢力的對抗，而陷入社會四分五裂與政治長期動盪不安的困境。

二〇一六年四月二十五日，德國北部萊納河畔的科技重鎮漢諾威迎來西方國家五巨頭——法國總統歐蘭德、德國總理梅克爾、義大利總理倫齊、英國首相卡麥隆和美國總統歐巴馬。這是歐巴馬總統任內最後一次赴德進行官方訪問，這場告別之旅對他有特別意義，因為德國是他政治事業躍升的舞台。八年前他還是一位初試啼聲的美國民主黨總統候選人，在國際社會沒沒無聞，當時他唯一的重要資歷，就是曾擔任一屆代表伊利諾州的聯邦參議員。二〇〇八年他以美國總統候選人身分訪問德國，在盛夏的柏林舉行了一場露天演講會，那天有一百萬柏林市民湧進布蘭登堡門前廣場，爭相目睹美國第一位非裔總統候選人的風采。那場演講歐巴馬在全球媒體聚光燈下展現他的口才與風度，並讓他成為自甘迺迪總統以來，最受德國人青睞的美國政治領袖[1]。

在漢諾威，他與梅克爾舉行雙邊會談，並與歐蘭德、倫齊和卡麥隆相約在此舉行一場五巨頭高峰會。歐巴馬此行給這四位歐洲領袖帶來溫暖，他在當天稍早的一場公開演講中再次向歐洲人民宣誓，美國對北約集體安全體系堅定不移的莊嚴承諾。他一再強調美國與全世界都需要一個強大、民主、團結、繁榮的歐洲。他也期勉歐洲公民千萬不要對一個自由、和平、多元，奉行自由市場的歐洲失去信心。他讚揚過去三十年，歐洲能把二十八個國家整合成一個五億人的經濟與政治共同體，乃是歷史上罕見的成就[2]。

歐巴馬知道，這四位領袖家家都有本難念的經。不久之後英國即將舉行脫歐公投，這是卡麥隆首相想要擺脫「脫歐」議題糾纏的權宜之計。德國總理梅克爾堅持人道主義，承諾接納更多北非與中東難民的政策，已經讓她的政治資本嚴重耗損，反移民的激進民族主義勢力正在抬頭。法國總統歐蘭德的民調支持度已經來到歷史新低，法國經濟在他任內毫無起色，面對僵化的勞動市場，競爭力衰退的法國企業，憤怒的中產階級與惡化的財政結構，他束手無策；同時，在他任內法國爆發多起激進伊斯蘭教份子發動的恐怖主義攻擊事件，讓過去隱藏的社會歧視與族群對立難題浮現檯面。穆斯林新移民第二代的宗教認同覺醒，給傳統上以包容多元文化而自豪的法國帶來巨大考驗。義大利是歐元地區繼希臘之後，下一個最可能爆發財政與金融危機的國家，大型金融機構搖搖欲墜，更因為義大利選民情緒浮動，國會小黨林立，政黨分合無常，內閣頻繁更換、無力處理這些不定時炸彈而險象環生。在位超過兩年，堅持中間路線的這位年輕總理倫齊被視為挽救義大利經濟的唯一希望所寄，他也被歐洲主流政治人物視為唯一有能力，抵禦來自右翼與左翼的反歐盟勢力夾擊的中流砥柱。

歐巴馬仍然對維護西方中心世界秩序展露出滿滿自信，雖然當時他自己的任期即將在九個月後屆滿，而且他屬意的接班人正陷入一場異常艱困的民主黨總統提名初選競爭，一位來自美加邊境佛蒙特州小地方的桑德斯參議員，居然在數場關鍵州的初選中讓聲勢浩大的希拉蕊嘗到敗績。不過歐巴馬仍深信，獲得民主黨當權派以及華爾街與加州矽谷高科技產業大佬堅定支援的希拉蕊，可以順利獲得提名並最終成為美國首位女性總統。可預期希拉蕊將延續他制定的重返亞太與全球戰略再平衡路線，並藉助他任內啟動的《泛太平洋夥伴協議》（TPP）與《跨大西洋貿易及投資夥伴協議》（TTIP），讓美國奪回重組全球經貿版圖與修改國際貿易規則的主導權。

這五位巨頭都沒有料到，這場聚會是西方國家集團主流政治領袖最後一次互相取暖，此情此景無法再現，只能回憶。西方國家內部所積蓄的反全球化浪潮的政治能量，遠遠超過他們的想像，接下來幾個月他們都難逃反主流政治海嘯嚴重襲擊的厄運。

反全球化社會力量的反撲

機關算盡的卡麥隆首相，在二〇一六年六月舉行的脫歐公投這場政治豪賭中徹底失算而黯然下台，並賠上英國國運。歐蘭德在二〇一六年十二月宣布放棄尋求連任，成為二次大戰以後第一位不敢尋求連任的法國總統。倫齊急於推動的憲政改革也慘遭滑鐵盧，他把政治前途押在十二月的一場關鍵修憲公投，但他沒有料到，反歐盟與反財政撙節的各股政治勢力乘機集結起來進行政治反撲，他只好履行公投不過即辭職的承諾，義大利政局乃再次陷入群龍無首的僵局。最讓人感到意外的是，在十一月初舉行的美國大選中，歐巴馬所屬意的接班人希拉蕊被半路殺出的川普打敗，導致他推進全球化進程的政治路線無法延續。更可悲的是，川普上台後立刻撕毀他的精心傑作《泛太平洋夥伴協議》，讓他的心血付諸東流。

這四位西方世界領袖遭遇的政治海嘯，都來自同一震央，就是全球化的利益受損者正在掀起一場震驚世界的政治反撲。他們大量集中在已開發國家，他們的挫折與憤怒透過網路相互感染，在西方社會迅速蔓延。

梅克爾總理是唯一倖存的在位領袖。雖然西方世界主流菁英仍寄望她能堅持信念與立場，扮演抵禦排外主義、保護主義與反全球化民粹政治最後的中流砥柱，但她猶如過江泥菩薩，已經自身難保。

二〇一七年七月，梅克爾總理是G20高峰會的東道主，這場在德國漢堡召開的全球主要經濟體領袖會議差一點就流產了，因為來自全歐洲的十五萬名抗議者湧進該城，他們一連三天三夜掀起德國二戰後最暴力的一場抗議活動，讓城區幅員不大的漢堡陷入癱瘓。聚集漢堡的抗議者多半屬於比較激進的左翼反全球化、反資本主義社會運動團體，他們的口號是「歡迎來到地獄」（Welcome To Hell）。這些憤怒的抗議者砸毀很多警車，還有一些人四處縱火，憤怒的抗議群眾數度突破警方的封鎖線，逼近到距離高峰會會場不到兩公里處，俄羅斯總統普丁與土耳其總統厄多安下榻的飯店還曾一度被抗議者攻占，梅克爾從德國各邦緊急調動警力馳援漢堡才勉強控制場面。這批抗議群眾不惜採取過激的抗議手段，就是要向G20政治領袖傳達一個資訊：你們這些制定全球經濟規則的領袖們必須要改變現狀，因為我們已經無法忍受！

緊接著，在九月舉行的國會選舉，梅克爾領導的跨黨派聯盟受到重挫，她經歷四個月的艱苦斡旋才勉強組成新一屆政府。激進右翼政黨「另類選擇黨」首次進入國會，並以接近百分之十三的選票晉升為德國第三大政黨，這個政黨的日耳曼種族主義與排外主義訴求，讓人聯想到二戰前的德國納粹黨，而他們的追隨者也毫不忌諱地公開懷念希特勒。

冰凍三尺非一日之寒。西方已開發國家反移民、反經濟一體化，和反全球化的社會聲浪早已浮現，雖然這些底層的聲音長期受到主流新聞媒體的忽視，但透過網路社交媒體的渲染，它們已經開始擴散、凝聚並累積可觀的政治動員能量，在漢堡爆發的激烈抗議活動只是冰山之一角。

近年來幾乎所有的西方已開發國家，都陷入擁護全球化與反對全球化力量的激烈衝突。雖然每一個國家引爆衝突的導火線不盡相同，反全球化浪潮所推動的具體政治訴求與尋求的政治宣洩管道也各異其趣，而且通常還夾帶其他社會矛盾，包括宗教衝突、價值觀衝突或族群認同衝突等，不過根本上還是反映了全球化的經濟果實與社會風險分配極端不均的問題。所有主要的已開發國家，都因為擁護全球化與反全球化兩股勢力的對抗，而陷入社會四分五裂與政治長期動盪不安的困境。原來西方社會長期支持貿易自由化、市場開放與經濟一體化的社會共識基礎已經坍塌，分配正義衝突的火爆程度，已經超過以往運行平穩的政黨競爭體制與民主決策機制的負荷能力。

脫歐公投為歐洲夢魘揭開序幕

二〇一六年六月二十三日，一場決定歐洲命運的世紀性公投登場，超過三千萬英國選民湧入投票所，為自己國家的命脈也為歐盟的前途，投下關鍵一票。這場舉世矚目的公投投票率，高達百分之七十二點二。投票結果大出許多觀察家的預測，贊成脫歐者居然以百分之五十一點九的比例，擊敗選擇留歐者的百分之四十八點一，世界為之震撼。

儘管在投票前夕從歐巴馬到梅克爾，從國際貨幣基金總裁拉加德到美國聯準會主席葉倫，從金融大鱷索羅斯到眾多諾貝爾經濟學得主，都異口同聲警示英國「脫歐」的嚴峻後果，但這些西方社會主流菁英已經明顯失去英國基層民眾的信任。再多的理性說服與柔情呼喚，都勸阻不了心意已決、英吉利海峽對岸的「疑歐」選民。

英國脫歐公投結果揭曉之後，許多西方主流媒體評論都責怪那些支援脫歐的選民不理性，認為他們根本不理解脫歐議題的複雜性，僅僅是被民粹派政治人物誤導。這些批評不無道理，但是他們在事前無法預見公投的結果，如果能夠預見，卡麥隆首相就絕對不敢進行這場政治豪賭。這場令他們錯愕的公投，反映出歐美社會主流菁英與基層民眾脫節太久，即使痛定思痛，他們仍無法充分理解「疑歐」選民的不滿心理。

有三層因素激發多數英國民眾選擇脫歐。淺層因素是歐洲的長期經濟衰退，難民與非法移民問題侵門踏戶，以及伊斯蘭國恐怖主義份子趁機而入；中層因素是歐盟體制設計的先天缺陷，以及過去十年成員國的擴張過於快速；深層因素則是全球化與經濟一體化帶來的利益與風險分配極度不均，讓所有歐洲國家都面臨社會裂解不斷加深的危機。

其結果是，一個英國分裂成兩個社會。一半的人擁抱歐洲一體化，另一半的人未享其利卻先蒙其害。在倫敦金融區上班的專業人士享有優渥待遇與分紅，可以盡情享受倫敦多采多姿的文化生活與異國美食，並充分利用歐洲一體化帶來的便捷與商機。他們搭上「歐洲之星」號高鐵，兩小時一刻鐘以後抵達巴黎北站，接著便能到香榭麗舍大道與喬治五世大街交會口附近的名牌旗艦店大肆採購一番。

相形之下，倫敦眾多的中低階白領勞工卻被不斷飆漲的高物價與高房價壓得喘不過氣，他們被排擠到距離市中心一個半小時通勤距離的遠郊，每天要搭乘又慢、又舊、常發生事故、票價又不斷飄漲的通勤火車，通勤支出平均高達上班族月薪的百分之十七。幾條鐵路都是在前首相柴契爾夫人時代全面民營化，私營鐵路公司只想拉高投資報酬率，完全無心於提升品質、更新設備或確保軌道運輸安全。

歐盟作為超主權管轄體制的一場超大型制度實驗，本來就成敗難料。歐盟架構為成員提供單一市場、統一貨幣、勞工自由移動，基本人權規範、生產與消費環節以及環保領域的大量統一立法，但是財稅權、金融監管以及各類執法權，仍歸各國所有。將傳統主權國家的職能進行這樣的分割，並無先例可循。

一九九二年《馬斯垂克條約》簽署之初，僅適用於共同體的十二個原始會員國，其中德、法、英、荷四國為歐盟初期運作的成功奠定基石。這四國經濟體質健全，工資水準差距不大，有深厚的法治傳統，不需要強大的外部約束即可自覺維持財政紀律與金融秩序。只有體質較弱的西班牙與葡萄牙，需要西歐拉抬與布魯塞爾的督促。

二〇〇二年歐元正式上路，兩年內就在國際貨幣體系內坐穩全球第二大儲備貨幣寶座。

歐盟實驗初期的成功，讓歐洲政治領袖對於體制設計過於自信。從二〇〇五年開始歐盟快速擴張，吸納大量南歐與東歐國家。但是，多數新會員國的勞動生產力水準與西歐差距懸殊、財政紀律不佳，金融監管鬆弛。在歐元幣值信用與歐洲央行隱性擔保大傘的掩護下，這些國家一度享受到借貸成本大幅降低，投資熱錢大量湧入的甜頭。結果是消費信用急速擴張，資產泡沫加速膨脹。等到二〇〇八年次貸危機爆發，金融海嘯降臨，此一體制設計的缺陷即暴露無遺。

歐債危機激化了成員國之間及各國內部的矛盾。期待債務減免的南歐與堅持維護債權的西歐之間衝突不斷。經濟長期衰退也讓歐盟的財政紀律規範難以執行，生硬地追求財政平衡，反而導致經濟收縮變本加厲。尤其在被迫進行財政撙節的這些國家，反歐與脫歐聲浪節節升高。

會員國之間的生產力成長速度始終存在嚴重落差，導致歐洲內部結構性經濟失衡問題愈來愈嚴重。德國產業競爭力一枝獨秀，長期獨享巨額貿易順差，撐高了歐元匯率，卻嚴重壓縮其他國家的潛在成長率。在全球經濟放緩之際，柏林仍一直堅持實施保守財政政策，更不斷加大歐元地區的通貨緊縮壓力。

在各國失業率普遍攀高之際，東歐移民不再受到西歐歡迎；當北非與中東難民大量湧現時，開放邊境政策更飽受質疑。最後，一連串的恐怖主義攻擊事件更讓反移民情緒瀕臨失控。

英國脫歐公投給予新自由主義政策路線一次重擊，這個極右派思潮在一九八〇年代末興起，於九〇年代席捲全球，成為加速全球化與區域整合的指導思想。歷史的逆轉經常以極具諷刺的形式出現。英國是孕育新自由主義意識型態的發源地，也是新自由主義革命的試驗地，但三十多年之後卻是由英國民眾首先發難，阻擋經濟一體化趨勢，英國前首相柴契爾夫人若是地下有知，一定難以瞑目。

英國脫歐與川普當選美國總統，預告了過去三十多年全球化的進行方向與遊戲規則都將被迫修正，全球化必須與包容性成長目標相結合，經濟利益受損者必須獲得合理補償，弱勢群體的需求必須得到更好的照顧。英國脫歐也預告了歐洲的夢魘正要開始。在英吉利海峽對岸，長期高舉脫歐大旗的法國國民陣線躍躍欲試，反歐盟的義大利「五星級運動」已經擠入執政聯盟；在不少中歐與南歐國家，「脫歐」勢力也蠢蠢欲動。

從梅伊接下英國首相職務開始，英國與歐盟展開了至今長達三年的馬拉松式談判。梅伊使盡渾身解術，也無法從布魯塞爾那邊得到可以讓英國民眾滿意的脫歐方案，她在二〇一八年十二月向英國國會提出的協議草案遭到否決，連自家保守黨議員都棄她而去。這場離婚談判註定難以善了，因為歐盟領導人意志堅定，要讓英國選民為自己的錯誤抉擇付出可觀的代價。他們心裡很明白，絕對不能讓英國順利脫歐，否則會造成骨牌效應，讓歐盟危在旦夕。在英國國會否決了梅伊的提案後，歐盟領導人關起門來拒絕了英國政府重開談判的請求，布魯塞爾寧可讓英國在沒有協議的情況下硬脫歐，並寧可讓英吉利海峽兩岸共同承受硬脫歐的混亂與陣痛。

川普革命震撼西方

如果英國脫歐已經讓歐盟各國領導人頭痛萬分，來自大西洋彼岸的川普革命，更讓西歐國家膽戰心驚。

首先對美國社會而言，二〇一六年的總統大選是一場沒有真正贏家的慘烈選戰，因為這場選舉讓美國民主體制的正當性基礎嚴重折損，讓主流媒體的專業倫理與社會公信力跌落谷底，社會內部的價值觀，階級與種族矛盾全面翻騰，全球化與自由貿易的社會支持基礎徹底動搖。這場勁爆而激情的選舉，不但加深了美國社會原有的種族隔閡，升高共和與民主兩黨的政治惡鬥，自由與保守意識型態的對立，更擴大了草根群眾與主流菁英之間的信任鴻溝。主流政策菁英長期宣揚的自由貿易、全球化以及國際干預與全球領導角色，面臨二戰後七十年來最嚴峻的質疑。

在選戰過程中，美國主流媒體面對完全不受傳統政治禁忌拘束的川普，目睹大量憤怒基層民眾透過他的競選集會發出的顛覆性政治訴求，令這些菁英感到既震撼又心生恐懼。他們為了全力阻擋川普，已顧不上自己長久以來所標榜的平衡、客觀、忠於事實等專業標準。以《紐約時報》為首的主流媒體，奮不顧身地開始對川普展開一場全面、無情的圍剿與追殺，並不斷質疑他與俄國總統普丁暗通款曲，相信川普若無俄國在網路上散播假消息的暗助，絕無可能當選；反過來，主流媒體對希拉蕊所有洩密與斂財的缺失與違法，以及在她國務卿任內，柯林頓基金會公然向外國企業與中東王室索取巨額捐贈的貪婪舉措，全然視若無睹。

有些觀察家把二〇一六年十一月的美國總統大選結果，稱之為「川普革命」，並不誇張[3]。雖然這是一場不流血革命，但是川普的當選情境與政策走向，都帶有顛覆性色彩。川普刮起的政治旋風，完全改寫了半個世紀以來的美國政治遊戲規則。他利用網路社交媒體提供的政治動員平台，衝垮了兩大黨主流政治菁英的權力壟斷，也有效突破了所有主流媒體對他的圍堵；他衝撞了美國社會所有的主流價值標準，也攪亂了傳統劃分左右政治版圖的座標。

他也從根本處質疑美國過去七十年來所建構的自由化國際秩序，他對這個秩序的兩大主軸——政治民主化與經濟自由化——完全不留戀。他反對根據民主、人權、多元這些價值標準來區分敵友與親疏；他的廣大支持者更深信過去美國大力推進的經濟自由化與開放貿易體系，是導致美國產業空洞化，以及勞工與中產階級貧困化的元兇。

川普準備重新設定美國的國際角色，而且相信這樣做就像把電腦關機然後重新開機一樣容易。在他眼中，所有美國過去扮演的國際領導角色，承擔的國際條約義務，長期信守的政策承諾，一手創建的多邊合作體制，都可以推翻重來，一切都要重新評估是否符合當前美國的經濟利益與國內政治需要[4]。

他當選後的言行讓所有西方盟國領導人都警覺到，他們將面對一個無法預測、難以捉摸的美國總統。這位世界上最有權勢的領導人，居然是底線飄移、框架模糊、沒有信念準則，而且擺明從此美國要給得更少拿得更多。他還把自己隨時可以重新設定遊戲規則的這種任性與霸道，當作嚇唬對手、買空賣空的籌碼來運用。

「鄉村包圍城市」

川普與希拉蕊的支持者最大的分野就是，川普的選民大量來自在高速全球化過程中被遺忘、被邊緣化或被疏離的群體與地區；希拉蕊的支持者則普遍擁抱全球化與經濟開放，接納與全球化相匹配的價值觀，包括反保護主義、反種族主義、反性別歧視、鼓勵多元文化、鼓吹所謂進步社會價值，例如擺脫基督教教條，包容同性戀、積極對應地球暖化危機等。川普則成功調動了處於低度就業狀態，面臨薪資長期停滯，或飽嘗職場壓力與充滿經濟不安全感的選民，特別是從中產階級跌落到社會底層的中低教育程度的白人群體。川普把他們的失落、挫折、憤怒與恐懼導向三個代罪羔羊：非法移民，穆斯林恐怖份子與不公平貿易，尤其是中國透過巨額貿易順差搶走美國人的工作機會。

從地域分布來看，川普的選戰策略是典型的「鄉村包圍城市」。圖一這張選票比例分配地圖清楚描繪出二〇一六年美國總統大選，共和黨與民主黨選票地域分布的形貌。這張地圖以「郡」（county）為繪製單位，原圖以紅色由深到淺顯示川普得票領先的程度，藍色由深到淺顯示希拉蕊特票領先的程度[5]。在全美國三千一百個郡（含與郡同級的行政單位），川普贏得二千六百個郡，面積占美國國土的百分之八十四，希拉蕊僅贏得五百個郡，這樣的選票地域分布讓川普贏得選舉人團票的多數。

希拉蕊在普選票上則贏過川普，因為在人口最稠密的一百個郡中，她贏得八十八個郡（包括聯邦政府所在的哥倫比亞特區）。希拉蕊的選票集中在特大城市，東西兩岸都會區，大學城與科技產業帶，以及新移民比較集中的州，特別是夏威夷州、加州、亞利桑那州、新

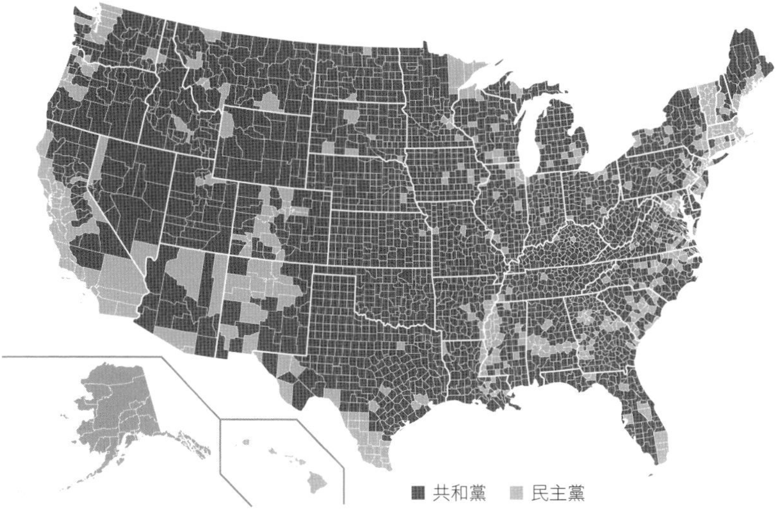

圖一：2016年美國總統大選，共和黨與民主黨選票分布地圖

Source: Magog the Ogre via Wikimedia

原圖可參閱 QR Code

墨西哥州，與德州最南部緊緊挨著墨西哥的幾個郡。川普則囊括幾乎所有的鄉村、中小城市以及廣袤的內陸。簡單來說，這場選戰把美國分割為兩個世界，一個是排斥全球化的美國，一個是擁抱全球化的美國。從歷屆美國總統選舉的選票地域分布趨勢來看，深紅區與深籃區愈來愈多，淺紅與淺藍區（也就是接近勢均力敵可以搖擺）愈來愈少，政治版圖分布兩極化的趨勢愈來愈明顯。政治版圖的僵固化，更意味著兩黨政治人物都會傾向放棄中間路線，而急於討好自己的忠實支持者，讓所有政策衝突的妥協空間愈來愈小。

如果我們比對美國二〇一六年總統大選與英國脫歐公投的選票地域分配，兩者之間有著驚人相似之處。圖二是以英國國會議員選區為單元，全國共有六百五十個選區，原圖以黃色由深到淺顯示支援脫歐立場票領先的程度，藍色由深到淺顯示選擇留歐立場票領先的程度。選擇留歐的選民集中在大倫敦地區、愛丁堡、格拉斯哥、利物浦、曼徹斯特等大城市，或牛津、劍橋與諾丁漢等大學城，以及整個蘇格蘭與北愛爾蘭地區。選擇脫歐者則遍布整個英格蘭地區的鄉村、中小城鎮以及老工業區[6]。

同樣的，宣導脫歐運動的意見領袖成功運用了「鄉村包圍城市」策略。支援脫歐民眾聚集的地區，正是被歐洲一體化及全球化所遺忘、疏離與邊緣化的地區。這些選區的普遍特徵是年輕人出走、人口老齡化、失業率高、自殺率高，更多家庭依賴政府的社會救助。

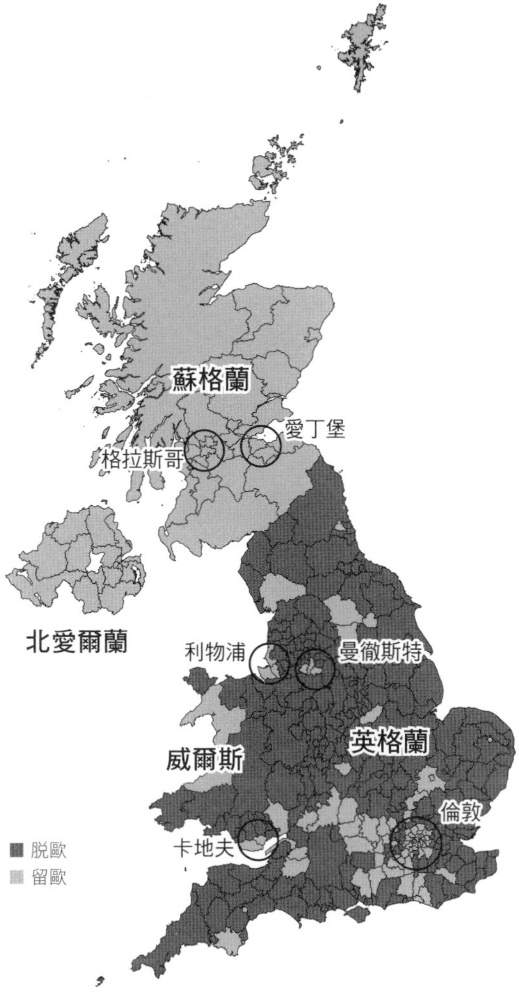

圖二：2016年英國脫歐公投，支持脫歐與選擇留歐選票分布

Source: United Kingdom Electoral Commission, Office for National Statistics, *THE WASHINGTON POST*

原圖可參閱 QR Code

西方需要修復鑲嵌式自由主義

剛卸任不久的美國政治學會會長雷克（David Lake），是一位令人尊敬的國際政治經濟學專家。他在二〇一七年政治學會年會的主旨演講，特別針對川普主張的「美國優先」政策如何損傷美國國際領導地位的合法性，提出他的分析。他的重要結論之一是：美國要重振其國際領導地位，必須先從修補自由國際秩序的國內社會支持開始，其處方就是重建「鑲嵌式自由主義」[7]。

「鑲嵌式自由主義」（embedded liberalism），是由曾擔任聯合國助理祕書長的哈佛大學甘迺迪政府學院教授瑞吉（John Ruggie）所創，他用此概念來說明二戰後自由國際秩序的關鍵配套設計。這個配套的精髓，就是要透過國內的社會體制安排，來有效駕馭資本主義必然帶來的經濟不穩定，以及節制其破壞性與掠奪傾向，讓多數社會群體的生存與發展機會得到合理保障，以維護社會永續發展，並以此為二戰後美國建立的自由國際秩序，奠定牢固的社會支持基礎，也就是國際自由經濟秩序的國內合法性基礎[8]。

從二戰結束到一九八〇年代初，柴契爾與雷根推行「新自由主義革命」之前，有將近四十年時間，西方政治菁英都牢牢記取二十世紀前半葉，資本主義危機反覆出現的歷史教訓，並強烈感受到蘇聯社會主義體制對西方資本體制的威脅，必須設法維持社會內部階級關係的和諧，對此不敢掉以輕心。當時所有西方已開發國家都採用高累進所得稅與資本利得稅，並透過社會福利措施與財政移轉支付來平衡市場經濟的初次分配結果。

政府對勞動市場進行干預，訂定嚴格的勞動標準與受雇者權利，同時保障工會的集體談判與罷工權利。國家設置各種市場監管機制，保護消費大眾，節制托拉斯與不公平交易，並對共用事業普遍採取國有國營政策。各國也記取了一九二〇年代的歷史教訓，對於金融危機採取嚴密的預防措施，實施強制性存款保險，在證券商、投資銀行與商業銀行之間高築防火牆。對於因市場開放與國際競爭受損的產業，採取各種救濟措施來對失業勞工提供扶持與轉業輔導。有將近四十年時間，資本主義的運行在西方國家受到層層節制，經濟自由主義被鑲嵌在保護弱勢群體的層層框架裡，所以稱為「鑲嵌式自由主義」。

西方已開發國家實行的「鑲嵌式自由主義」體制，也有相匹配的國際經濟秩序安排。西方國家逐步建立了有助於國際經濟合作與貿易成長的多邊體制，《布列敦森林協定》揚棄了缺乏彈性的黃金本位貨幣秩序，改實行以美元為本位的固定匯率制度，以美元與黃金維持固定兌換率為定錨，各國貨幣則對美元長期維持固定匯率，同時實施資本管制與外匯管制，嚴格控制匯率波動，更不允許外匯的投機性交易。

在「關稅暨貿易總協定」（GATT）的架構下，美國帶頭逐步推動多邊關稅減讓，實施有序的貿易自由化。當時GATT架構下的國際貿易規範，也允許各國保留足夠的防衛措施與調節工具，來緩衝自由貿易與跨境投資對各國的衝擊。有很長的時間，西方主要貿易大國有共識，必須將敏感產業（例如農業）排除在貿易自由化目標之外。二戰後的國際經濟遊戲規則，也僅僅在貨物貿易的範疇內推行自由化目標。勞動的跨國移動是嚴格管制的，允許外國直接投資（FDI）從事實體經濟活動，但嚴格管制資本帳的兌換，限制外國投資機構或自然人參與本國資本市場，而且所有國家都實施某種程度的外匯管制，所以根本不允許熱錢在各國資本市場流竄。這些措施最重要的功能，就是大幅限制與削弱資本家的移動自由，增強勞工階級與資本家的談判籌碼，企業主不得不與勞工階層及中產階級達成妥協，奠定二戰後西方社會福利國家體制的政治基礎。

但是過去三十多年，自從柴契爾與雷根推行「新自由主義」革命開始，小政府大市場的神話成為主流經濟思潮。各國政府在解除管制、減少干預，以及全盤自由化、市場化、私有化，與快速國際接軌的名義下，把許多二戰後實行的保護與平衡措施都逐一拆解了，國有資本全面退場，把各種稅制的累進原則逐一取消，也把資本跨境移動的限制取消，讓資本獲得在全球追逐最大回報的最大自由。

無可避免的，勞工階層普遍失去與資本家談判的籌碼，政府的財政基礎普遍惡化，社會福利體制不斷被削弱，弱勢群體被迫裸露在無情市場力量的支配下，直接承受經濟全球化帶來的社會風險與金融波動。最終導致跨國資本的支配力量凌駕於國家與社會之上，金融資本的投機需求凌駕於實體經濟的真實需求之上，具有全球壟斷地位的超級巨型跨國企業，更可繞過國家而直接制訂新的經濟遊戲規則，「鑲嵌式自由主義」體制逐漸花果凋零，只有少數北歐國家還勉強維持其基本骨架。

如今，雷克提倡修復「鑲嵌式自由主義」，誠可謂知易行難。資本家早已沒有祖國，並將自己享有的跨境自由移動、支配政策的權力、低稅環境與避稅機會，以及各種投資優惠條件，視為理所當然。除非西方國家還要經歷更嚴峻的經濟危機與更勁爆的社會衝突，才有可能重新啟動「鑲嵌式自由主義」的制度安排。

國會山莊迎來不畏虎的初生之犢

雷克所期待的政治奇蹟，在二〇一八年十一月的美國期中選舉，露出一線曙光。這次國會選舉對川普而言算是不小的挫折。民主黨重新奪回眾議院多數席位，意志堅強的加州女強人裴洛西（Nancy Pelosi）再次出任眾議員議長，她立刻在美墨邊境築牆預算議題上給川普總統下馬威，面對川普關閉聯邦政府的苦肉計絲毫不退讓。

這次選舉也有為數可觀的少數族裔第一次當選聯邦眾議員，其中最亮眼的國會新秀，是來自紐約市第十四選區的歐加修—寇蒂茲（Alexandria Ocasio-Cortez），她的當選具有世代交替與新時代開端的雙重意義。歐加修—寇蒂茲不僅是美國歷史上最年輕的女性國會議員，也是第一位代表紐約市皇后區（Queens）及布朗克斯區（Bronx）的拉丁裔國會議員。她在民主黨初選初試啼聲並一鳴驚人，原因是她在二〇一八年六月的民主黨黨內初選時，打敗在該選區連任十屆的黨內大老克勞里（Joe Crowley）。這是一場史詩級的大衛與歌利亞之戰，因為克勞里有顯赫的政治資歷，龐大的競選團隊，更從紐約市金融業與地產業者那裡募集了數以百萬美元計的競選經費；歐加修—寇蒂茲只有二十九歲，身無分文，一年前還在酒吧打工養活自己，唯一的從政資歷就是擔任民主黨總統候選人提名階段的角逐者桑德斯參議員的競選志工。她拒絕任何企業的政治捐獻，與金主圍繞的克勞里成了鮮明的對比。

從歐加修—寇蒂茲抵達華府的那一天開始，就是全國媒體關注的焦點。她的社交媒體經常有超過兩百萬的追星粉絲。她在國會發起了淨化政治聯盟「全新國會」，加入的成員必須宣誓從此拒絕接受任何企業或金主的獻金。她標榜自己是民主社會主義的信徒，推崇北歐的民主社會主義體制。她高舉羅斯福的新政（New Deal）理念，推出「綠色新政」（Green New Deal）政綱，要求國會盡速立法讓美國在二〇三五年前，將所有電力來源都轉換為清潔能源，她還帶領激情的支持者衝進議長裴洛西的辦公室，要求眾議院馬上把清潔能源法案排入議程。

在一個充斥著律師出身、男性與白人的國會殿堂裡，她是令民主黨資深同事頭疼的異類，她堅持拒絕政治獻金的立場更讓絕大多數國會議員心頭不快，因為他們的政治本能告訴他們，金錢是選舉政治最重要的元素，他們很難想像沒有金主簇擁的日子。

她大膽主張恢復「新政」時期的高級距累進所得稅制，至少要把最高所得級距的邊際稅率提高到百分之七十至八十。這個主張在美國兩黨的主流政治菁英看來簡直就是離經叛道，因為這些檯面上的政治人物，早已被盛行三十多年的新自由主義與新保守主義意識型態所綁架，這位不畏虎的初生之犢居然斗膽試圖以一己之力，把長期停頓在最右端點的政治鐘擺拉回左邊。

歐加修—寇蒂茲看似激進的稅制改革主張，馬上招致同黨資深議員的嘲弄，批評她不經一事不長一智，《華爾街日報》這些右派媒體更是鳴鼓而攻之。她不經意地激起一場美國輿論界難得一見的政策辯論，甚至讓上千位出席二〇一九年冬季達沃斯論壇的全球企業界大佬，也感受到餘波蕩漾之威力。

諾貝爾經濟學獎得主克魯曼也特別在《紐約時報》專欄評論中聲援她[9]，克魯曼藉機推銷另外一位諾貝爾經濟學獎得主戴蒙（Peter A. Diamond）的研究成果，這位享譽全球的公共財政專家，曾經與研究經濟不平等問題的權威學者賽茲（Emmanuel Saez）共同發表過最佳邊際稅率的理論模型估算，他們的結論是：在邊際效益遞減與競爭性市場的條件下，對最高所得者的最佳邊際稅率應該是百分之七十三[10]。這個結論顯然惹怒了保守派，所以共和黨國會議員曾經全力阻止他擔任美國聯準會的理事。

高邊際稅率曾經是歷史主流

這場政策辯論也喚起眾多美國讀者的記憶，許多被塵埃埋沒的歷史資料得以重見天日。為呼應歐加修—寇蒂茲的主張，好幾位經濟史學者特別製作了幾個類似下面我引用的這張歷史統計圖表（圖三），這張圖顯示美國的個人所得稅、資本利得稅，以及企業所得稅等三種稅的最高邊際稅率的歷史演變，並標出哪一位總統在任內推動立法改變稅制[11]。

從這張圖可以得知，如果與羅斯福總統的新政時期相比，寇蒂茲的稅制改革主張一點也

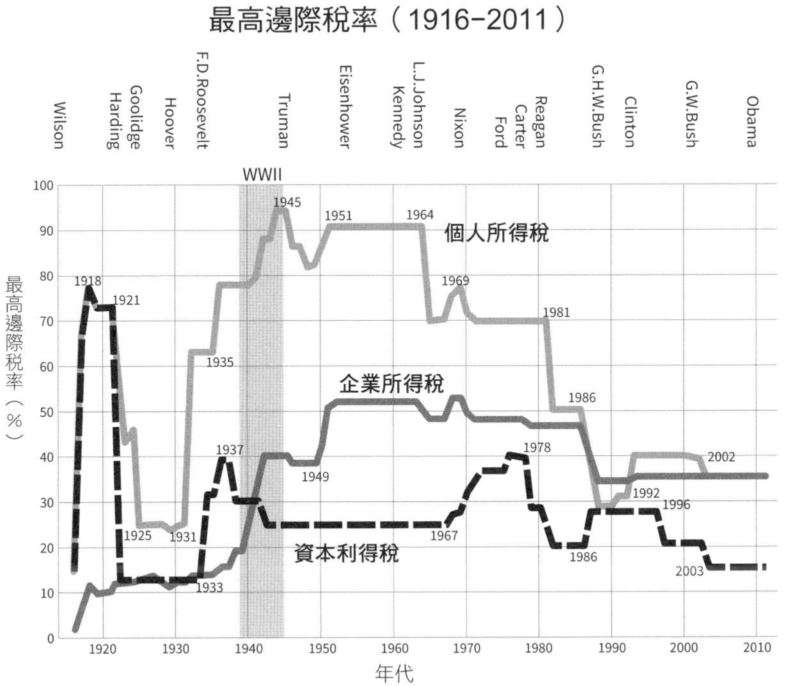

圖三：美國三種稅制的最高邊際稅率歷史變化（1916-2011）

Source: Visualizing Economics

不激進。在新政時期，個人所得稅的最高邊際稅率從百分之六十三逐次提高到百分之九十五（不過只有不到千分之一的最頂端收入者才會適用這個稅率）。二戰結束後的頭十五年始終維持在百分之九十，在詹森總統任內調降到百分之七十，共和黨的尼克森總統還曾一度微幅上調，然後基本上一直維持到一九八一年雷根總統上台。也就是說，美國在二戰結束後的三十五年裡，個人所得的最高邊際稅率都在百分之七十以上，企業所得稅的邊際稅率都在百分之五十以上。在一九八〇年代新自由主義革命浪潮興起前，所有西方已開發國家都實行類似的累進稅制，這也是雷克演講中所提到，戰後西方國家普遍實行「鑲嵌式自由主義」模式的一個重要元素。

克魯曼也特別指出，二戰結束後的頭三十年，西方已開發國家曾經出現過最長的經濟擴張期，特別是從一九五〇年到一九七三年第一次石油危機爆發前這段期間，多數西方已開發國家的經濟成長平均高達百分之五，失業率普遍低於百分之四。這個歷史紀錄明確駁斥了高邊際稅率會讓民營企業窒息、會扼殺資本家發明新產品與改良生產效率的動力、完善的社會福利體系會壓制勞動參與意願等，這些時下流行的供給面學派觀點。

事實上，只要主要經濟體都採取類似的累進稅，高邊際稅率並不會影響投資意願，反而可以讓國家有足夠的財政收入來進行教育、醫療與基礎設施的投資，有利於提升整體經濟福祉，也有能力支撐低收入者與落後地區維持起碼的消費能力，將有助於將社會總體需求維持在一定水準。這也是為何戴蒙與賽茲的理論模型估計，百分之七十三為最佳的最高邊際稅率。

從雷根上台後，個人所得稅的最高邊際稅率就一路調降，從百分之七十降到百分之五十，柯林頓時期又降到百分之四十。企業所得稅也是一路調降，從百分之五十降到百分之三十五，川普上台後又大幅降到百分之二十一。經過三十多年的新自由主義革命，今日大多數的已開發國家最高邊際稅率，都已遠低於實現社會可持續性發展目標所需的財政基礎。國家沒有能力維持社會晉升體系的公平，沒有能力進行必要的教育與基礎科研投資，沒有能力更新陳舊的基礎設施，沒有能力協助經濟弱勢群體維持起碼的消費能力。

如今，資本可以快速自由移動，跨國企業與最富裕階層更可以把利潤、所得或利得，透過會計手法在邊際稅率最低的國家進行申報，或把大量現金與財富隱藏在租稅天堂，所有國家都被迫競相減稅。只要美國及主要已開發國家繼續維持很低的邊際稅率，就會讓那些想要維持高邊際稅率的國家陷入經濟困境，因為他們很難阻止資本外逃，因此即使如北歐國家，也不得不將最高邊際稅率調降到百分之五十左右[12]。

殘酷無情的事實是，只要跨國企業與全球富豪階層可以繼續支配美國的主流經濟思想，與維持過去三十多年所實施對資本高度友善的財稅政策，他們就可以逼使許多歐洲國家放棄民主社會主義的理想，也會讓中國在追求社會主義共同富裕的道路上遇到不少險阻。寇蒂茲想要推行的稅制改革，等於是在全球資本主義大本營的太歲頭上動土。

所得分配惡化改寫百年紀錄

「鑲嵌式自由主義」盛行的年代，不但是西方已開發國家經濟成長最成功的年代，也是歷史記憶所及西方資本主義社會所得分配最為平均的年代，而且兩者相輔相成。因為《二十一世紀資本論》一書一夕成名的皮凱提（Thomas Piketty），為我們提供了堅實的歷史資料。他所領導的巴黎經濟學院研究團隊，根據聯邦政府的稅務檔案以及人口普查統計資料，建構了美國家庭所得與財富分配資料庫，有些資料甚至可以回溯一百年。我引用的這張統計圖表（圖四），呈現所得最高的百分之十家庭與其餘百分之九十家庭，在總所得（含稅前的薪資所得與資本收益）的分配變化趨勢，統計數值序列橫跨一百年，從一戰結束後一直到二〇一〇年。實線代表前百分之十的最高所得層的分配比例，虛線代表剩下的百分之九十所占的比例。這張圖表對我們理解為何桑德斯幾乎可以阻斷希拉蕊的通往總統之路，以及川普為何可以半路殺出而截斷希拉蕊的總統美夢，非常有幫助。

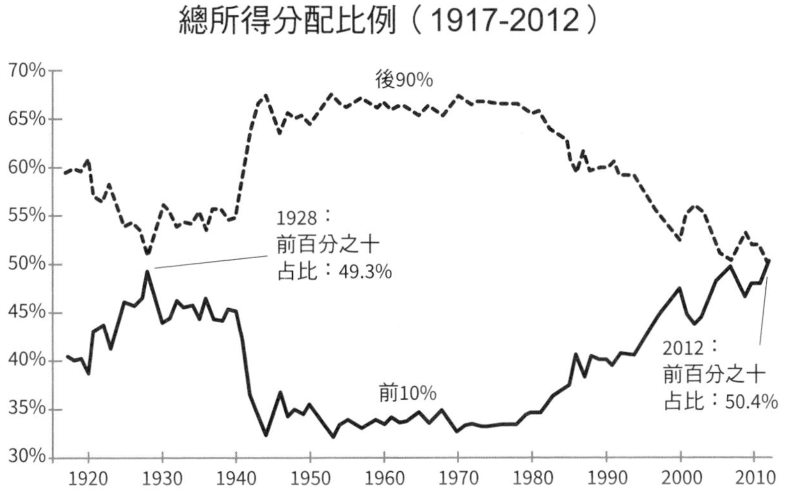

圖四：最高百分之十與其餘百分之九十所得家庭的分配變化趨勢

Source: Thomas Piketty and Emmanuel Saez, David Gilson "Charts: Income Growth Has Stalled For Most Americans", Mother Jones com, September28, 2013

這張圖表呈現三個重要故事。第一，在經濟大恐慌前夕出現了急劇的所得分配兩極化，到一九二九年經濟大恐慌的前夕，百分之十的最高所得家庭囊括了將近一半的總收入，這是醞釀經濟危機的充分條件。中產階級和勞工失去消費能力，就會導致總體需求不足，而富裕階層累積大量財富就會推升資產價格，最後因為股市泡沫爆裂而爆發金融危機。

第二，這一趨勢在一戰後得以徹底扭轉，在經濟大恐慌時期，許多國家改採激進的所得重分配政策，二戰期間又實施全面經濟管制，還有很多資本在戰爭中被摧毀，因此西方國家的經濟結構得以重新洗牌；二戰後各國都實行「鑲嵌式自由主義」體制，百分之十的最高所得者分配到接近三分之一的總所得，而其餘百分之九十的人可以分配到總收入的百分之六十五，這是一個比較合理的比例，而且這種分配比例延續了很長一段時間，一直到一九七〇年代中期。二戰後這段期間，也正好是戰後西方已開發國家經濟成長速度最快的年代，穩定的所得分配比例代表勞工與中產階級階級可以等比例分享經濟成長果實。

第三，自從雷根開啟新自由主義之後，各種保障勞工與中產階級的經濟政策與體制逐步被削弱，一九二〇年代的歷史開始重演。百分之十最高所得家庭的所得分配收入不斷上升，其餘百分之九十則不斷下降，到二〇一〇年，前者占總收入的比重已經超過百分之五十，所得分配懸殊的程度甚至超過「咆哮的二〇年代」（Roaring Twenties）。

咆哮的二〇年代，是指從一次世界大戰結束到經濟大恐慌爆發前夕這段西方國家持續經濟繁榮的時期。這個十年在歐洲被稱為「瘋狂年月」（Années folles）。這是金融財富快速膨脹的時代，也是美國經濟規模明顯超越大英帝國成為世界經濟龍頭、邁向頂峰的年代；這是自由放任經濟思想再度盛行的年代，也是美國社會貧富兩極化走向極端的時代；這是好萊塢攻占世界流行文化制高點的開端，是現代主義建築與「裝飾藝術」運動（Art Deco）鼎盛的時代，也是克萊斯勒大廈與帝國大廈等摩天大樓紛紛聳立曼哈頓天際線的年代。但這個年代美國也出現史無前例的金融泡沫，這個時代更因華爾街股市一夕崩盤而剎然劃下句點。

如果把二〇〇八年的金融海嘯與一九二九年的華爾街崩盤進行比對，兩者真有高度雷同之處。一九二九年華爾街崩盤之後，美國經濟急速萎縮，美國國會乃通過空前強烈的貿易保護措施，其結果是迅速點燃西方國家之間的貿易大戰，世界貿易規模急速萎縮，經濟大蕭條向全球蔓延。在經濟全面崩壞與社會秩序瀕臨解體之際，義大利、德國、羅馬尼亞、匈牙利、希臘等國的法西斯政權乘勢而起。

如今，世界經濟尚未完全脫離二〇〇八年至二〇〇九世界經濟大衰退（Great Recession）的陰霾，右翼排外民粹政治運動在西方國家如雨後春筍一般湧現，民主體制的合法性遭遇嚴重挑戰；川普上台後開始拆解全球經濟合作體制，把世界貿易組織（WTO）的貿易規則踩在腳下，不惜挑起貿易大戰，讓人不由得擔心，一九三〇年代世局動盪的歷史是否會重演。

注釋：

1 “US elections: Obama wows Berlin crowd with historic speech,” *The Guardian*, July 24, 2008.

2 “Remarks by President Obama in Address to the People of Europe,” Hannove Messe Fairgrounds, Hannover, Germany, April 25, 2016. https://obamawhitehouse.archives.gov/the-press-office/2016/04/25/remarks-president-obama-address-people-europe。

3 Richard Wolffe, “Donald Trump’s victory is nothing short of a revolution,” *The Guardian*, November 9, 2016.

4 Josh Rogin, “Trump’s only foreign policy doctrine is Trumpism” *Washington Post*, October 25, 2018.

5 關於地圖的出處與繪製程式，請參考https://brilliantmaps.com/2016-county-election-map/。

6 請參見https://www.washingtonpost.com/news/worldviews/wp/2016/06/24/this-map-shows-britains-striking-geographical-divide-over-brexit/?utm_term=.ac1ba55034ad。

7 David Lake, “International Legitimacy Lost? Rule and Resistance When America Is First,” *Perspective on Politics*. Published online: 12 January 2018, pp. 6-21。

8 John Ruggie, “International Regimes, Transactions, and Change: Embedded Liberalism in the Postwar Economic Order,” *International Organization*. Vol. 36, No. 2, (Spring, 1982), pp. 379-415。

9 Paul Krugman, “The Economics of Soaking the Rich: What does Alexandria Ocasio-Cortez know about tax policy? A

lot." *New York Times*, January 5, 2019.

10 Peter Diamond and Emmanuel Saez, "The Case for a Progressive Tax: From Basic Research to Policy Recommendations," *JOURNAL OF ECONOMIC PERSPECTIVES* VOL. 25, NO. 4,(FALL 2011): pp. 165-90.

11 參見"Historical US Tax Rates Poster" August 20, 2012 2:30pm by Barry Ritholtz https://ritholtz.com/2012/08/historical-tax-rates-poster-on-sale-for-10/。

12 可參考OECD組織各國稅率資料：https://stats.oecd.org/index.aspx?DataSetCode=TABLE_I7。

第二章

新自由主義革命與超級全球化

一九八〇年代初，英國柴契爾夫人與美國雷根總統陸續上台，開始在西方國家掀起一場新自由主義革命，這場高舉市場萬能、妖魔化政府干預角色的「市場原教主義」（market fundamentalism）思維，在接下來的三十多年裡，成為席捲全球的主流經濟政策主張。新自由主義革命徹底執行供給面經濟學的主張，簡單來說就是要讓資本家在投資、借貸、避險、僱用、定價等決策上享有完全自主權，盡可能排除來自政府的干預或扭曲，甚至包括以糾正市場失靈為出發點的干預或管制，也要降到最低，並把所有需求面的政府干預與調節，都視為有百害而無一利。

在二戰後頭三十五年，「鑲嵌式自由主義」之所以成為西方已開發國家普遍採行的體制，有其特殊歷史條件。首先，在西方國家經歷過經濟大蕭條的慘痛經驗後，以海耶克（Friedrich Hayek）為代表的古典主義經濟學，被西方國家政治菁英徹底揚棄；新古典主義深信自由市場配置效率，堅信市場可自動達成充分就業的總體均衡，這些核心假設飽受質疑。主張政府積極利用財政與貨幣政策調節經濟週期，與從需求面選擇性干預價格形成機制的凱因斯經濟學，開始登上歷史舞台，並在未來近半個世紀的歲月裡，成為西方國家普遍奉行的主流宏觀經濟思想。

從美國一九三三年羅斯福總統推行「新政」開始，接著瑞典與德國政府也採取凱因斯政策建議，英國也出現如何有效對抗經濟大蕭條的政策大辯論，在愈來愈多的西方國家實踐過程中，凱因斯經濟學的確讓劇烈的經濟週期波動與大規模金融危機反覆出現的問題，得到相當程度的控制。凱因斯經濟學也正是戰後西方國家採行的鑲嵌式自由主義體制的指導思想。

其次，二次大戰後西方國家的國內社會條件與國際政治環境，都逼使資本家選擇與勞工及中產階級進行政治妥協。經過經濟大蕭條與世界大戰的洗禮，各國資本家的經濟力量與政治基礎都受到嚴重折損，大量的金融資產與固定資產都因為漫長的經濟衰退與毀滅性的戰爭而遭到損毀；傳統上資本家所擁有的投資、雇用與訂價自主權力（經濟決策的自由），都曾經被經濟管制、物價控制、資源徵用與實物配給等戰爭動員體制所替代。在戰後的復原與重建過程中，資本家還需適應國家經濟管制權力的逐步退場；在某些政策領域，政府還必須擴大經濟職能或擴大公部門投資，包括對於戰爭傷患及其家屬的撫卹與照顧，為數量龐大的復員軍人之返校進修或返回就業崗位進行安排與輔導，並調動資源來盡快重建被戰爭損毀的工廠、建物與基礎設施。所以鑲嵌式自由主義體制一開始就繼承了這些既存的歷史條件。

同時，戰後西方資本主義體制還面臨蘇聯集團擴張共產主義模式的生存威脅，資本家別無選擇，必須與勞動階級達成政治妥協，承認勞動階級的基本經濟社會權利與集體談判權利。「鑲嵌式自由主義」的政治功能，就是維持西方社會各階級在採行某種形式的民主社會主義模式下，達成階級共存共榮的妥協，以預防激進左翼政治勢力的興起，並有效對抗共產主義的蔓延。在「鑲嵌式自由主義」體制下，資本家被迫接受「管制資本主義」。國家透過市場監管、反托拉斯、勞動基準立法、金融國有化、高級距的累進稅制，以及財政移轉支付等機制，抑制資本主義對社會的破壞作用，與其對弱勢群體的掠奪傾向，修正了資本擁有者與出售勞動者在市場中進行不對等交換，所必然導致的財富與所得分配兩極化傾向，並透過嚴格的資本管制與金融壓制（financial repression），大幅削弱資本家最重要的結構性權力，因為資本無法自由跨境移動追求最大利潤回報，反而維持了階級間權力關係的長期平衡與穩定。

更重要的是，「鑲嵌式自由主義」為戰後美國主導的自由國際經濟秩序提供穩固的社會支援基礎。透過國家主導的補償與扶助機制，讓開放經濟體系下的潛在利益受損者，得到適當的救助與保護；同時，透過教育、訓練、醫療保障、完善的基礎礎設與普及的公共服務，讓更多的市場參與者能適應國際市場競爭，與發掘尋找新的市場機會。

「鑲嵌式自由主義」體制讓西方社會對維持經濟體系的對外開放，形成牢固的跨階級、跨地域與超越左右政治競爭的社會共識，讓有利於西方經濟快速重建與振興的開放貿易體系得以確立。

記取「經濟大蕭條」教訓

實際負起二戰後國際經濟秩序重建的兩位靈魂人物，一位是代表英國政府參與布列敦森林會議的約翰·凱因斯（John M. Keynes），一位是代表美國政府的財政部次長懷特（Harry D. White）[1]。兩人在如何建構戰後國際貨幣體系上持不同意見，最終凱因斯提案建立名為班克（Bancor）的超主權新國際貨幣，但不敵懷特所提以美元為國際儲備貨幣的議案。

凱因斯與懷特兩位在許多問題上的見解有高度共識，他們都認識到要深刻記取經濟大蕭條的歷史教訓：第一，必須揚棄金本位貨幣體系加諸於各國的桎梏，因為這套機械式的國際收支強制性平衡機制（美其名為市場自動調節），必然導致經濟週期更大幅度的震盪，而且剝奪各國政府的逆週期經濟調控能力[2]。

第二，要有效引導各國放棄以鄰為壑的貿易保護主義，或貨幣競相貶值的重商主義手段，必須建構全新多邊合作體制，重建國際貨幣體系與維持各國匯率穩定，並以金融互助機制協助成員國渡過國際收支失衡的困難；必須推進更有效率的貿易自由化的多邊談判與協議，讓各國同步減讓關稅與開放市場，並設置專門國際機構，負責督導各國履行貿易自由化承諾與調解貿易爭端。

第三，穩定的國際貨幣體系與固定匯率制度，可以為各國在二戰後的經濟重建，提供穩定的外部經濟環境，並可促進國際貿易成長，也有助於各國政府對宏觀經濟進行必要調控，而其先決條件是必須對資本跨國移動進行嚴格管制。

第四，西方國家已經無法維持帝國體系下與各殖民地的經濟關係，西方國家為因應亞非民族解放與殖民地獨立的大趨勢，必須透過新的國際經濟秩序，重設西方國家與廣大前殖民地之間的垂直分工與經濟交換關係，並維持意識型態指導的優勢地位，讓西方國家仍得享受最有利的國際分工與交換模式，繼續以亞非拉美開發中國家為西方企業擴張的腹地，以及廉價大宗商品和能源之可靠來源。在這樣的縝密構思下，美國引領與會的同盟國集團內四十個國家的代表[3]，簽署成立國際貨幣基金（IMF），世界銀行（國際復興開發銀行，World Bank），關稅暨貿易總協定（GATT）的協定[4]。

凱因斯與懷特所擘劃的戰後國際自由經濟秩序，是「鑲嵌式自由主義」體制在國際層次的體現，這套體制把民主社會主義模式（福利國家體制）的階級大妥協、需求面的國家干預角色、金融監管與資本管制與自由貿易體制四者，結合成為有機的整體，為戰後西方國家的經濟復興與持續繁榮，奠定了堅實的基礎。

美國知名的國際政治經濟學教授古勒維奇（Peter Gourevitch），把這套體制稱為與資本的「歷史性妥協」（historic compromise）[5]。這套體制的精髓在於，當資本的跨國流動性低時，資本家更願意和國內政府與其他階級達成妥協，將利潤用於投資，促進發展，擴大就業。雖然因為東西冷戰的爆發，這套體制與戰後國際安全秩序重建並不完全對接。其出發點主要是照顧西方集團核心成員及其外圍成員的利益，而蘇聯集團則自己組成社會主義國家的經濟互助體制，但美國帶頭創設的這套體制，的確在世界經濟體系內發揮主導作用。

同時，同盟國領袖也深刻記取兩次世界大戰的教訓，不但完全排除要求戰敗國接受屈辱性投降條件的念頭，美國還積極透過馬歇爾計畫，大力協助西歐的戰後重建；德國與法國拋棄歷史仇恨、化干戈為玉帛，以建立「煤鐵同盟」為起點，逐步推進西歐的經濟整合。戰後五強建立的聯合國集體安全體制，雖然因為冷戰對峙而無法充分發揮功能，但在法理層次確立了排除以戰爭為解決國際爭端合法手段的原則，再加上日後核子武器的巨大嚇阻效果，大大降低大國之間再度爆發大規模戰爭的可能性。這些歷史發展也為「鑲嵌式自由主義」體制的實施，提供了必要的和平與穩定國際環境。

黃金年代褪色與鑲嵌式自由主義式微

從一九五〇年到一九七〇年代中期這四分之一個世紀，是許多凱因斯學派經濟學家津津樂道的「黃金年代」（Golden Age）[6]。這是已開發國家整體經濟表現在歷史上最亮麗的時期，不但經濟成長強勁而持續，失業率也達到歷史新低，同時所得分配也趨向平均，金融危機爆發的頻率也達到歷史新低[7]，如此輝煌的紀錄從此不復再現。在法國這段歷史上最成功的持續強勁經濟成長，被稱之為「輝煌三十年」（Trente Glorieuses），一九四五年到一九七五之間平均經濟成長率為百分之五，失業率低於百分之二。類似的亮麗經濟表現也出現在美國、西德、荷蘭、瑞典、義大利、比利時等國家。這個時期也是日本二戰後經濟奇蹟最輝煌的年代，東亞四小龍的經濟奇蹟也是在這個時期奠定基礎。

英國著名的經濟史學者史基德爾斯基（Robert Skidelsky），特別把「黃金年代」的全球經濟表現，與新自由主義思潮當道的三十年（一九八〇～二〇〇九），也就是他所稱的「華盛頓共識時期」，進行比較[8]。他發現幾乎在所有指標上，黃金年代的全球經濟與所有主要經濟體的表現，都要明顯優於「華盛頓共識時期」。在黃金年代，全球經濟平均增速為百分之四點八，而「華盛頓共識時期」只有百分之三點二，即使是蘇聯計劃經濟的表現也相當突出。

但好景不常，一九七三年第一次石油危機爆發，多數西方國家兩度掉入停滯性通貨膨脹的困境，第一次發生在一九七四年至一九七五年，第二次發生在一九七九年至一九八一年，經濟衰退、失業率攀升與物價快速上漲同時出現。停滯性通貨膨脹對凱因斯經濟學逆週期調控的有效性構成嚴峻挑戰，也給傳承古典主義經濟學的新自由主義思潮重返歷史舞台的絕佳機會。

在新古典經濟學理論的掩護下，右翼保守政治力量開始集結，並對「鑲嵌式自由主義」的典型措施與制度設計發起嚴厲攻擊，認為政府對市場經濟的過度干預與管制，公部門占用過多社會資源，對企業與高所得群體徵收過高的邊際稅率，社會福利支出過於浮濫，以財政刺激為名而導致財政紀律鬆弛，公營事業的壟斷與低效率，過於嚴格的金融管制與資本控制，賦予工會過多的集體談判與罷工權利，全部成為導致西方國家經濟頑疾的的罪魁禍首[9]。

市場原教主義重返歷史舞台

一九八〇年代初，英國柴契爾夫人與美國雷根總統陸續上台，開始在西方國家掀起一場新自由主義革命，這場高舉市場萬能、妖魔化政府干預角色的「市場原教主義」（market fundamentalism）思維，在接下來的三十多年裡，成為席捲全球的主流經濟政策主張。新自由主義革命徹底執行供給面經濟學的主張，簡單來說就是要讓資本家在投資、借貸、避險、僱用、定價等決策上享有完全自主權，盡可能排除來自政府的干預或扭曲，甚至包括以糾正市場失靈為出發點的干預或管制，也要降到最低，並把所有需求面的政府干預與調節，都視為有百害而無一利。這場革命將二戰後「鑲嵌式自由主義」節制資本家決策與移動自由的各種制度安排，以及法律賦予資本家各種強制性社會義務，包括高邊際稅率的累進稅制、勞動法規、工會權利、反托拉斯、市場監管、公平交易與消費者保護、僱主分擔主要社會保險費用、公用事業國有化、嚴格金融監管、資本帳戶管制等，不是大幅削弱就是徹底拆除。

新自由主義革命思潮幾乎徹底征服了美國、英國、澳洲、紐西蘭、加拿大等盎格魯—撒克遜國家，即使像是德國、法國與北歐等民主社會主義傳統深厚的國家，也被迫改弦易轍，歐洲各國的大型企業也拋棄自身傳統，逐步向講求股東權益極大化的美式資本主義靠攏。新自由主義革命更由美國政府透過貿易談判與外交施壓的強制性推銷，以及藉助世界銀行與國際貨幣基金組織的經濟政策處方話語權，在「華盛頓共識」（Washington Consensus）的旗幟下，把徹底市場化、私有化、自由化與國際化的市場原教主義主張，灌輸給開發中國家的政策菁英。在美國的壓力下，日本與東亞新興市場國家也不得不修正原來的發展型國家模式。

「華盛頓共識」一詞，是由美國國際經濟研究所前所長約翰・威廉姆森（John Williamson）所創，最早出現於一九九〇年。當時美國國際經濟研究所邀請國際貨幣基金組織、世界銀行、美洲開發銀行和美國財政部研究人員，以及拉美國家代表，在華盛頓召開研討會，討論二十世紀八〇年代中後期以來，拉美國家的經濟調整和改革。最後威廉姆森進行總結，表示與會者在拉美國家已經採用和將要採用的十個政策工具方面，在一定程度上達成了共識。該共識包括壓縮財政赤字、降低邊際稅率、實施利率市場化、對國有企業實施私有化、放鬆政府管制等十個方面。

他還認為，上述「共識」——或者說政策工具——不僅適用於拉美國家，也適用於其他有意開展經濟改革的廣大開發中國家[10]。當時世界銀行正在準備一篇有關「東亞奇蹟」的政策回顧報告，這本報告的寫作過程，承受了美國政府與日本政府角力的巨大政治張力，日本政府希望呈現東亞奇蹟中國家對市場指導角色的正面作用，美國則堅持要突顯市場機制的關鍵作用，以符合當時流行的「華盛頓共識」。最後的文稿變成政治妥協的產物，寫作小組只好淡化國家機構在東亞經濟發展中的作用[11]。

新自由主義革命帶來的所有變革中，最關鍵的就是大幅解除金融管制，徹底開放資本帳戶自由兌換，並強迫各國開放金融產業與資本市場。這個變革形同縱虎歸山，把資本主義這頭猛虎放出了柵欄，替企業主與富裕階層掃除了所有妨礙資本在全球追求最大投資回報的人為障礙，徹底改變了資本家、勞工與國家三者間的權力均衡，也等於是把戰後「鑲嵌式自由主義」體制最核心的設計拆解了[12]。從此以後，社會弱勢群體裸露在無情的市場力量之下，跨國資本取得左右國家政策與立法、修改國際經濟遊戲規則，以及支配各國社會生活方式的最終權力。

金融資本猛虎出閘

我們回頭來看，西方國家在二戰後以溫和民主社會主義模式為基礎所達成的「階級大妥協」，只是資本家的權宜性退讓，他們始終在累積政治實力，收買媒體、政客與知識菁英來引導公共論述，並等候歷史機遇來恢復他們的結構性權力，可以說他們無時無地不在設法逐步掙脫「鑲嵌式自由主義」加諸於他們身上的枷鎖。他們可以耐心等待，等到大眾逐漸忘卻二戰前慘痛的歷史教訓，等待蘇聯集團共產主義模式對西方資本主義體系的威脅消退，等待布列敦森林體系的嚴格資本流動管制出現裂縫。

資本追求安全、回報與可變現性，其中「可變現性」這點十分關鍵。可變現性讓資本可以非常便捷地移轉到更安全的地方，非常機動地追求更高回報。而金融資本的可變現性最高，所以資本主義體系下資本的積累最終都會朝向金融資本日益強大的方向發展，尤其是當實體經濟的投資回報率不斷下降時[13]。

在哈佛大學甘迺迪政府學院羅德里克（Dani Rodrik）教授筆下，從十九世紀中葉到第一次世界大戰爆發的第一波全球化（First Great Globalization），跨國金融鉅子躍升為最強勢的跨國利益集團，他們掌控各國中央銀行而擁有貨幣發行特權。當時主要的西方國家，包括美國、英國、法國與德國等的中央銀行，都不是由政府主控或擁有，而是由少數大型私人銀行出資組建，因而獲得發行法幣特許權的私營再拆借機構。包括紐約聯邦準備銀行、英格蘭銀行、法蘭西銀行與德意志帝國銀行（前身為普魯士中央銀行），皆是如此[14]。

這批跨國金融鉅子的政治影響力橫跨大西洋，對所有西方國家政府都有呼風喚雨的能力。他們讓各國政府身不由己地服膺在金本位貨幣體系的桎梏之下，他們也曾經成功打造了第一波的金融全球化，可以讓倫敦、紐約與蘇黎世的銀行利率同步調整，讓大清帝國擔保的鐵路債券可以在各金融中心同步發行[15]。

他們控制龐大的金融資產，對貨幣政策的大權獨攬，以及橫跨大西洋兩岸的政治權勢，因為兩次世界大戰與漫長的經濟大蕭條破壞而被嚴重削弱。他們的社會公信力更因為股市崩盤、金融體系潰散，以及金本位貨幣體系的解體而跌落谷底[16]。他們在布列敦森林會議上幾乎沒有聲音，但隨著二戰後西方國家連續三十年的經濟繁榮，他們所控制的金融資產與政治實力也逐漸恢復。

一九六〇年代，他們在凱因斯與懷特所設計的布列敦森林體系內，找到第一個突破口。當時愈來愈多美元在美國境外流通，並逐步累積至相當可觀的規模，這些累積在境外銀行的美元需要尋找出路，他們於是大力遊說美國與英國政府，允許設在倫敦的跨國金融機構開闢

「歐洲美元」的拆借、放款與主權聯貸業務，排除適用更嚴格的境內金融監管與跨境資本移動管制，也不受美國聯準會管轄。美國政府願意網開一面，因為他們不希望境外美元回流美國，造成物價壓力，或逼迫美國政府履行兌換黃金承諾；英國政府則樂於藉此恢復倫敦的國際金融中心地位。他們成功的政治遊說，替二戰後的金融全球化再興開闢了一扇小門。

因為美元幣值信用危機的衝擊，布列敦森林體系在一九七一年至一九七三年之間迅速崩解，這又給跨國金融利益集團一個天賜良機。一九六〇年代，美國政府為支應詹森總統開啟的「大社會」社會福利體制改革，以及日益龐大的越戰與海外軍費開支，必須不斷擴大財政赤字與增發美元來支應。此舉導致美元的實質購買力不斷貶值，持有大量美元的歐洲國家與境外金融機構開始質疑：美國是否有能力履行以三十五美元兌換一盎司黃金固定比例的能力。

為徹底解除美元幣值信用危機的壓力，尼克森政府乃於一九七一年突然宣布，暫時中止《布列敦森林協定》的美元黃金兌換承諾，導致二戰後的固定匯率體系難以維續，各國被迫改採浮動匯率。為因應從事貿易廠商的匯率避險需求，各國政府不得不開放遠期外匯的避險交易，接著在跨國金融利益集團的推波助瀾下，各種更複雜的避險與對沖工具紛紛出籠。外匯交易很快就膨脹為一個超級巨大的投機交易市場，再加上更多大宗期貨交易的陸續開放，投機性交易很快就喧賓奪主，成為匯率與商品價格波動的主導力量，完全凌駕於企業的實質避險需求之上，並不斷吸引更多投機性資金進入這個合法大賭場。

制定美國全球戰略的決策者與跨國金融利益集團不久就發現，他們在「後布列敦森林時代」已經成為命運共同體。美國歷任負責國家安全戰略的決策者，把維護「美元霸權」視為國家核心利益的重中之重，正如法國前總統季斯卡（Valéry Giscard d'Estaing）在一九六〇年代擔任法國財政部長時所指出，美元作為國際儲備貨幣，賦予了美國「過分的特權」（exorbitant privilege）。美元霸權讓美國可以調動全世界的儲蓄，來為其日趨龐大的財政赤字、貿易赤字與私人債務買單，可以讓美國不費力的維持天文數字等級的國防支出，和無與倫比的全球軍事投射力量。要維護美元作為主導性國際儲備貨幣的地位，美國一方面要打壓任何其他可能成為美元競爭對手的貨幣，另一方面必須讓各國政府、跨國企業，以及各國金融機構與投資人，都不由自主地儲備美元。

在布列敦森林體系崩解後，美國除利用其軍事威懾力量，威脅與利誘中東石油出口國採取石油美元計價，創造了所謂「石油美元」體制外，也積極建構「金融美元」體制，作為支撐美元霸權的第二根支柱。後者隨著金融全球化的腳步加速而更為重要，各國央行除必須儲備大量美元來支應經常帳的進口結算需求，也需要儲備美元來因應日益膨脹的資本帳結匯需求。為了嚇阻國際金融大鱷炒作本國匯率，更需要儲備美元子彈。在金融美元體制下，所有國家的金融機構或富裕階層想要分散他們的資產配置，都需要透過美元計價，與美國控制的銀行跨國清算與支付系統進行交易。

正如同復旦大學史正富教授所指出：「一九七一年尼克森政府廢除美元與黃金的掛鉤後，美元不再是『美元』，而成了美國印發的『美鈔』。美鈔作為一紙印刷品，為什麼還能通行世界數十年呢？摘要而言，有三招很關鍵：一是憑政治軍事科技的『霸權三角』，鎖定中東石油用美元定價的壟斷權；二是發展金融衍生品交易市場，創造天文量級的美元交易與投資（含投機）需求；三是基於全球金融交易市場的內在震盪，創造出各國央行對美元的儲備需求[17]。」

只要華爾街能開拓更多型態的跨國融資機制、投資管道，與延伸性金融交易工具，不斷做大跨國金融交易規模，並吸引更多的全球財富追逐投機性交易的可觀回報，金融美元的需求就會愈來愈大。所以在過去二十多年，美國政府非常積極配合跨國金融利益集團的金融自由化與全球化議程，而華爾街本來就直通美國財政部，財政部又可直接影響國際貨幣基金組織的主導思想與重要決策，所以從一九九〇年代開始，國際貨幣基金組織都在鼓吹金融資本自由流動的好處，而且對接受其紓困方案的國家，都提出開放資本市場與匯率市場化的要求。

超級全球化時代的降臨

有不少研究全球化的文獻，把過去三十多年的高速全球化過程稱之為「超級全球化」（hyper-globalization）[18]。所謂「超級全球化」可以從兩種角度來理解，一是全球化所追求的經濟一體化之目標來理解，一是全球化所實際達成的經濟整合之結果來理解。

哈佛大學羅德里克教授把「超級全球化」界定為，以追求貨物、服務、資金以及金融活動穿越國界之交易成本最小化為目標的一種全球化，這種全球化出現於過去三十年[19]。跨境移動的交易成本不僅來自於關稅或貿易配額，也包含各國的市場監管規則，產品與技術規格，產品安全標準，智慧財產權規則，金融監管體制等。超級全球化就是在最大可能範圍內，讓跨國企業得以規避各國的規則與監管。從這個角度來看，超級全球化必然導致國家經濟主權的淪喪，而新自由主義革命正是開闢超級全球化時代的推土機。

過去三十多年，新自由主義革命同時在國內與國際兩個範疇，大幅度掃除阻礙資本家在全球整合生產要素與自由移動、追求最高回報的各種政策障礙。各國政府為吸引資本的青睞，都儘可能打造對資本友善的經商環境，並對商品、資金、資訊與人員的跨境移動，提供便捷化措施。

在新自由主義思潮的指導下，包括世界銀行在內的國際機構與智庫，都給各國政府施加壓力，敦促他們進行私有化、自由化、市場化、去管制的改革，壓縮政府的經社職能，並透過各種國際評比指標的發布，強化國際輿論壓力。美國政府更透過經貿談判直接向貿易夥伴施壓，要求鬆綁金融監管，全面開放金融服務業與資本市場，並允許跨國金融機構直接參與銀行、保險、證券與租賃等行業。

美國與其他已開發國家在升級版的世界貿易組織架構下，積極推進更徹底的貿易自由化，把更多產品納入免稅或大幅關稅減讓範圍，並基本上將所有資訊科技類零組件與終端產品，例如電腦、手機、半導體等，都納入資訊科技協議（Information Technology Agreement），全面享受免關稅待遇。

美國與西歐國家也試圖深化世界貿易組織規則的管轄範圍，把世界貿易組織的多邊談判推進到非關稅貿易壁壘，涉及產品規格、政府採購、智慧財產權，甚至勞動、衛生與環保法規等領域，也積極推進排除服務業的進入障礙。美國與西歐主導的多邊貿易談判，基本上都是以強化西方跨國企業與金融機構的競爭優勢，保障其壟斷地位，或有利其全球布局為出發點。

在這個時期，各國政府對貿易自由化與區域經濟整合，所可能帶動的投資、貿易與經濟成長的樂觀期待，也促成區域經濟一體化與區域自由貿易協定的快速發展。在德國與法國的主導下，《馬斯垂克條約》在一九九三年生效，歐盟實現了生產要素自由流動的高度一體化目標，並透過吸納中東歐新成員，擴大為一個覆蓋五億人的經濟與政治共同體。幾乎與此同時，在柯林頓政府主導下，美國、加拿大與墨西哥之間的「北美自由貿易協定」（NAFTA），也於一九九四年一月生效。這兩個劃時代的經濟一體化協議，激發其他國家與區域積極仿效。

史無前例的經濟相互依存

我們也可以從全球化所實際達成的經濟高度整合結果，來理解「超級全球化」這個現象。無論是與十九世紀中葉開始的第一波全球化相比，或是與二戰結束後「布列敦森林體系」下重新啟動的全球化相比，從一九九〇年代開始，透過跨國供應鏈網路、貿易網路、運輸網路、資訊網路、金融網路、移民網路、跨國企業全球布局與交叉控股，把全球經濟聯結成為一個空前緊密、高度整合的整體，也讓人類社會的經濟相互依存程度達到空前高度，在很多重要指標上都是史無前例的。

首先在超級全球化時代，精密而複雜的跨國供應鏈第一次出現。例如，精密度要求極高的蘋果手機製造過程，涉及來自十幾個國家的上千個零部件與關鍵晶片。分散在各國的供應商與負責終端裝配的廠商（例如富士康），可以在取得蘋果公司的產品設計檔案與訂單後的幾個月內，製造出在規格與性能上精密無誤的零部件，並在跨境供貨時間上與生產線運作銜接得天衣無縫，讓像富士康這樣的代工大廠，能準時將幾千萬支新手機運交全球數千個電信商營業網點或網路手機批發商。

不僅手機的跨國供應鏈如此運作，電腦、汽車、飛機、船舶、工具機、重機械、核能反應爐、人造衛星與高級運動鞋等亦同，沒有國家可以在這些高附加價值製造業領域，維持封閉、自給自足的產業體系。沒有運輸成本與空間地域限制的軟體設計、半導體設計與各種數位化產品的全球分工體系，更是可以隨時靈活重新組合。

在超級全球化時代，國際貿易的成長速度，遠遠超過全球經濟的成長速度，前者有時甚至是後者的兩倍有餘，意味著愈來愈多的生產活動是為了出口，用經濟學術語來說就是生產活動的貿易密度（trade intensive）不斷增加。例如，一九九〇年到二〇一〇年之間，全球貨物貿易占GDP比重，從百分之十五增加到百分之二十六，如果再加上服務業貿易，則達到百分之三十三。這個統計數字可能還低估了全球分工體系中，服務業貿易的急速發展。

其次，在超級全球化時代，經濟全球化的吸納與輻射作用，在空間覆蓋與對社會生活的穿透上，都達到前所未有的幅員與深度。市場力量的作用滲透到幾乎世界每一個角落，也把地球上大多數的個人、群體、社區、企業、社會組織、各級政府，都捲入這個經濟整合過程，創造出無窮盡的交換、分工、協作、對話、碰撞與相互影響之機會與挑戰。過去被排除在外的中國大陸與前蘇聯集團國家，都被納入全球分工與交換體系；過去市場與資訊穿透力量鞭長莫及的非洲、中亞與南亞窮鄉僻壤也被喚起。所有因政變、戰爭、傳染病、恐怖主義、天然災害或氣候變遷引發的經濟震盪，都會經過複雜而無遠弗屆的傳導機制，而讓千里之外的群體受到難以預見的波及。

第三，過去三十年的全球化過程最突出的結構性變化，就是金融全球化的爆炸性成長與虛擬金融活動全面凌駕實體經濟活動。雖然一次大戰前夕在金本位體系下，金融全球化也曾達到當時交易工具與通信能力所能及的極限[20]，但在過去三十年，國際金融資本所驅動的全球金融市場，各種天文數字規模的高槓桿套利交易，以及永不日落的虛擬交易導致的價格波動，與大規模跨境流動的熱錢，對實體經濟的巨大影響是前所未有的。無論是在哥倫比亞山區種植咖啡的農夫，受僱於印尼甘蔗園的工人，國泰航空的空服員，或是在阿拉伯聯合大公國打工的孟加拉移工，他們的生計都會受到石油與大宗商品期貨交易市場的劇烈震盪所波及，無所遁逃。

由於美國金融監管機構的有意放任，過去二十多年現代金融業分化成了服務實體經濟的「仲介性金融」，和自我服務為主的「投機交易型金融」兩大範疇，後者對實體經濟的干擾愈來愈大，所累積的系統性風險亦高到難以想像。在金融工程和金融創新的名義下，任何一個金融業務公司都可以製造、合成、編製出一個衍生品，拿到交易所裡，只要有人買有人賣，它就成了一個正常交易的金融產品；由此衍生出愈來愈多、愈來愈紛繁複雜的金融衍生品體系。在誘人的部門利潤與經理人高薪酬獎勵的驅動下，美國金融機構推出的衍生性金融商品如雨後春筍般湧現，更將各種投機性（美其名為避險）虛擬交易的規模，推升到如科幻小說般的天文級數。

因為缺乏監管機制與各國法令統一的認定，加上很多衍生性金融交易合約是在場外交易，所以這些合約的真實規模從來沒有正確的統計。根據國際清算銀行（IBS）在二〇一四年中所做的初步統計，到二〇一三年底，全球櫃檯交易（over-the-counter）衍生性金融交易合約的餘額，高達七百一十兆美元，這是全球經濟總規模的十倍，比二〇一二年底成長了百分之十二。這意謂著，儘管金融虛擬交易曾因二〇〇八年至二〇〇九年的金融海嘯而一度萎縮，但很快又大量湧現。

上述國際清算銀行的估算，還不包括數量龐大的場外交易合約。曾有專家粗估，把隱藏的交易合約也納進來的話，各類衍生性金融交易合約的餘額可能高達全球ＧＤＰ的二十倍[21]。這些虛擬交易合約之間的風險傳遞關係像連環套一樣，一旦任何一家大銀行倒閉，其交易對手將如骨牌般紛紛倒下。難怪巴菲特（Warren Buffett）多次公開警告，這個超級龐大的不定時炸彈一旦引爆，將替全球經濟帶來一場巨災。這個畸形發展的賭場資本主義（Casino Capitalism）綁架了所有主要國家央行的貨幣政策，也綁架了整個國家。

推進超級全球化的兩大加速器

從一九九〇年代初期開始，超級全球化能高速推進，得力於兩個特殊的歷史條件，它們發揮了加速器的作用。

第一個有利條件是科技革命。這個時期的通訊手段、運輸工具、物流管理、網際網路、電腦運算能力等領域，都出現驚人的進步與突破。貨櫃運輸與數位通訊讓遠程貿易的交易成本快速下降，網際網路與電腦運算及儲存能力的快速升級，讓跨國企業可以高效率、精準無誤差的組建、營運與機動調整超遠距離與高度複雜的跨國供應鏈與銷售網路，可以在全球精準而即時地將人力資源、物流、庫存、銷售、財務、客戶等資訊進行整合。金融科技可以讓所有跨國金融機構與數以千萬計的投資人，在全球各主要交易所同步交易天文數字等級的金融商品，與合約交易的下單、撮合、對沖、交割、結算與保管登錄。

第二個有利條件，是中國快速融入世界經濟。超級全球化既為中國的改革開放與高速工業化，提供了極為特殊的歷史機遇，其經濟崛起也成為超級全球化的加速器，全面提高了全球化的速度與能量。從歷史經驗來看，西方國家主導的國際分工與交換體系，從來沒有經歷過在如此短暫的時間內（不到二十年），吸納像中國這樣巨大規模新成員的先例。自二〇〇一年中國正式加入世界貿易組織開始，中國從國際貿易體系內的一個輕量級成員，快速躍升為全球第一大貿易國與最重要的製造業生產基地。中國也在最短時間內，在國際產業分工體系內連續晉級，建構出全世界上下游供應鏈最完整的產業體系。中國也在最短時間內超越美國，成為拉抬世界經濟成長的最重要火車頭。中國不僅成為全球最大的能源與各類大宗商品進口國，也是全球最大的手機、汽車、空調、鋼鐵、水泥、玻璃、化肥等消費市場。

在十九世紀中葉開啟的第一波全球化過程中，歐洲曾經面臨美國崛起的挑戰與衝擊；二戰後由「布列敦森林體系」重新啟動的全球化，也曾經讓美國與西歐面臨日本與東亞新興工業化經濟體崛起的挑戰與衝擊，更曾一度導致西方已開發國家的紡織、鋼鐵、汽車、造船與家電等產業出現結構轉型的困難。歷史上美國的崛起也是驚人的，但其崛起的時間拉長到半個世紀；戰後日本的崛起也很可觀，但規模無法與中國相提並論。

在一個生產要素（土地、勞動力、資本與資訊）高度整合的超級全球化時代，單看勞動人口比重，就知道中國在全球化過程中的作用必然十分突出。從圖五中我們可以清楚看到，二〇一〇年的中國人口占世界人口比率是百分之十九，但中國勞動力規模占全球勞動力的比率則高達百分之二十四。中國的勞動力規模超過美國、西歐與日本的總合，也遠高於人口規模也十分巨大的印度，這是由於中國的勞動參與率在世界名列前茅，主要原因是中國婦女的勞動參與率直追西方已開發國家，女性占勞動人口的比率達到百分之四十五，而印度婦女占勞動人口的比率只有百分之二十五。

中國在製造業領域的突飛猛進更是讓舉世震驚。依世界銀行製作的統計圖表所顯示（參見圖六），中國的製造業生產總值在二〇〇三年首次超越德國，接下來在二〇〇七年一舉趕上日本，二〇一〇年又超越美國，成為全世界最大的製造業生產基地，然後一路拉開與美國的距離。在人類工業化的歷史中，從來沒有一個後起工業化國家以這種追趕速度崛起。中國製造業的產業覆蓋面之廣，也達到全世界前所未有的程度。目前中國擁有四十一個工業大類、一百九十一個中類和五百二十五個小類，是全世界唯一擁有聯合國產業分類中全部工業門類的國家，從而形成一個舉世無雙、行業齊全的工業體系，能夠生產從服裝鞋襪到航空航

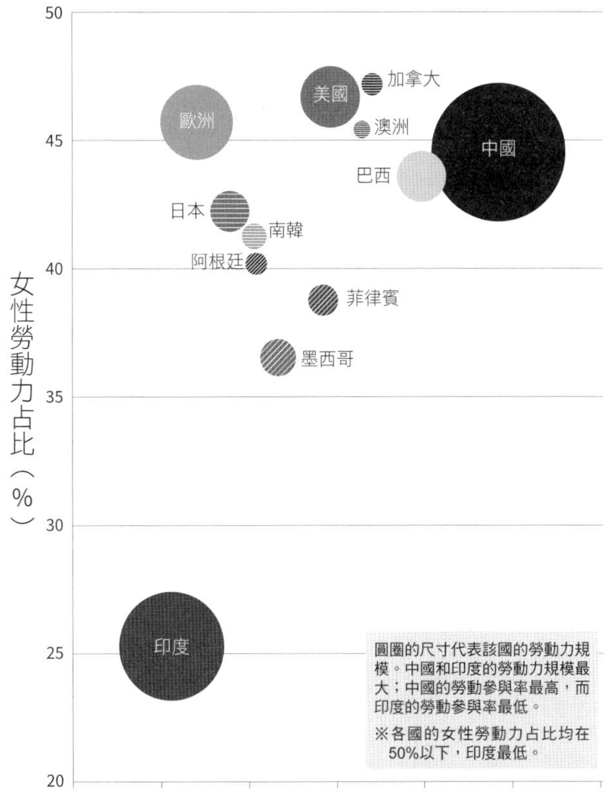

圖五：2010年世界主要經濟體的勞動力規模與勞動參與率比較

Source: Charting International Labor Comparisions, September 2012

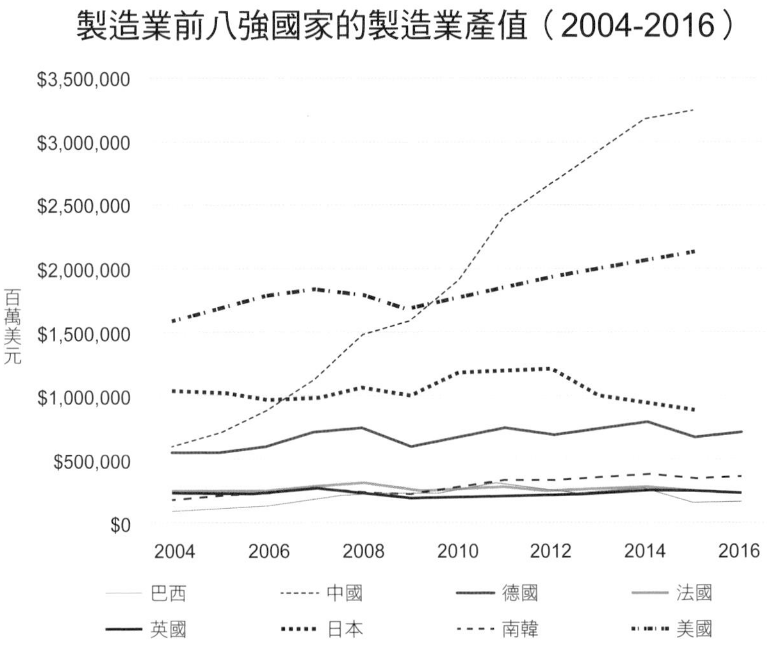

圖六：中國在極短時間內成為全球最大製造業平台

Source: World Bank

太，從原料礦產到最大直徑的全斷面隧道鑽掘機等一切工業產品。這個最齊全的工業體系成為中國競爭力的重要泉源，也是產業進一步升級所必需的基礎和動力。

「尋租資本主義」愈演愈烈

超級全球化創造了巨大的經濟紅利，也帶來前所未見的社會風險，過去三十多年在新自由主義意識型態指導下，所建立的各國國內政策架構與國際經濟秩序，必然導致全球化的利益與風險分配極度不均。

超級全球化讓跨國企業菁英與超級富豪階層，順勢取得無以倫比的政治權力，成為在全球權力行使的主體。他們可以凌駕政府、支配社會遊戲規則，並一步步削弱保護弱勢群體、勞工與中產階級權益的經濟監管體制與社會保障體系。他們排斥任何限制其行動自由與資本回報的全球治理或監管機制，他們可以影響各國法律，可以透過金權政治的運作，影響美國的對外經濟政策與由美國政府主導的國際規則，也可以左右國際貨幣基金與美國聯邦準備理事會的觀點與政策。

跨國資本在全球取得前所未有的主宰地位，超級全球化讓極少數的巨型跨國企業取得前所未有的市場壟斷地位。如果我們把國家也視為經濟體，將二〇一七年所有國家的財政收入與全球大型企業的營收作為比較基礎，根據「全球正義行動」（Global Justice Now）組織所做的統計，全球前一百大經濟體只有三十一個是主權國家，其餘都是跨國企業。全球營收最高的是沃爾瑪，只有九個國家的財政收入超過它。作為一個經濟實體，沃爾瑪的規模遠超過西班牙、南韓、澳洲。這意味著，在這些企業巨獸面前，絕大多數主權國家都成為政治侏儒，沒有任何談判籌碼[22]。

經濟控制權的高度集中，也導致「尋租資本主義」（rentier capitalism）愈演愈烈。聯合國貿易和發展會議（UNCTAD）發布的「二〇一七貿易與發展報告」就特別指出，「尋租資本主義」對世界經濟結構的扭曲作用[23]。典型的「尋租」就是地主坐收地租、不勞而獲。現代經濟裡典型的尋租，就是企業藉助政治影響力，取得特殊競爭優勢、鞏固自己的獨占或寡占地位，藉此壓榨供應商、消費者或政府，以獲取超額利潤。

UNCTAD這份報告首先指出，超級全球化導致產業結構的高度集中，也讓極少數享有壟斷地位的超大型跨國企業，囊括了愈來愈高的超額利潤。在全球尋租資本主義盛行的時代，貧富兩極化是必然的結果。根據UNCTAD的分析，在一九九五年，如果我們把全世界所有非金融業上市公司的市值，從最大到最小進行排列，前一百大公司的總市值是最後段兩千家公司的三十一倍；二十年後倍數已經暴增到七千一百倍。在過去二十年中，這一百大企業的超額利潤比例也不斷攀升，與其同業平均獲利率相比，一九九五年它們的超額利潤比例是百分之十六，二〇一五年則上升到百分之四十。

UNCTAD的報告也指出，這些超大型跨國企業之所以能急速擴張，又能享有驚人的獲利能力，主要不是靠自身的創新或效率提升，而是它們藉助自己的政治影響力來扭曲法律、政策與市場監管體制，透過收購專利與濫用專利訴訟壓制對手與阻擋潛在競爭者，在全球逃稅，設法解除反托拉斯法的束縛，透過併購快速鞏固市場壟斷地位，以暗中侵占消費者權益的商業模式規避消保法的管控，甚至還可要脅各國政府或各級地方政府給予特殊優渥的財政補貼。

也難怪，這幾年美國國會最活躍的遊說團體就是微軟、蘋果、谷歌、臉書等科技巨獸。二〇一七年亞馬遜宣布，要在美國選址設置第二總部，立刻有兩百三十八個城市積極提案爭取，這些城市不斷加碼，包括提供免費土地或價值七十億美元的租稅減免，這些地方首長別無選擇，只能雙手捧上朝貢禮單。

世界飽受金融危機折磨

新自由主義指導下的金融自由化，驅使巨額的金融資本流向投機性的虛擬交易，給所有國家帶來難以承受的系統性金融風險，也因為這些投機交易導致的劇烈價格波動與不時製造的金融危機，對實體經濟造成巨大扭曲與干擾，各國的弱勢經濟群體更是最大受害者。

在跨國資本利益集團的推波助瀾之下，自一九七〇年代開始跨國銀行熱衷於利用歐洲美元拆借市場的缺乏鬆弛空隙，替開發中國家政府提供超額聯貸來賺取高額仲介費用，而不顧這些借貸國面臨的利率與匯率風險。等到美國聯準會在八〇年代初大幅提高利率，拉丁美洲國家紛紛陷入外債危機。

一九八〇年代末期開始，美國帶頭進行大幅度的金融鬆綁，拆除金融防火牆，全面開放衍生性金融產品，並壓迫各國全面解除跨國資本的流動管制與放棄政府對匯率市場的干預，其結果是熱錢在世界各地興風作浪，製造了一波波的資產泡沫與金融危機。一九九七年至一九九八年，亞洲國家遭遇區域性的金融危機襲擊，南韓、泰國與印尼都深受國際貨幣基金組織超級嚴峻紓困條件的折磨。他們終於認識到，這些由西方國家主控的多邊機構都是以保護跨國金融機構的債權為優先，而棄開發中國家的經濟生機而不顧。

亞洲金融風暴還陸續蔓延到俄羅斯、巴西、阿根廷與土耳其。根據國際貨幣基金組織專家建構的資料庫統計，從一九七〇年《布列敦森林協定》體系動搖開始，直到二〇〇八年，全世界共爆發過兩百零八次匯率危機，六十三次主權債危機，與一百二十四次金融危機（銀行倒閉風潮）[24]。大力推動金融自由化與全球化的美國，最終也難逃金融危機的浩劫。二〇〇八年至二〇〇九年由不動產次貸危機引發的全球金融海嘯，替美國與歐洲帶來空前的經濟重創，直到今日也未完全痊癒，金融體系的系統性風險隱患也未真正拔除[25]。

二〇〇八年九月，雷曼兄弟控股公司因衍生性金融交易合約大規模違約聲請破產，美國聯準會與聯邦政府動用高達四兆美元的應急方案來拯救ＡＩＧ、花旗銀行與美林證券等大型金融機構，才把美國經濟從陷入崩潰的懸崖邊緣救回來。聯準會與財政部聯手要求美國國會迅速通過「緊急經濟穩定法案」（Emergency Economic Stabilization Act）與「不良資產救助計畫」（Troubled Asset Relief Program），動用納稅人的錢收購不良金融資產，幫助所有大型銀行重新注入資本，修復他們的資產負債表。目睹美國政府政策在緊急應對金融海嘯的過程中被華爾街徹底綁架，諾貝爾經濟學得主史迪格里茲（Joseph Stiglitz）不禁感嘆，今日美國民主已經沉淪為：「百分之一所有，百分之一所治，百分之一所享[26]」。

不堪負荷的西方政治體制

新自由主義意識型態指導下的全球化，必然導致貧富兩極化與所得分配的不斷惡化，新自由主義革命走得愈深愈遠，貧富懸殊問題就愈嚴重。分配正義的問題，在仍可維持經濟持續高速成長的國家比較不嚴重，因為社會中絕大多數人都是絕對的贏家。儘管所得分配長期趨向不均，即使是最低收入群體都可以感受到物質生活條件不斷改善。但在經濟成長率緩慢的西方已開發國家，這個問題就非常突出，因為這意謂著全球化與區域經濟一體化製造了大量的絕對輸家，大量中產階級面臨薪資長期停滯，或甚至因為失業而跌入貧困。大量被解僱的製造業勞工無法再找到固定或高薪工作職位，必須屈就於低薪的底層服務業工作，甚至淪為派遣工，或在各種高度剝削的人力市場中沉浮。

倫敦《金融時報》（*Financial Times*）的馬丁・沃爾夫（Martin Wolf），其分析與評論近年來西方民粹主義政治興起的專欄文章，當中引述的圖表[27]（圖七）清楚顯示，西方已開發國家在「超級全球化時代」，普遍出現中產階級所得停滯的現象。從二〇〇五年到二〇一四年間，二十五個已開發國家的總人口中，在扣除通貨膨脹因素後，有將近三分之二的家庭出現實質收入下跌或停滯。義大利的比率高達百分之九十五以上，美國超過百分之八十，英國

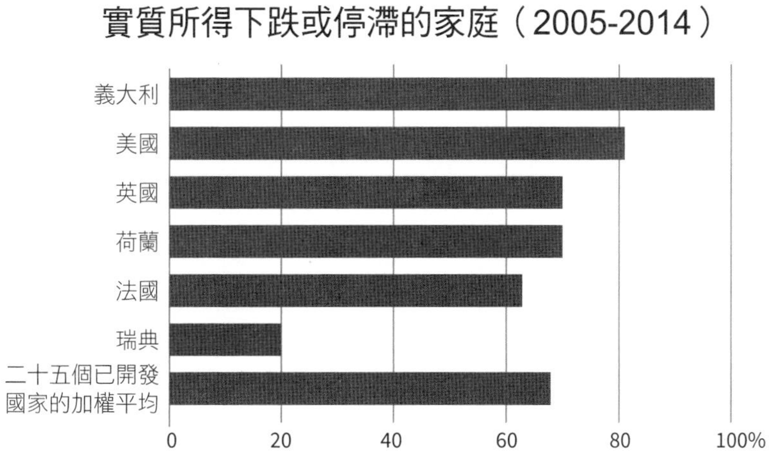

圖七：已開發國家遭遇實質所得下跌或停滯的家庭（百分比）

Source: Martin Wolf, "Seven charts that show how the developed world is losing its edge", *Financial Times*, July 27, 2017

將近百分之七十，法國超過百分之六十。但也有明顯例外，像是基本上仍能維持社會民主體制的瑞典，這個比率只有百分之二十。但北歐都是小國寡民，對計算已開發國家實質收入受損家庭的跨國加權平均比率無足輕重。

當然，西方已開發國家的中產階級萎縮與大量高工資製造業工作消失，並不完全是產業外移或生產外包造成的，而是新自由主義政策變革、生產全球化與科技變革相互作用造成的。西方國家許多技術工人失業，是因為他們的工作被自動生產線與機器人所替代，許多白領階級被解僱是因為資訊科技帶動新的管理模式，許多企業組織趨向扁平化，大量的中層管理職位因而消失。甚至不少高階管理層的職務，也因為頻繁的企業兼併而消失。由於金融解除管制，市場監管鬆綁，勞動法令削弱對勞工的保障，已開發國家的企業併購之風盛行，擅長槓桿操作進行敵意收購的投資人在擄獲獵物之後，通常都會進行組織瘦身與裁員，企圖在短期內改善企業財務報表，拉高盈餘預估以衝高股價。許多上市公司的高階管理層經常不是因為創造了大量工作而獲得豐厚的薪酬獎勵，而是因為他們消滅了許多工作，讓股票選擇權價值倍增。這是美式資本主義模式很難避免的悲劇性結果。

超級全球化意謂著生產要素跨境流動的交易成本不斷下降，全球價值鏈可以快速重組，供應長鏈中不同階段的附加價值活動可以迅速進行空間轉移。在資訊與通訊成本趨近於零的條件下，服務業也可以進行靈活的跨國供應鏈布局。美國醫院病患的電腦斷層檔案，可以由遠在印度的醫檢技師撰寫判讀報告；英國的航空公司電話訂位服務系統，可以由遠在孟加拉的服務專員上線受理。這意謂著生產要素價格會在全球出現趨同現象，這對西方已開發國家的廣大受僱者必然不利，對可以自由跨境移動的資本與特殊專業技術擁有者，必然極為有利。

高速全球化也必然導致西方已開發國家的財政結構不斷惡化。一方面政府的稅收基礎不斷流失，各國政府被迫不斷調降個人所得、資本利得、企業所得以及遺產稅的邊際稅率，再加上企業及富裕階層可以在全球靈活避稅，各國政府被迫不斷變賣國有資產，撙節支出與擴大舉債。

西方已開發國家的普遍現象是，政府幾乎把可以處分的國有資產都變賣了，甚至把正常情況下不可以變賣的固定資產，都透過財務安排而變現。例如歷屆義大利政府把公立學校校舍、橋梁與公路打包出售，再簽下長期租賃或特許收費合約，保證投資人的租金收入，真可謂飲鴆止渴。二〇一八年義大利熱那亞（Genoa）的一座高速公路大橋突然坍塌，導致四十三人死亡，就是因為這段高速公路在一九九九年私有化以後，控股財團不斷壓縮道路橋梁的維修經費[28]。這跟英國鐵路私有化後的公共危險災難頻繁發生現象如出一轍。

另一方面，所有歐洲民選政府都知道，財政撙節很難推行，一定會招致選民反彈。雖然過去三十年許多歐洲國家的社會福利與退休保障都縮水，但社會福利支出規模卻仍繼續成長，這是因為結構性失業不斷攀升，需要救濟或轉業輔導的勞工與白領階級人數更多，加上出生率下降、人口日益老化，所以除了製造業競爭力強大的德國與有大量石油收益的挪威外，絕大多數西歐國家的財政都捉襟見肘。

羅德里克教授認為，「超級全球化」架空了國家的經濟主權，因此對西方的民主體制構成嚴重威脅。畢竟民主是以國家為單位的政治體制，如果年復一年無論如何換屆或輪替，民選產生的政府根本無法解決財政基礎流失、財政結構惡化、社會福利縮水、產業空洞化、中產階級跌入貧困、年輕世代低度就業這些問題，民眾對民主體制的信念必然出現動搖，他們就很容易被民粹型政治人物的激進主張所煽動或蠱惑，或甚至願意考慮採取非民主手段來突破經濟困境。這正是當前西方已開發國家所普遍面臨的危機。

其實，超級全球化只是導致民主體制合法性鬆動的充分條件，真正的必要條件是新自由主義革命拆除了對社會弱勢族群的保護。凡是新自由主義革命走得愈深愈遠的國家，政府必然逐漸喪失扭轉資本主義下，所得分配兩極化的再分配能力，也逐漸失去維護弱勢團體享有社會晉升公平機會，與保障勞動市場參與者基本權益的能力，更失去節制巨型跨國企業濫用市場壟斷權力的能力。因此民主作為「國家層次」的政治體制，日漸成為一個空殼，既無法維護公民福祉，也無力滿足公民的政策需求，自然使其合法性基礎受到嚴重侵蝕。

「超級全球化」的政治衝擊，已經動搖過去西方政治學者的通行理論，他們相信在最富裕的西方國家，民主是不可能倒退或崩解的，因為這些國家擁有周延的制度安排、厚實的公民社會與堅實的民主信仰文化基礎。但兩位年輕的政治學者，他們是哈佛大學政治學講師雅斯查・蒙克（Yascha Mounk）及墨爾本大學羅伯托・史蒂芬・福阿（Roberto Stefan Foa）教授，兩位陸續在《民主季刊》（*Journal of Democracy*）發表論文，列舉各種民意調查資料，提出西方國家已經出現民主解體（democratic deconsolidation）跡象的紅色警報。他們特別指出，在美國、澳洲與不少歐洲國家，年輕人對民主體制的信心正在下降，支持專制政體的人數正在上升。他們認為國家經濟主權的流失，正是侵蝕民主合法性的主要原因[29]。

他們的第一篇論文在初次投稿《民主季刊》時，遇到匿名論文審查人的嚴重質疑，因為他們的論點挑戰了過去所有研究民主化問題的主流學者的共識。《民主季刊》主編於是破例主動徵詢所有編輯委員的意見，我是大力支持這篇文章刊登的編輯委員之一。經過六個月折騰，他們的第一篇文章才於二〇一六年七月號刊出。四個月之後，反體制的川普異軍突起當選美國總統，為他們的觀點提供了最好的注腳。這篇文章廣為主流媒體所引述，也輕易打破

《民主季刊》創刊以來，新刊論文在出版後一年內被引用次數的歷史紀錄。

如果經濟困局與金融危機可能導致西方民主體制的解體，這也不會是第一次。許多西方民主體制，也曾經無法承受一九三〇年代的經濟大蕭條壓力而崩解。當出版社在二〇一二年再次刊行金德伯格（Charles Kindleberger）教授的經典名著《世界陷入大蕭條》（*The World in Depression 1929-1939*）時，加州大學柏克萊分校的德龍（Bradford DeLong）與艾肯格林（Barry Eichengreen）這兩位經濟史專家，在新版所寫的前言中就曾提醒讀者：「今日的歐洲與一九三〇年代歐洲的類似之處非常醒目，讓人愈來愈感到震驚與害怕，我們目睹失業，特別是青年人失業，攀高到前所未有的程度。金融震盪與經濟壓力無所不在。對極右或極左的政黨的政治支持正在興起。」

在德龍與艾肯格林提出他們的警告之後，歐洲民粹主義政治的浪潮方興未艾。法國極右翼政黨國民陣線（National Front）與德國另類選擇黨（Alternative für Deutschland）支持率不斷攀升；希臘的激進左翼聯盟（Syriza）與義大利民粹主義政黨五星運動（Five Star Movement）紛紛登上執政寶座。英國首相梅伊經過三年的艱辛談判，仍無法弭平英國脫歐勢力與歐盟執委會之間巨大的期望落差，只好黯然引咎辭職，而由脫歐大將鮑里斯·強森（Boris Johnson）取而代之。強森的硬脫歐主張，可能是繼卡麥隆之後又一次不負責任的政治豪賭，最壞的情況是硬脫歐將觸發蘇格蘭與北愛爾蘭尋求獨立，進而導致有近四百年歷史的「大不列顛暨北愛爾蘭聯合王國」正式解體。

美國民主的衰敗

如果我們要深究川普為何能當選美國總統的遠因，就必須正視新自由主義革命對美國民主社會基礎的長期侵蝕。雷根總統時代所開啟的新自由主義革命，造就了美國經濟將近三十年的繁榮表象，但也為美國的社會分裂與政治敗壞種下惡果。美國在西方已開發國家中，民主社會主義的傳統最為薄弱，在新自由主義革命的道路上也就走得最遠。加上長期由共和黨多數把持的最高法院不斷為富裕階層打開金權政治洪流的閘門[30]，因此美國社會所累積的貧富兩極分化問題也最嚴重，向上的社會流動管道趨近停滯的問題也最為突出，擁護全球化與反全球化的衝突也最為尖銳。日積月累的社會矛盾，最終以選出川普這樣的民粹政治人物而得到暫時宣洩，但也為今後美國社會埋下更嚴重撕裂的伏筆。

美國政治最大的難題，是政黨與政治菁英都被少數利益集團綁架。軍工企業集團、網路科技集團、華爾街投資機構與大銀行、跨國能源企業、大型媒體集團、製藥與醫療集團等主要利益集團的代理人，盤據了國會兩院的各常設委員會。這些利益集團還可以驅動大律師事務所、大會計公司、信用評等機構，倚靠企業主捐贈的東西兩岸大小智庫，幫他們出謀獻計並引導輿論。

川普可以擄獲白人藍領階層的支援，因為這批選民迫切需要知道未來足以維持中等收入的工作機會在哪裡？政府何時才能大幅更新殘破不堪的基礎設施？他們的下一代是否能享有相對公平的教育與社會晉升機會？嬰兒潮世代大批退休後，美國的社會保障系統能否支撐？如何扭轉過去三十年富者愈富而中產階級趨貧的兩極化趨勢？美國兩黨的主流政治人物紛紛失去這批選民的信任，這些熟面孔不是已經被利益集團徹底綁架，就是面對經濟與社會難題束手無策，選民寧可寄希望於毫無從政經驗的新手。

但川普並沒有抒解美國經濟困局與社會矛盾的良方。相反地，他漫無章法的內政與外交舉措更讓觀察家擔心，他可能是一個加速家道中落的敗家子，不但不懂得珍惜前人累積的資產，反而輕率地將家底典當變賣。他幫富人與企業大幅減稅，必然導致美國財政結構急遽惡化，二〇一九年的聯邦赤字將首度突破一兆美元大關。他把移民視為導致美國工作機會流失的代罪羔羊，極可能讓這個長期以來，使美國經濟得到必要人力資本補充的關鍵管道開始萎縮。川普白宮團隊中的鷹派大將，更試圖用各種威逼與迫害手段，來割裂曾經被超級全球化緊密綑綁在一起的中美經濟連體，並升高貿易戰來逼使跨國企業把以美國市場為目的地的全球供應鏈撤離中國，藉此壓制中國的產業升級與綜合國力的進一步上升。此舉極可能損傷美國自身經濟的元氣，讓美國高科技產業更快失去在晶片與操作系統領域的獨占優勢，並讓過去二十年多中國全面參與全球供應鏈，所帶給美國經濟的低物價、低通膨、低利率的全球化紅利煙消雲散。

注釋：

1 凱因斯的方案，是成立一個由所有主要國家參與的國際清算聯盟（ICU）。各成員國將保持自己的貨幣和央行，同時接受以共同記賬單位來為所有支付項計價，凱恩斯將這一記帳單位成為「班克」（bancor），並通過ICU來清算所有國際支付。Benn Steil, *The Battle of Bretton Woods: John Maynard Keynes, Harry Dexter White, and the Making of a New World Order*, Council on Foreign Relations Books (Princeton University Press, 2013).

2 加州大學柏克萊分校艾肯格林教授認為，金本位制度是導致西方國家陷入經濟大蕭條深淵的罪魁禍首。參見 Barry Eichengreen, *Golden Fetters: The Gold Standard and the Great Depression, 1919-1939*, Oxford University Press, 1996.

3 在布列敦森林會議上，中國代表團強力主張戰後新國際經濟秩序的安排，必須考量廣大開發中國家發展權利，以及他們在國際貿易上所處的弱勢地位。中國代表團在成立國際復興開發銀行以提供開發中國家中長期發展融資為主要任務，以及在GATT協定中承認開發中國家得享有優惠關稅待遇等議題上，發揮相當重要的作用。參見Amy King, 'China's Economic Nationalists: From Bretton Woods to Bandung', working paper presented at the International Political Economy of East Asia Series, University of Oxford China Centre & St Antony's College, Oxford, 26 January 2016.

4 根據布列敦森林會議結論，原本預定成立權限更完整的「世界貿易組織」（WTO），後來因為美國國會的杯葛，而降格為GATT。

5 Peter Gourevitch. *Politics in Hard Times: Comparative Responses to International Economic Crises* (Ithaca: Cornell University Press, 1986)

6 Stephen A. Marglin and Juliet B. Schor, *The Golden Age of Capitalism: Reinterpreting the Postwar Experience*, Oxford University Press, 1995.

7 Martin Wolf, *Fixing Global Finance*. Yale University Press, 2009: p. 31.

8 Robert Skidelsky, *Keynes: The Return of the Master,* Allen Lane, 2009.

9 直到今日，對於七〇年代西方國家兩次經濟衰退成因的診斷，以及什麼才是最適當的政策處方之爭論，從來沒有停止過，尤其2008-2009金融海嘯爆發後西方國家經濟再度陷入停滯，新古典經濟學與凱因斯學派之間爭論再次湧現，也包括「後凱因斯學派經濟學」（Post Keynesian economics）對停滯性通貨膨脹的重新詮釋，參見Harcourt, Geoff，*The Structure of Post-Keynesian Economics*. Columbia University Press，2006及http://socialdemocracy21stcentury.blogspot.com/2011/06/stagflation-in-1970s-post-keynesian.html。

10 一九九二年，在威斯康辛大學麥迪遜分校Barbara Stallings教授主辦的一場學術研討會上，我曾與約翰．威廉姆森有過一段激烈爭論。我以東亞發展模式為例，批駁「華盛頓共識」政策處方與東亞成功的後起工業化經驗不符。其實在東亞模式下，國家刻意扭曲短期價格訊號來引導產業升級的經驗，對其他開發中國家有更積極的啟示意義。參見Yun-han Chu, "The East Asian NICs: A State-led Path to the Developed World," in Barbara Stallings ed., *Global Change, Regional Response*, New York: Cambridge University Press, 1995.

11 這篇報告就是World Bank, *The East Asian miracle : economic growth and public policy* (World Bank, 1993)，美國政府在報告寫作過程中的介入，可以參考 Robert Wade, "Japan , the World Bank , and the Art of Paradigm Maintenance : The East Asian Miracle in Political Perspective," *New Left Review*, (May-June, 1996).

12 Jonathan Kirshner, "Keynes, Capital Mobility and the Crisis of Embedded Liberalism," *Review of International Political Economy*, Vol. 6, No. 3 (Autumn, 1999), pp. 313-337; Jeffrey A. Hart and Aseem Prakash, "The decline of 'embedded liberalism' and the rearticulation of the Keynesian welfare state," Pages 65-78 — Published online: 19 Oct 2007。

13 Giovanni Arrighi, *The Long Twentieth Century: Money, Power and the Origins of Our Times*, Verso New and Updated Edition, 2010.

14 參見Barry Eichengreen, *Globalizing Capital: A History of the International Monetary System*. Princeton University Press, 1996。

15 參見Dani Rodrik, *The Globalization Paradox, Why Global Markets, States, and Democracy Can't Coexist*. Oxford University Press, 2012.

16 關於主控英、美、法、德四大西方國家中央銀行的跨國金融鉅子，如何因為他們僵硬的思維而讓經濟大蕭條雪上加霜，參見Liaquat Ahamed, *Lords of Finance: The Bankers Who Broke the World*.

17 史正富，「走向新的宏觀經濟學」，復旦大學經濟學院中國政治經濟學四十人論壇演講，二〇一八年十二月二十九日，參見https://www.guancha.cn/ShiZhengFu/2019_01_20_487550.shtml?s=zwyzzwzbt。

18 Martin Kessler and Arvind Subramanian. "The Hyperglobalization of Trade and Its Future," *Peterson Institute of International Economics Working Papers WP 13-6*. Published on-line, June 2013. https://piie.com/publications/working-papers/hyperglobalization-trade-and-its-future。

19 Dani Rodrik, *The globalization paradox : democracy and the future of the world economy* 1st ed. (New York: W. W. Norton & Co, 2011): pp. 200-201.

20 有關第一波全球化階段的金融全球化的發展，可參見第一章「金融資本猛虎出閘」。

21 Bruce Wilds, “Derivatives Could Explode Like A Bomb!” *Seeking Alpha*, Feb. 15, 2017 2:05 PM ET published on-lne at: https://seekingalpha.com/article/4046338-derivatives-explode-like-bomb.

22 參見 https://www.globaljustice.org.uk/news/2018/oct/17/69-richest-100-entities-planet-are-corporations-not-governments-figures-show。

23 UNCTAD, “Corporate Rent-seeking, Market Power and Inequality: Time for a multilateral Trust Buster,” Policy Brief, No. 66, May 2018. https://unctad.org/en/PublicationsLibrary/presspb2018d3_en.pdf。

24 https://www.imf.org/external/pubs/ft/wp/2008/wp08224.pdf 。

25 在金融海嘯爆發後多年，美國大型銀行對延伸性金融合約的曝險部位仍然高居不下，The US Office of the Comptroller of the Currency at the time reported the exposure of US banks to derivatives totaled 237 trillion dollars. Of that, four big banks, JP Morgan Chase, Citibank, Goldman Sachs and Bank of America account for over 219 trillion dollars.

26 https://www.vanityfair.com/news/2011/05/top-one-percent-201105。

27 Martin Wolf, "Seven charts that show how the developed world is losing its edge ", Financial Times., July 27, 2017.

28 "Italy's bridge disaster: an inquest into privatization,"*Financial Times*, September 3, 2018. https://www.ft.com/content/874b7e4c-ac3f-11e8-94bd-cba20d67390c。

29 Roberto Stefan Foa and Yascha Mounk, "The Democratic Disconnect," *Journal of Democracy*, Volume 27, Number 3 (July 2016): 5-17 https://www.journalofdemocracy.org/sites/default/files/Foa%26Mounk-27-3.pdf也參見Roberto Stefan Foa, Yascha Mounk, "The Signs of Deconsolidation," *Journal of Democracy*, Volume 28, Number 1 (January 2017): 5-16。

30 有關美國最高法院大法官如何為金權政治氾濫打開一道道的洪水柵欄，可以參考曾經角逐民主黨總統候選人提名的桑德斯參議員這位內行人的精彩分析，Bernie Sanders, *Our Revolution*. Thomas Dunne Books, 2016.

第三章

國際秩序變局與修昔底德陷阱危機

儘管中國與美國之間爆發全面軍事衝突的可能性極低，但是中美關係長期陷入「修昔底德難題」（Thucydides's conundrum）的可能性卻不能排除。所謂「修昔底德難題」，就是雙方之間爆發一場類似美蘇之間的冷戰，讓世界經濟體系面臨分割為兩個板塊，讓所有國家都難以適從。這場二十一世紀的冷戰與過去不同，將不再是以軍備競賽與代理人戰爭為主軸，而是在貿易、產業鏈、科技、金融、通訊、網路、數位資產等領域爭奪龍頭地位，以及在發展模式話語權、國際經濟規則、產業與技術規格、全球與區域多邊體制運作、以及提供國際公共財等場域爭奪領導權。

二〇一八年五月，有一千一百四十位美國經濟學家，其中包括十四位諾貝爾獎得主，給川普總統寫了一封公開信，提醒他經濟保護主義對美國與世界經濟只會帶來災難性結果。此時川普剛對主要貿易夥伴的鋼鐵與鋁製品加徵百分之二十五的保護性關稅，但暫時給予歐盟、加拿大與澳洲短期豁免，對中國的貿易戰尚未揭開序幕。上千位經濟學家在信中特別提醒川普，不要重蹈一九三〇年代的覆轍。八十多年前美國率先築起保護主義高牆，引發一場慘烈的貿易大戰，將世界經濟推入大蕭條深淵。但是川普對這封公開信視若無睹，仍然磨刀霍霍向貿易夥伴砍去，以此向選民證明他會履行競選承諾。

這不禁讓人聯想到一九三〇年的同一歷史場景。當時美國面臨華爾街崩盤後的嚴重經濟衰退，金融機構倒閉，失業率暴增，保護主義聲浪大漲，國會乃通過「斯姆特—霍利關稅法案」(Smoot-Hawley Tariff Act)，把兩萬多種農產品及工業製品的關稅，大幅調升到百分之六十五。當時有一千零二十八位經濟學家聯名上書胡佛總統，呼籲他務必否決此一法案，但胡佛置之不理，仍如期簽署法案。結果此舉引發美國所有主要貿易國的報復，短短四年內美國的出口額急速萎縮百分之六十一，進口額萎縮百分之六十六，世界貿易規模也驟降百分之四十左右，全世界陷入最嚴峻的經濟蕭條。

川普上台後，馬上宣布退出歐巴馬任上談妥的《泛太平洋夥伴協議》，並擱置了《跨大西洋貿易及投資夥伴協議》的談判，也立刻要求與加拿大與墨西哥重新談判「北美自由貿易協定」。同時他也公開批評世界貿易組織是一個災難，誓言美國絕不接受任何侵犯美國主權的世界貿易組織決議與仲裁結果。川普政府也刻意杯葛世界貿易組織仲裁上訴法庭的法官任命，不惜讓仲裁機制癱瘓。他的代表對世界貿易組織的任何新提議，都是採取負面立場，其惡劣影響之一就是二〇一七年底，在阿根廷舉行的兩年一度世界貿易組織部長級會議，在全球貿易領域沒有達成任何實質共識的情況下落幕。

這是世界貿易組織成立以來，部長級會議第一次交白卷。這讓長期奉行自由貿易政策的主流外交菁英非常擔憂，他們擔心戰後七十年逐步搭建起來的多邊貿易體制，可能在川普手中毀於一旦。當川普政府在二〇一八年七月首次推出對五百億美元的中國進口商品實施懲罰性關稅，跨國企業開始擔憂，他們精心布置的全球供應鏈將面臨二十多年來最大的政治亂流。

川普的激進單邊主義

川普上任後，他的「美國優先」政策是一種激進的單邊主義，把手中所有的籌碼與手段用到極致，從談判對象或競爭對手中拿到最多而付出最少，追求的是美國最大短期戰略與經濟利益。在他眼中，所有主流外交菁英所標榜的國際領導責任、政治信用、價值理念原則等都是束縛美國行動自由的包袱，皆可拋棄。對於既定的國際承諾、多邊體制與外交政策框架，皆可放棄或修改。對推進民主化、經濟自由化與全球化等過去歷屆政府所高舉的長期目標，則毫不留戀。他的政府所繼承的原有國際經濟交往規則皆可重新設定，既有的經濟協定均需重新檢視與重啟談判[1]。

這與歐巴馬所標榜的多邊主義明顯背道而馳，也比小布希時代的單邊主義外交政策更為激進。小布希的單邊主義主要體現在兩個範疇，第一是對美國眼中的敵對政權，也就是他外交辭令所指控的「流氓國家」與「邪惡政權」，採取政權剷除或片面軍事侵略行動，罔顧《聯合國憲章》與踐踏安理會集體安全體制；第二，抵制各種對於既有全球治理機制改革的提議，拒絕考慮新興全球議題領域或設置新的多邊體制，也拒絕接受新增全球協議的約束與義務，例如否認全球暖化科學證據、拒絕加入《京都議定書》與《巴黎協議》談判，拒絕簽署《禁止地雷條約》等。

但小布希政府在貿易領域，仍堅定支持世界貿易組織架構，還要求國會授權啟動新一輪的多邊貿易談判。他也高度重視與傳統盟邦的集體安全體制，也仍舊信守雷根時代與蘇聯（俄羅斯）簽署的核武管制協議，與陸基中程導彈協議。他在卸任前為對應全球金融海嘯對世界經濟的嚴重衝擊，希望新興市場國家能配合推出財政刺激方案，購買西方已開發國家的國債，以及配合國際貨幣基金組織擴充緊急借貸額度，乃首次在華府召開G20首腦會議，把G20這個平台從財政部長層級，一舉提升為最重要的全球議題大國協商機制，取代G7的傳統功能。整體而言，小布希政府推行的僅僅是選擇性單邊主義，而不是原則性單邊主義。

但川普把單邊主義原則不分青紅皂白延伸到所有國際關係領域，從貿易、投資、環境、反恐、移民、人權、貨幣到傳統安全議題，包括反核擴散與限武。他上台後不久即宣布退出《巴黎協議》，退出聯合國教科文組織，接著又退出聯合國《全球移民協定》協商，之後又退出聯合國人權理事會，並威脅要全面減少對聯合國各專業機構的預算承諾。他的政府對世界銀行的任務與功能持非常消極的態度，對於國際貨幣基金組織迫在眉睫的增資計畫非常冷淡。為了討好美國的猶太遊說團體，川普不顧聯合國的歷次決議與歐洲盟國的強烈反對，把美國駐以色列使館正式遷往耶路撒冷。

川普的激進單邊主義，也讓西歐七十年來第一次感到心寒。這位白宮新主人一夕推翻既定的國際承諾、多邊體制與長期奉行的外交政策。他對傳統盟邦不假辭色，一切講求美國利益至上，把所有籌碼用到極致，為的是要從盟邦口袋裡拿得更多、給得更少。他公開批評北約組織的歐洲成員占盡美國便宜，要求他們承擔更多北約預算。他片面退出伊朗核問題協定，辜負德國與法國多年的心血，他還脅迫西歐跟進，不然將對與伊朗往來的歐洲企業祭出制裁。他無預警終止「中程陸基導彈協議」，讓西歐未來可能暴露在俄羅斯的中程導彈射程範圍之內。最讓西歐感到不寒而慄的是，川普公然鼓吹歐盟解體，他曾公然支持英國脫歐，其謀士班農（Stephen Bannon）在比利時成立組織，積極串聯歐洲各國極右勢力，全力推動歐盟裂解。

目睹川普的激進單邊主義，讓民主與共和兩黨的外交政策菁英感到非常不安。他們無法想像美國的民主居然製造出這樣一位怪胎，能將美國在二戰後七十年來經營的國際多邊體制與同盟體系棄之如敝屣，也不在乎將美國長期累積的國際信譽毀於旦夕。倡導自由國際秩序最力的普林斯頓大學艾肯伯里（John Ikenberry）教授就在《外交事務》（*Foreign Affairs*）評論文章裡搖頭嘆息：「歷史上強權所建立的秩序有興有衰，但通常都是毀於謀殺（也就是敵人之手），而非自殺[2]。」甚至像布魯金斯學會資深研究員羅柏．卡根（Robert Kagan），這位在共和黨陣營頗受敬重的新保守主義大將，也毫不留情地抨擊川普的做法讓美國愈來愈像一個「流氓超級大國」（rogue superpower），因為他打破了所有道德、意識型態與戰略考量的底線[3]。

但川普毫不在意這些批評，他還公開崇拜美國歷史上展現殘暴不仁本性的人物[4]。他的外交團隊在任何時候與任何談判場合，一律把自己享有的不對稱雙邊權力關係優勢，赤裸裸地用到極點，試圖威逼對手做出最大讓步，不論親疏、不講情誼，也不瞻前顧後。這讓所有與美國打交道的傳統盟邦、貿易夥伴與競爭對手，都不得不把川普所代表的美國，視為一個毫無誠信、不擇手段、隨時變卦、顛倒是非的「流氓國家」。而這個標籤，是小布希總統曾套用在朝鮮、古巴、伊朗與利比亞頭上的[5]。

二〇一七年六月，我參加「台北論壇」組織的訪問團，走訪美國東岸的重要智庫，沿途即強烈感受到美國東岸的外交菁英，對川普的敵視與擔憂。一位曾經擔任東亞助理國務卿的資深人士很沉痛地表白，他這輩子第一次在外國訪客面前批評自己的總統。他們憂心忡忡，深知川普這四年對美國國際領導威望的損害將很難彌補。傳統上美國一向以自己擁有的軟實力自傲，美國歷任政府都設法積極維護自己在國際社會的正面形象，因此過去許多民意調查數據都顯示，美國在其盟邦與貿易夥伴的多數民眾心目中，基本上都被視為支持區域和平與繁榮的正面力量。

這批東岸外交菁英的擔憂果然一一兌現。川普上台後美國的國際聲望一落千丈，甚至在傳統上對美國具有高度好感的國家也不例外。二〇一九年二月十五日，美國副總統彭斯應邀在「慕尼黑安全會議」上致詞，這是歐洲一年一度冠蓋雲集的全球安全議題重要論壇，當他的演講提到「我帶來美國川普總統對會議的問候」，並刻意停頓幾秒等待掌聲響起，卻沒料到會場陷入死寂般的靜默，氣氛極為尷尬[6]。

各國民意調查的數據，也反映同樣的國際氛圍變化。美國「皮尤基金會」（Pew Foundation）支持的華府「皮尤研究中心」，近年來每年都在全球二十幾個重要國家進行有關美國國家形象的民意調查，他們最新的調查發現，即使像日本這樣一個高度依賴美國保護安全的國家，其民眾心中把美國視為日本「主要威脅」的比例，居然與敵視中國的一樣高。他們發現自從川普上台，世界各國把美國的力量與影響力視為主要威脅的比例，出現了快速攀升的趨勢。在他們長期追蹤的二十二個國家之中，把美國視為主要威脅的民眾在二〇一三年為百分之二十二，二〇一七年上升到百分之三十八，到二〇一八年則高達百分之四十五；最令人側目的民意變化在德國，二〇一三年只有百分之十九視美國為主要威脅，到二〇一八年則高達百分之四十九[7]。

全面升高對中國戰略圍堵

讓全世界都感到惴慄不安的，是川普政府不斷升高對俄羅斯與中國的戰略圍堵，特別是川普政府的國家安全戰略，正式把中國定位為國際體系中的頭號戰略競爭對手，也指控中國試圖推翻現有的國際秩序。

川普政府二〇一七至一八年發布的《國家安全戰略報告》、《國防戰略報告》，重新定位了中美關係，也明確地把中國和俄羅斯定位為戰略競爭對手，對美威脅程度僅次於伊朗和北朝鮮；將中、俄稱作「改變現狀的國家」，在價值觀和利益上與美國對立。他身邊的鷹派在美國國會與新聞媒體，刻意炒作中國對美國的安全威脅、科技剽竊與社會滲透，美國聯邦調查局派幹員四處奔波，警告企業、大學與研究機構，要嚴防中國透過科技合作竊取美國的高科技祕密，並蓄意在美國華人社群中製造麥卡錫主義時代的肅殺氣氛。

表面上看來，川普翻轉了從卡特總統以來美國兩黨都奉行的建設性交往政策，但其實不然。長期追蹤美國外交政策圈內部政策辯論的觀察家都早已察覺到，在歐巴馬第二任任期的後期，民主與共和兩黨的外交政策菁英已經在醞釀對華政策的轉向。歐巴馬政府雖然有鑑於中美在許多全球和區域性議題上都有合作，而把中國定位為合作夥伴，但私底下已把中國視為潛在的競爭對手。

在希拉蕊競選總統的過程中，重新思考對中戰略已成為民主黨外交菁英的共識。過去的民主黨外交政策智囊，一直主張與中國開展建設性交往，他們假設中國會被吸納進美國主導的世界秩序，當中國融入後美國就可以影響其發展道路，讓中國在政治、經濟、社會結構上逐漸向西方發展模式靠攏。然而這個發展趨勢並未如他們所願。二〇一六年四月，我與美國知名的中國問題專家夏偉（Orville Schell）及黎安友（Andrew Nathan），在紐約碰面交換意見。這兩位都是我認識超過三十年的學術界朋友。當時夏偉與我另外一位學術界好友謝淑麗（Susan Shirk）教授，正在希拉蕊的默許下，在「亞洲協會」美中關係研究中心（Center on U.S.-China Relations of Asia Society）的名義下，召集了一個跨黨派中國專家小組，全面回顧中美關係並凝聚新階段對華政策的共識。在言談中我已經強烈感受到，這個專家小組將向下一任美國政府建議對建設性交往政策進行調整。

這份報告原準備在希拉蕊當選後立刻發布，但川普的當選打亂了規劃，後來他們調整若干內容並修飾了文字，然後以一個比較超然的姿態在二〇一七年二月發布。這份標題為「美國對華政策：給新政府的建議」的報告明確指出，中美關係正處於「驚險的十字路口」，過去的很多假設已與客觀事實的發展脫節，報告建議下一任政府，更果決而有力地回應中國對美國價值觀與經濟利益的負面作用，凡是不符合或挑戰美國主導的秩序、價值觀的行為，都必須有所回應[8]。

二〇一七年底，川普政府正式發布《國家安全戰略報告》，接著美國國防部在二〇一八年一月發布《國防戰略報告》。不久之後，美國前資深外交官坎貝爾（Kurt M. Campbell）和拉特納（Ely Ratner），在《外交事務》雜誌發表「重新評估中國：北京是怎樣讓美國期望落空？」的評論，為這兩份安全戰略綱領做出注腳。他們在文章中指出，過去美國主張交往政策的決策者，一直都懷抱一種不切實際的假設，以為美國可以通過交往政策影響中國的發展道路，可以將中國吸納進西方主導的國際秩序。這個天真的假設已經破滅。坎貝爾曾在希拉蕊麾下擔任主管亞太東亞事務的助理國務卿，是規劃歐巴馬政府重返亞太戰略再平衡政策的靈魂人物[9]。

合理的推斷是，如果希拉蕊當選總統，也會調整美國的建設性交往政策，並認定中國有挑戰美國領導地位的戰略意圖，並據此採取針對性措施。當然，希拉蕊的布局與做法必定與川普會有明顯區隔。川普粗暴對待傳統盟邦，排斥多邊主義，把全球主義者（globalists）一一逐出白宮，他身邊的鷹派甚至擺出不惜發動一場新冷戰的強硬姿態。

如果是希拉蕊主政，她的國家安全團隊在部署對中國的戰略制衡政策，應該會繼續利用美國仍可主控的多邊主義體制，以此來節制中國的影響力；會設法繼續主導經濟全球化遊戲規則，為美國的跨國企業與金融機構創造更有利的競爭平台，並同時減緩中國企業的競爭壓力，尋求與自己的傳統盟邦建立更緊密的戰略與經貿協同機制，來制衡中國的「一帶一路」

倡議；會繼續在人權、宗教、勞工、環境議題上挑戰中國模式與壓制中國的國際話語權；希拉蕊的團隊也同樣可能會對中國的「工業二〇二五」採取反制措施，但不會在貿易逆差問題上糾纏不休，或試圖用貿易戰打亂跨國企業全球供應鏈，也不會輕易將中美關係推上全面對抗的軌道，因為中美關係如果全面轉向敵對，會帶給美國與世界深不可測的風險。也就是說，希拉蕊針對中國的布局可能會更縝密、更有謀略、更有節奏、更注重包裝、會更懂得運用美國在傳統上享有優勢的意識型態資源。

上述的推斷，可以從夏偉與謝淑麗召集的跨黨派中國問題專家小組的第二份報告，得到一定程度印證。這個以亞洲協會名義運作的小組，在川普當選後並未解散，而是持續觀察與分析川普主政下的中美關係變局，並在他上任滿兩年後發布第二本政策建議書，這份標題為「道路修正：邁向有效、可持續的中國政策」的報告明確指出，川普政府對華戰略調整的哪些論述、政策與具體做法是他們認可的，哪些是他們認為無效或不可持續的，也就是他們認為川普之後的下一任總統不會繼續推動的[10]。

一山不容二虎？

曾經在柯林頓政府時期於白宮任職，並一度主持《外交政策》（*Foreign Policy*）編務的著名外交評論家羅斯科夫（David Rothkopf），曾經生動地指出，自從冷戰結束以後美國有一種來自內心深處的衝動，不斷的要找尋新的敵人。服務於總統的國家安全團隊，更把自己的任務界定為找出各種可能威脅國家安全的來源[11]。美國國內有各種群體，有很強的動機、努力不懈地找出下一個敵人。政客喜歡敵人，因為打擊敵人可以激發群眾情緒，移轉他們對國內問題的關注；國防工業喜歡敵人，因為敵人可以讓他們賺更多錢；政論家與媒體喜歡敵人，因為敵人可以讓他們賣更多的暢銷書，吸引更多觀眾鎖定他們的新聞頻道[12]。

在小布希總統執政初期，他的國家安全團隊的鷹派人物，例如副總統錢尼與國防部長倫斯斐等，已經開始鎖定中國為潛在的威脅，醞釀針對中國採取對抗性戰略。但由於九一一事件爆發，伊斯蘭恐怖主義頓時變成美國最大的安全威脅，接下來十年，美國的軍力與政治精力完全被伊拉克與阿富汗這兩場戰爭所消耗。到了歐巴馬上任，他的國家安全團隊準備讓美國從這兩個泥沼中逐漸抽身，並開始提出戰略再平衡與重返亞太，準備將全球戰略布局的優先因應目標，鎖定快速崛起的中國。

這個戰略部署的轉向並不容易，需要國防、外交、經貿等各環節政策與資源的重新配置，一直到歐巴馬第二任任期結束，重返亞太戰略的推進並不順利，軍事部署也未完全到位。他任內最重要的布局，就是藉助《泛太平洋夥伴協議》，重新掌握修訂國際經濟遊戲規則的主導權，強化美國跨國企業的競爭優勢，並逐步構築一個排除中國的緊密經濟同盟。從小布希上台，一直等到川普的國家安全團隊開始全力遏止中國興起的戰略圍堵政策，中間已相隔十七年，讓中國很幸運地獲得極為難得的和平發展歷史機遇期，有機會在比較寬鬆的外部環境下，把自己的綜合國力在各項主要指標上成長至少四倍，並初步建立中國國內的自主科研生態體系。

歐巴馬的外交團隊在構思因應中國崛起的挑戰時，仍然是在美國於二戰後主導的多邊國際經濟體制的框架內思考對策。他們認識到，過去三十多年的快速全球化替美國帶來可觀的經濟紅利，也為美國的跨國企業提供在全球市場擴張的巨大商機，尤其是中國躍升為全球最大的製造業平台，讓許多美國跨國企業可以專攻商品價值鏈中，具有最高附加價值的環節，把利潤微薄的環節委託境外供應商代工。

價廉物美的中國製貨品源源不斷鋪滿美國零售商的貨架，亞洲的主要貿易夥伴把賺到的美元外匯，大筆大筆的購入美國政府債券，讓美國經濟可以長期在低通膨與低利率的軌道上運行，也讓美國的中下收入家庭與中產階級群體可以維持日常消費的實質購買力，儘管許多家庭面臨薪資停滯不前與房價上漲的壓力。

民主黨的建制菁英與華爾街和西岸高科技產業有千絲萬縷的關係，維護二戰後由美國主導的多邊國際經濟體制，符合美國跨國企業與金融集團的根本利益，所以歐巴馬時代是不可能把拆解全球分工體系，與裂解中美經濟依存關係這種兩敗俱傷的做法，作為戰略圍堵的招數。

歐巴馬的惆悵畢業之旅

二〇一六年九月四日，出席G20領袖高峰會的三十多位國家領導人與國際組織負責人齊聚中國西湖畔，一起觀賞張藝謀導演執導的「最憶是杭州」。儘管這場融合交響樂、芭蕾舞、中國元素與高科技於一體的水上演出，讓全球觀眾驚豔不已，但坐在貴賓席上的歐巴馬恐怕沒有心情領略這場夢幻秀。

G20杭州峰會是歐巴馬任內最後一次亞洲行。回想他上任之初最重要的外交出擊，就是推動全球戰略再平衡與重返亞太。他一心一意要重振美國的全球領導地位，並集中精力對付中國崛起的挑戰。尤其在他第二任任期，面對中國展現的理論、道路、制度與文化自信，宏大的「一帶一路」倡議，以及在G20架構下的積極作為，完全超出了他的國家安全團隊的預想，對他們的心理衝擊很大。他可能萬萬也沒有想到，在自己任期即將終了之際，杭州峰會反而成為標誌中國躍升為世界經濟與全球治理議題引領者角色的里程碑，在這場設定全球議題的重要峰會上，美國反而成為配角。

自二〇〇八年全球金融危機爆發以來，中國的經濟成長速度雖然有所放緩，但對全球經濟成長的貢獻將近三分之一，貢獻程度超過G7的總和。在杭州峰會上各國領袖對帶動全球經濟復甦的「中國方案」寄予厚望，並對杭州在網路經濟領域的突飛猛進印象極為深刻。

歐巴馬任內在中國周邊部署戰略圍堵，的確給北京添加不少麻煩，但這種陳舊的地緣政治思維，並未得到亞洲國家積極響應。這與亞洲國家的殷切發展需求格格不入，對區域經濟整合沒有任何建設性，而華府的經濟籌碼又如此拮据，與北京「一帶一路」大戰略的巨大潛在能量相比，明顯相形見絀。

歐巴馬的外交團隊在幕後挑起中國與菲律賓的南海領土爭議，並一手導演所謂「南海國際仲裁案」，但最終白忙一場。二〇一六年新當選的菲律賓總統杜特蒂，將美國的勸阻置諸腦後，主動與北京修補關係並重啟雙邊談判，擱置南海領土爭議。

歐巴馬的外交團隊對美國可用的籌碼，屢屢未能做出務實評估。儘管華府在二〇一五年使勁阻止傳統盟國加入由北京主導的亞洲基礎設施投資銀行（簡稱亞投行），卻讓自己灰頭土臉。英、法、德、義等歐洲盟國首先發難，他們不顧華府反對、堅定不移的申請成為亞投行創始成員國，不久之後南韓與澳洲也在截止日之前提出申請。在G20杭州峰會前夕，就連美國最親密的鄰居也按捺不住，加拿大總理杜魯道參加G20峰會帶給習近平的見面禮，就是宣布申請加入亞投行，所有盟邦中只剩日本仍徘徊在門外。美國前財政部長桑默斯（Lawrence Summers）目睹此一情景不禁感嘆，這是美國失去國際經濟體最後責任承擔人地位的開始。

四重矛盾的疊加

根據國際貨幣基金組織發布的購買力等值GDP排名，二〇一四年中國的實體經濟規模首次超越美國，二〇一六年中國的對外貿易規模也超過美國，成為世界第一大貿易國。這兩個指標的歷史性跨越，給美國政治菁英帶來極大震撼，他們首次感受到自己的霸權地位在可預見的將來，可能面臨中國的挑戰。美國核心國家利益的重中之重，就是維護其全球霸主地位，維護由美國主導的國際秩序並從中獲益，絕不允許任何可能凌駕自己之上的挑戰者出現。這是激發美國對華戰略全面轉向的最根本原因。

從歐巴馬時代到川普時代，美國對華戰略進入一個戰略對抗迅速升高的通道。除了上述的根本原因外，也是源於川普時代與之前歷屆政府相比，有兩點關鍵性不同：第一是這個時期的美國政治菁英，開始對自己的經濟競爭優勢與政治體制優越性之信心明顯動搖，心理折射作用的結果，讓他們對中國崛起帶來的全方位競爭壓力與挑戰感受特別強烈；第二是川普團隊的民粹政治邏輯與經濟民族主義傾向，從根本處推翻過去美國主流外交政策菁英深信不移的長期目標，包括維護由美國主導的多邊經濟體制與推進經濟全球化。

川普國家安全團隊中的鷹派，充分利用美國政治菁英對中國崛起的焦慮心理，全面激化中美關係中的各種潛在矛盾，同時也在媒體上大肆妖魔化中國，包括對美國的科技竊取與政治滲透，甚至啟動情治與司法機構，針對美籍華人以及與中國有合作往來的機構與專業人士進行盤查，刻意製造一種麥卡錫主義時代的氛圍。

川普身邊的鷹派智囊不惜對中國發動一場新冷戰，他們不斷試圖說服自己的老闆，動用手邊所有可以使用的戰略籌碼，並採取各種流氓手段，摘下所有裝飾面具，也不在乎打破文明國家的道德與法律底線，壓制中國的高科技產業，逼使依賴美國市場的跨國企業，將其全球供應鏈移出中國大陸。同時，在貿易與投資領域之外，川普政府也替正常的文化、教育與專業領域交流，設置各種政治障礙。在很短時間內，四重長期累積的矛盾全部被啟動與激化，疊加在一起構成強大的疑懼與敵視中國的政治能量，席捲了國會內部民主與共和兩黨，把中美關係帶入戰略對抗升高的軌道。雙方要在短期內妥協、和解與合作的可能性很小，未來要重新回到建設性交往的軌道更是難上加難，因為必須克服下面四道政治障礙。

第一層是美國社會內部矛盾的外部化。美國國內的全球化受益者與受損者之間的分配矛盾，已經累積到沸騰點，需要找到外來威脅作為宣洩口，擅長民粹操弄的川普乃趁勢而起，並把受損者的挫折與不滿導向兩大代罪羔羊：中國與非法移民。

第二層是全球產業價值鏈龍頭地位之爭。如果中國甘於長期屈居全球產業價值鏈的低端與中端，並在核心技術領域長期依附占領價值鏈最頂端的美國，那中國作為全球最大的製造業平台，不但不會對美國構成經濟威脅，還能替美國不斷帶來長期低通膨與低利率的經濟紅利。現在中國在所有核心及新興科技領域全力尋求追趕與超越，這對仍想獨占產業分工鰲頭的美國自然構成威脅。

第三層是國際體系霸權的地位之爭。雖然北京並沒有直接挑戰美國霸權的戰略企圖，在地緣政治上也不構成直接威脅，但美國的基本心態是「一山不容二虎」，他們深信美國最核心的國家利益就是維護其全球霸權地位，美國不容許自己失去對全球安全、科技、貿易、金融、貨幣體系的支配地位。美國政治菁英根據西方的歷史經驗，深信強者必霸，當中國的綜合國力快速逼近，七十年來美國第一次面對實力可能凌駕自己之上的挑戰者，自然難以容忍。

第四層是社會體制優勝劣敗之爭。過去主張建設性交往的美國外交菁英都假設，美國可以引導中國向西方模式靠攏，並可以將其吸納進入由西方主導的國際秩序，現在這個天真的假設破滅了。中共展現的制度、理論、道路與文化自信，對篤信自由民主、自由市場優越性與普世性的西方菁英來說，如芒刺在背。現在的北京正透過「一帶一路」，建構以歐亞大陸為主體的全球化新模式，並與沿線國家分享自己的發展經驗，更讓美國難以消受。而美國自己的政治體制正面臨民粹政治的嚴重撕裂，對中國帶來的體制競爭威脅坐立不安。

所以，中國菁英必須有心理準備，只要追求民族復興的目標不變，只要綜合國力持續攀升的趨勢不變，美國政治菁英就會出自本能，產生壓制與圍堵中國的衝動，美國的國家機器將卯足力量，阻撓中國正常參與由美國所主導的全球與區域安全、貿易、科技與金融體系。美國不僅有強烈的遏止中國之衝動，而且有很大機率會不時採取不理性做法，這是因為美國公眾對國際事務普遍無知，美國主流媒體又長期妖魔化中國，一般意見領袖也很容易被蒙蔽與誤導，而民意取向更容易被嘩眾取寵的政客所操弄。

這場戰略對峙與較量將持續相當長的時間，將是一場經濟韌性、政治耐力與整體心理承受能力的中長期較量，不會因為美國政府換屆或政黨輪替而在短期內消退。美國政治菁英需要折騰五年或十年，才可能在付出相當學費後，開始調適其基本心態與對形勢的重新判斷，才有可能心平氣和地接受中國是與自己平起平坐的一個新興超級大國，也才能重新認識到中美之間其實沒有無法化解的核心利益矛盾。與中國和平共處、和平競爭、互惠交流、相互尊重，在許多全球與區域問題上尋求合作與妥協，將是唯一的務實選項。

不過這場戰略較量也不至於演變成一場漫長的對抗。儘管短期內看來民主與共和黨表面上已經很快形成一致的反中立場，但長期而言美國兩黨統治菁英的信心是不足的，因為他們長期被特殊利益集團綁架，忽視中產階級與勞工階級的真正需求，早已失去多數美國民眾的信任。隨著與中國戰略衝突的戰線拉長，他們將發現自己愈來愈難向美國民眾解釋，為何需要對一個不構成美國生存威脅並遠在太平洋彼岸的另一個超級大國，進行一場看不到盡頭與代價相當高昂的衝突[13]。

中美能跨越修昔底德陷阱？

二〇一九年二月，國際貨幣基金組織前副總裁朱民參加達沃斯世界經濟論壇，他參與會議後，在微信發表了自己的感受，他說在達沃斯二十年從來沒有見過論壇如此焦慮和不安。這次論壇的氣氛之低迷，超過二〇〇八年金融海嘯高峰時期的二〇〇九年會，也超過剛經歷川普當選震撼的二〇一七年會。他在啟程返國前，收到「橋水基金」（Bridgewater Associates）創始人達里歐（Ray Dalio）的一張賀年卡，卡上勁逸的手書寫道：「超過所有的一切，今年我唯一的期許，是地球上的和平，願變動的力量與你同在。」很顯然，這位在華爾街頗受敬重的全球最大避險基金創始人，他在二〇一九年最擔心的，不是排外民粹主義、保護主義、中美貿易戰、世界經濟衰退或金融危機再次爆發這些眼前威脅，而是擔憂中美關係掉入「修昔底德陷阱」（Thucydides's trap）。中美之間如果爆發全面戰略對抗，那將是世界經濟的巨大災難。

達里歐的擔憂並非杞人憂天。美國副總統彭斯在紐約哈德遜研究院發表了一篇充滿火藥味的演講，哈佛大學教授格雷厄姆．艾利森認為，這篇演說形同美國政府吹響了向中國發起冷戰的號角[14]。

艾利森是在國際關係與美國外交政策領域享譽五十年的頂尖學者。他的第一本名著，是對甘迺迪政府處理古巴危機的外交決策模式之深刻研究，這本書成為決策模式理論的經典之作，曾經暢銷達五十萬冊。他在二〇一七年發表新書《注定一戰？中美能否避免修昔底德陷阱》[15]，立刻洛陽紙貴，成為中美兩國外交決策菁英必讀之作。

格雷厄姆·艾利森以西元前五世紀的希臘史學家修昔底德，對摧毀整個希臘世界的「伯羅奔尼撒戰爭」的詳實紀錄與精闢分析為基礎，提出「修昔底德陷阱」理論。他將戰爭的起因總結為雅典的崛起，以及斯巴達揮之不去的恐懼，使戰爭不可避免。他把這個理論運用到過去五百年，國際體系的權力平衡面臨改變的十六個歷史案例，發現其中有十二個案例最終無法避免修昔底德陷阱，興起中的強權與原有的霸權之間，難以避免一場對雙方都造成毀滅性傷害的大戰。

艾利森教授這幾年四處奔波，不斷向華府與北京的決策菁英提出忠告，雙方都必須汲取歷史教訓，摸索出如何避免「修昔底德陷阱」的和平共處之道。或許在核子時代，中美雙方都會控管軍事磨擦，避免衝突升高引爆人類集體毀滅的悲劇；但即便是中美之間的全面冷戰，也足以讓全球化大幅倒退，並把世界經濟推向大蕭條的深淵。他的歷史個案分析中非常重要的結論是，兩個霸權爆發全面衝突，在多數情況下都不是他們主動挑起或蓄意發動的，而是因為戰略盟友的挑釁激起其中一方動手教訓，然後另外一方被迫回應，最後一發不可收拾。

艾利森教授在二〇一八年十二月訪問中國大陸之前，特別走訪台灣，並與藍綠各陣營的代表性人士廣泛接觸。我也出面做東，邀請江宜樺、蘇起等多位重量級人士與他餐敘，並主持他在台灣大學社會科學院的公開演講。他提醒聽眾，源於戰略盟友的挑釁，導致中美之間爆發全面衝突有兩個比較大的可能：一是北韓發展核子武器導致美國發動奇襲，一是台灣走向獨立導致北京決心動用武力。他不諱言，中美關係目前處於互信基礎十分脆弱的階段，而白宮決策核心又有像波頓（John Bolton）這樣具冒進傾向的鷹派參與中樞，台灣一不小心就會成為川普政府對北京容忍底線進行戰略試探的犧牲品，這讓他十分擔憂。

他私底下請教我的看法，我很坦率地向他表示，中美應該可以跨越「修昔底德陷阱」。他所列舉以爆發悲劇性軍事衝突收場的十二個歷史案例，其中十一個都發生在地理上鄰近的兩強之間，只有日本與美國的太平洋戰爭是例外。美國對日宣戰，乃是日本偷襲珍珠港而引爆，這個悲劇性的決定源於日本政治體系的失靈，而不是國際形勢逼迫下所導致的必然結果。這也是日本著名國際關係學者堀田江理（Eri Hotta），根據細緻而深入的歷史研究後得出的結論[16]。

堀田江理在《日本大敗局：偷襲珍珠港決策始末》（*Japan 1941: Countdown to Infamy*）這本名著中，將二戰中日本偷襲珍珠港事件前八個月的歷史細節，包括整個計畫的決策過程，以及日本政府在一九四一年面臨的兩難處境，做了詳細的分析。書中提到，日本自一九三七年入侵中國後，耗盡人力和有限的資源，經濟也每況愈下，日本統治階層在是否繼續擴張主義的問題上嚴重分裂，甚至在軍隊高層中也不乏質疑者。軍方強硬派內部亦有人認為，如果與美國開戰，日本將必輸無疑。堀田江理的這本歷史名著就是要回答，為什麼在這種情況下，軍人、文官、外交官以及天皇，要將自己的國家和人民置於不必要的危難之中？

通過深度剖析許多迄今未公開過的日文第一手資料，她的歷史分析描述了那些將國家引向災難的存疑者、謀劃者和所謂的愛國者的動機及作為，展示了當一個強大國家的政治體系失靈時，可能帶來的全球性危險，展現出理性是如何被吞沒的。當時每個人都是明白人，但誰都不敢說「不」，都指望別人出頭、自己附和，最終釀成集體災難。例如，以山本五十六大將為代表的日本海軍重要將領，均反對日本加入軸心國，發動對美戰爭，但是陸相東條英機所營造的愛國主義與反美情緒，籠罩了整個日本社會，讓所有在決策圈內理智上抗拒對美開戰者都不敢公然反對。日本就被這股席捲整個社會菁英階層的非理性情緒，一步步推向戰爭深淵。

準備面對一場百年衝突？

客觀而言，中國沒有爭奪全球霸主的野心，中美之間沒有領土爭議或歷史仇恨，沒有不可化解的核心利益衝突。中美之間隔著太平洋，中國並不構成美國直接的生存威脅，美國感受到中國的「威脅」，很大程度上是心理上的不適應與意識型態框架所塑造的。何況中美之間不但有保證相互毀滅的核子威懾，也有保證相互經濟重創的金融威懾，兩者即使爆發僅限於動用傳統武器的局部軍事衝突，都有可能觸發毀滅性的全球金融災難。這雙重嚇阻將有效阻止中美走向全面軍事攤牌。

儘管中國與美國之間爆發全面軍事衝突的可能性極低，但是中美關係長期陷入「修昔底德難題」（Thucydides's conundrum）的可能性卻不能排除。所謂「修昔底德難題」，就是雙方之間爆發一場類似美蘇之間的冷戰，讓世界經濟體系面臨分割為兩個板塊，讓所有國家都難以適從。這場二十一世紀的冷戰與過去不同，將不再是以軍備競賽與代理人戰爭為主軸，而是在貿易、產業鏈、科技、金融、通訊、網路、數位資產等領域爭奪龍頭地位，以及在發展模式話語權、國際經濟規則、產業與技術規格、全球與區域多邊體制運作、以及提供國際公共財等場域爭奪領導權。它與過去的冷戰相似之處，就是「零和」思維，把自己的「得」

建立在對方的「失」之上；或是不在乎兩敗俱傷，只要能殺敵一萬，寧可自損八千。

二〇一九年五月初，中美貿易談判陷入僵局，川普政府啟動極限施壓政策，擴大加徵懲罰性關稅，並以國家安全為藉口全面封殺華為。這些非常舉措讓許多觀察家擔心，川普政府已經全面啟動對中國的戰略圍堵，為達到遏止中國崛起的戰略目標，美國不惜犧牲短期經濟利益，也不在乎美國高科技產業的全球供應鏈出現嚴重斷裂。

觀察家們特別擔心，川普身邊的四位鷹派大將正把中美關係推上「新冷戰」的不歸路，這四位鷹派大將是國務卿龐培歐（Mike Pompeo）、國家安全顧問波頓（John Bolton）、貿易談判代表賴海澤（Robert Lighthizer），以及白宮貿易政策顧問納瓦羅（Peter Navarro）。這四人在過去兩年內，利用各種場合挑起「懼中」與「仇中」情緒，並引導川普不斷提高貿易談判要價，就是刻意要讓談判破局。他們所營造的反中與防中氛圍，在很短時間內席捲了美國政界與輿論界，壓制了各種基於務實或理性的不同意見，更讓許多兩黨政壇要角與媒體評論人，身不由己地附和他們的主張。

川普身邊的鷹派大將之所以可以在很短時間內挑起激昂的反中氛圍，是因為他們成功調動了三種深層的恐懼情緒，因此這場經濟戰挾帶了極高的不理性成分。

第一種深層恐懼，是害怕美國百年帝國基業的快速崩塌。美國製造業長期空洞化，政府與民間過度消費、不斷以債養債，再加上世界各地樹敵與積怨太多，全球軍事部署無法收斂，國力早已透支。這些結構脆弱性的問題長期被掩蓋，主要是因為霸權地位所賦予的各種特權，尤其是以美元作為國際儲備貨幣以及華爾街占據全球金融體系龍頭帶來的特權，一旦支撐這些特權的權力基礎鬆動了，所有危機都會併發。

第二種深層恐懼，是源於自己的陰暗霸凌歷史與害怕冤冤相報。自從美國步上國際體系權力頂峰以來，不論是對其鄰國、盟邦或其他涉及利害關係的國家，美國在雙邊關係中經常利用其不對稱權力關係，霸凌其交往對手。當美國政策菁英首次面臨一個未來綜合國力可能凌駕自己之上的競爭對手時，自然擔心中國也會感染這種邪門思路，以其人之道還治其人之身。

第三種恐懼，是基於種族偏見。新加坡前駐聯合國大使馬凱碩（Kishore Mahbubani）直接了當指出，美國政治人物對於中國的許多不公平指控，以及美國主流媒體傾向將中國妖魔化，都與他們對黃皮膚人種根深蒂固的不信任與偏見有關。我們不能排除西方人對「黃禍」（yellow peril）的深層恐懼又被啟動，成為影響當前中美關係走向的不理性因素[17]。他也為飽受各方指責的美國國務院政策規劃主任凱潤・斯金納（Kiron Skinner）緩頰。

擁有哈佛大學政治學博士學位的斯金納，是第一位出任這個要職的非裔女性，主掌國務院的內部智庫。二〇一九年四月二十九日，她在美國智庫「新美國」（New America）舉辦的論壇中表示，美國與中國是「全然不同的文明和不同意識型態的對抗」，美國此前從未面臨過這種對抗，「這將是美國首次有一個非白種人的強權競爭對手」，過去蘇聯與美國的對抗仍是白種人內部的競爭。

她的這段言論引發極大的爭論[18]，馬凱碩卻認為她只是說出隱藏在道德面具背後的許多美國政策菁英不敢公開言明的一項事實，也就是中國作為一個非白人國家，的確是影響中美地緣政治對抗的一個因素。這個因素也有助於我們理解，為何西方在面對中國崛起時會出現強烈的情緒反應。

就是因為不理性因素的強烈發酵，倫敦《金融時報》首席經濟評論員馬丁·沃爾夫很擔心，川普的政策可能將中美關係帶入一場「百年衝突」。他參加二〇一九年「彼爾德伯格會議」（Bilderberg Meeting）後，感受特別強烈[19]。他從與出席這場閉門會議的美國政界重量級人物的互動中得出結論：「美國的經濟、外交和安全政策，統統開始把與中國全面敵對競爭作為核心原則[20]。」一種新思潮正彌漫美國政策圈，將中美關係限定在「零和衝突」的框架裡，甚至把中美競爭定位為文明和種族的戰爭，成為不可調和的衝突。他明確指出：「美國對中國發起的攻擊，是一場在錯誤的戰場上發起、以錯誤方式進行的錯誤戰爭」，他認為目前這個趨勢十分危險，中美關係原本雖然棘手但仍處於可控範疇以內，但如今的風險在於，它有可能莫名其妙地演變為一場全盤衝突。他更嚴肅提醒讀者：「在這場衝突過程中，以規則為基礎的多邊秩序、經濟全球化與國際關係的和諧，都將成為犧牲品，任何對此懷有僥倖心理的人都被蒙蔽了。」

沃爾夫刻意用「中美即將進入百年衝突」這樣一個驚悚的標題，的確用心良苦。他想喚醒美國朝野菁英的理性思維，讓他們意識到不可盲目附和川普的國家安全團隊，繼續在「錯誤的戰場上發起、以錯誤方式進行的錯誤戰爭」，不然全球化、全球議題合作以及戰後多邊體制都將成為陪葬品。他也提醒美國決策當局，「你們真的準備與中國進行一場兩敗俱傷、全球受損、深不見底部的長期衝突嗎？」

客觀上來說，美國內部對於與中國進行一場漫長的全面衝突，根本缺乏共識與思想準備。美國社會各個不同群體願意承受多大的代價，準備堅持多長的消耗性冷戰，來阻止中國正常參與全球經濟與持續推進自己的科技、產業與國防升級，這個問題從來沒有被認真思考、評估與辯論過。川普的國家安全團隊，並沒有一套深思熟慮的戰略來進行長期抗戰，他們只是成功鼓動了反中情緒。

川普還不斷試圖用欺騙的手段來安撫美國民眾，讓選民相信他發起的對中貿易戰與科技圍堵，必定會讓中國臣服或損失慘重，但美國的經濟卻可以毫髮無傷。例如他不斷宣稱，增加對中國進口商品的關稅是向中國出口商加稅，但事實上，這些關稅是由美國進口商負擔，並且會轉嫁給美國消費者。在中美貿易談判破裂後不久，包括沃爾瑪、好市多等六百多家大型企業，於二〇一九年六月十三日向白宮發表聯名公開信，呼籲川普不要對中國商品進一步加徵關稅，並重返談判桌與北京達成貿易協議。

他們並在公開信中提出警告，如果針對其餘三千億美元的中國商品開徵懲罰性關稅，「將對美國企業、農民、家庭和經濟產生重大、負面和長期的影響」。他們同時要求川普政府，立刻全面取消對中國進口商品的懲罰性關稅，因為「廣泛實施關稅並不是改變中國不公平貿易的有效工具，關稅是美國公司支付的稅收，而不是中國[21]。」

川普信誓旦旦說，5G競賽是美國一定要贏的競賽，我們不容許未來有任何國家在此強大產業贏過美國。但事實上，美國根本沒有研發5G通訊設備的企業。川普團隊天真地以為，他們可以用外交壓力輕易地讓美國傳統盟友與貿易夥伴，選擇與美國站在一起，對中國進行貿易、科技與地緣政治的圍堵。但事實是美國動用了外交、情報與國防體系的各種管道，都無法讓英國、德國、義大利、沙烏地阿拉伯、菲律賓這些傳統盟邦，一起杯葛華為的設備與手機，更不用說要求他們參與對中國的經濟圍堵。

二〇一九年六月十一日，川普在接受美國國家廣播公司（CNBC）晨間電視節目專訪時，甚至任意編織離奇數字，說自從他就職以來中國已經損失了十五到二十兆美元。真是信口開河！當時馬上就有評論家跳出來打臉川普，說當前中國的經濟規模才十三兆美元，而且這三年中國經濟還在繼續成長，川普要吹牛也應該打草稿[22]。

川普的國家安全團隊一廂情願地打算降下「鐵幕」，把中國隔離於全球經濟體系之外。但美國各界菁英很快就發現，多數情況下這道「鐵幕」最後只會籠罩在美國自己身上，只是讓美國消費者、農民、專業人士、跨國企業、地方政府、研究機構、大學、華爾街等無法與中國進行正常交往與合作，卻無法阻擋絕大多數其他國家享受與中國進行正常貿易、投資、能源、科技與文化交流合作帶來的互利雙贏。

隨著川普政府在這場衝突中繼續添加賭注，這場衝突對美國不同社會群體的各種負面影響就會逐漸浮現，反對與不滿聲浪將陸續顯現。如果貿易戰把美國經濟推向嚴重衰退，那川普連總統連任都會出現問題。美國的有識之士遲早會領悟到馬丁．沃爾夫的警告：「任何企圖阻攔中國經濟和技術崛起的嘗試，幾乎肯定會遭遇失敗。更糟糕的是，它會引起中國人民深深的敵意。」

橋水公司的創辦人達里歐看得比較清楚，他提醒美國決策者如果想要運用手中籌碼從中國那邊拿到讓步妥協，「宜早不宜遲，因為時間站在中國這邊。」這種冷靜的判斷，在眼前民粹主義瀰漫華府政壇的氛圍下，當然不會得到政客青睞。不過隨者中美戰略對抗的戰線拉長，會有愈來愈多利益受損的選民群體對川普失去信心，這種暫時被壓制的務實意見將逐一湧現[23]。客觀而言，只要中國決策者沉得住氣，見招拆招，適度反擊，但不主動升高這場衝突，不主動與美國的經濟剝離，這場衝突肯定不會延續百年，因為美國的對華鷹派能夠威脅美國社會菁英與矇騙美國選民五到十年，就很不容易了。

注釋：

1 在川普執政兩年後，他的外交政策理路更為清晰，可以參見John Hannah, "Trump's Foreign Policy Is a Work in Progress", *Foreign Policy*, published on-line, February 14, 2019.

2 John Ikenberry, "The Plot Against American Foreign Policy," *Foreign Affairs*, May-June 2017.

3 許倬雲，《美國六十年滄桑：一個華人的見聞》，台北：聯經出版，2019。

4 Gideon Rachman, "Donald Trump is updating America's historic ruthlessness," *Financial Times*, May 6, 2019. https://www.ft.com/content/c0f92d52-6db3-11e9-a9a5-351eeaef6d84。

5 Robert Kagan, "Donald Trump's America: The rogue superpower," Financial Review, published on-line, June 2018. https://www.afr.com/opinion/donald-trumps-america-the-rogue-superpower-20180615-h11f1y。

6 https://www.businessinsider.com/pence-greetings-from-trump-silence-munich-security-conference-2019-2。

7 http://www.pewresearch.org/fact-tank/2019/02/14/more-people-around-the-world-see-u-s-power-and-influence-as-a-major-threat-to-their-country/。

8 Asia Society Task Force on US-China Policy, *U.S. Policy Toward China: Recommendations for a New Administration*, 2017. https://asiasociety.org/center-us-china-relations/us-policy-toward-china-recommendations-new-administration。

9 Kurt M. Campbell and Ely Ratner, "The China Reckoning How Beijing Defied American Expectations?" *Foreign Affairs*, March/April 2018 Issue.

10 Asia Society Task Force on US-China Policy, *Course Correction: toward effective and sustainable China policy*, February 14, 2019. https://asiasociety.org/center-us-china-relations/course-correction-toward-effective-and-sustainable-china-policy。

11 David Rothkopf, *Running the World: The Inside Story of the National Security Council and the Architects of American Power* (Public Affairs, 2006)

12 David Rothkopf, "The Enemy Within," *Foreign Policy*, April 23, 2012. https://foreignpolicy.com/2012/04/23/the-enemy-within-2/。

13 可以參考《金融時報》專欄作家Janan Ganash類似的觀點，"Americans may not be ready for a new cold war," *Financial Times*, June 12, 2019.

14 Graham Allison, "The US is hunkering down for a new cold war with China," *Financial Times*, October 23, 2018. https://www.ft.com/content/666b0230-cd7b-11e8-8d0b-a6539b949662。

15 Graham Allison, *Destined for War: Can America and China Escape Thucydides's Trap?* (Houghton Mifflin Harcourt, 2017).

16 堀田江理（Eri Hotta）著，馬文博譯，《日本大敗局：偷襲珍珠港決策始末》，新華出版社，二〇一四年六月一日。

17 Kishore Mahbubani , “A ‘yellow peril’ revival fueling Western fears of China’s rise,” East Asia Forum, 5 June 2019. https://www.eastasiaforum.org/2019/06/05/a-yellow-peril-revival-fuelling-western-fears-of-chinas-rise/

18 Paul Musgrave, “The Slip That Revealed the Real Trump Doctrine: Talk of clashing civilizations reveals the racist, and dangerous, lens of the new U.S. statecraft.” *Foreign Policy*, May 2, 2019.

19「彼爾德伯格會議」（Bilderberg meeting），被某些國際媒體稱為「全球影子政府」。這個閉門政策對話會議始於一九五四年，每年都有百餘名受邀與會者的各國企業與政界菁英，會議最初旨在促進歐美對話，後來成為以西方為主的各國政策菁英，在重大國際事務上尋求共識與施加影響的年度集會。

20 Martin Wolf, “The looming 100-year US-China conflict,” *Financial Times*, June 5, 2019, https://www.ft.com/content/52b71928-85fd-11e9-a028-86cea8523dc2。

21 https://www.businessinsider.com/walmart-costco-hundreds-of-companies-send-trump-tariff-letter-2019-6。

22 https://edition.cnn.com/2019/06/10/politics/trump-cnbc-interview-tariff-china-wine-fact-check/index.html。

23 https://www.linkedin.com/pulse/ideological-war-comparable-powers-small-world-ray-dalio-1f。

第四章

我們需要擔心金德伯格陷阱嗎？

奈伊擔憂川普拋棄國際領導責任，甚至主動削弱與拆解現有多邊體制，會將世界經濟推向金德伯格陷阱。的確，川普推行的保護主義與激進單邊主義是損人不利己，現有多邊體制也將面臨嚴重衝擊，世界貿易組織將首當其衝，開放的多邊貿易體系可能分崩離析，全球化進程也可能受到嚴重干擾。但危機也可能是轉機，美國的「退位」可能帶來全球治理機制改革的歷史契機。

約瑟夫·奈伊（Joseph Nye）教授是艾利森教授在哈佛大學的同事，他以首創「複雜相互依存」（complex interdependence）與「軟實力」（soft power）等重要概念，揚名於國際關係學界。他學而優則仕，曾出任國防部助理部長以及國家情報委員會主席。在川普總統上台後不久，奈伊就撰文提醒美國讀者，在討論二十一世紀國際秩序面臨的挑戰時，真正需要擔心的可能不是中美關係是否會掉入「修昔底德陷阱」，更應該要問的是，世界經濟是否會掉入「金德伯格陷阱」（Kindleberger trap）[1]。

奈伊教授目睹川普所採取的激進單邊主義，包括任意退出多邊協定，踐踏多邊貿易體制，以及輕率拋棄國際領導責任。他認為當川普政府急於拋棄國際公共財（public goods）主要提供者角色時，我們需要擔心中國是否有能力與意願填補這個真空，否則世界經濟將出現公共財供給短缺危機。奈伊的警告正好與前面提到，馬丁·沃爾夫對世界失序之擔憂，正好前後呼應。

奈伊借用美國經濟學會前會長金德伯格的國際公共財理論，提出他對川普激進單邊主義的擔憂。金德伯格教授的經典之作，就是他對一九三〇年代經濟大恐慌起源之分析。長期在麻省理工學院執教的金德伯格，也是美國聯準會前主席柏南克（Ben Bernanke）的老師，柏南克受到他的啟發，選擇在博士論文專門研究經濟大恐慌時期的貨幣政策缺失。已故的金德伯格在對一九三〇年代經濟大恐慌蔓延的分析基礎上，對國際公共財的有效供給提出一個理論，後來成為國際關係領域在一九八〇年代流行的「霸權穩定論」（hegemonic stability）。

這個理論主張，在缺乏世界政府的條件下，國際經濟體系要穩定運行，需要有一個強有力的領導者提供必要的國際公共財。國際公共財包括兩個範疇：一是經濟交換與合作的基礎條件，即和平的國際秩序、跨境產權保護、開放的貿易體系、海上自由航行、通用的交易貨幣、穩定的匯率、交易規則標準化等。只有具備這些條件，跨國貿易和投資才能實現。否則，這一體系將極難保持穩定，貿易戰和貨幣戰也就難以避免，並進而走入一種惡性循環。

二是世界經濟的危機管理機制，即一個強有力的國家在經濟出現巨大週期波動或金融危機時扮演兩個角色。第一當經濟嚴重緊縮時，這個國家是最後的購買者，它不但不會閉關自守，還會進一步開放市場，並且用財政刺激等多種手段維持旺盛的需求和購買力；第二在資本市場陷入恐慌時，這個國家是最後的信用擔保者，可以即時為世界金融體系注入流動性，防止其陷入流動性陷阱。只有唯一的超級大國或緊密團結的少數核心大國才能扮演這樣的角色，其他經濟體都只能搭便車[2]。

美國經濟學會前會長金德伯格認為，第一次世界大戰之前，英國曾經扮演過國際公共財提供者的角色，撐起開放的貿易體系，確保貨幣穩定。但一戰後英國元氣大傷，無力也無心再擔任這個角色；美國則全面倒向孤立主義，雖然客觀上有能力接替英國，主觀上卻完全沒有意願。於是，便出現了青黃不接、領導真空，造成世界經濟大恐慌和政治危機。歐洲很多國家出現政治兩極化，法西斯政權在德國、奧地利、義大利、西班牙紛紛崛起，最終爆發了第二次世界大戰[3]。

部分國際關係學者認為金德伯格的「霸權穩定論」，可以用於解釋二戰後美國在國際秩序重建上發揮的關鍵作用。二戰後的西方世界出現權力真空，美國迎來重塑世界的契機，由此主導了二戰後的國際秩序與相應的多邊體系創建，特別是聯合國與安全理事會體制。國際貿易領域，鑑於兩次世界大戰以及經濟大恐慌的慘痛教訓，在美國與英國的引導下，同盟國之間形成共識，戰後需要建構以開放、合作、互惠為原則的國際經濟秩序，為逐步貿易自由化建立規範；貨幣領域在美國主導下，以美元掛鉤黃金為定錨的固定匯率，並設置國際貨幣基金組織與世界銀行等機構，協助開發中國家因應國際收支失衡問題與滿足發展融資需求。在聯合國體系下，美國主導建立的戰後秩序涉及很多領域、包括氣象、勞工、衛生、難民、能源、核能、民航、通訊、海洋與外太空等。

奈伊在拋出「金德伯格陷阱」話題時還沒有料想到，川普即將對中國發動一場全面性的經濟圍堵，並不惜犧牲全球化、多邊體制與大國在全球議題上的合作成果。當時他只是擔心川普領導的美國就像當年的英國，已逐漸退出這個角色，而中國好像也還沒有準備去承接。如今，正如馬丁・沃爾夫所指出，川普不但拋棄國際領導責任，還主動發起與中國的全面戰略對抗，那必然會導致全球化倒退，嚴重撕裂多邊貿易體制，造成世界經濟的巨大動盪。在「修昔底德難題」情境下，萬一全球性金融危機再現，中美是否可以像二〇〇八年那樣攜手合作，協同政策來有效扮演危機管理的角色，將是一大懸念。

超越西方中心思維的產物

奈伊是一位非常愛國的學者，他在說明美國過去扮演什麼角色，如何作為一個領導者，對整個國際經濟體系或全人類提供不可或缺的功能，包括作為主要國際公共財的供給者，都是選擇性詮釋。奈伊的觀點所體現的，是典型的美國主流外交菁英視角，他們對美國中心秩序的衰落預設了各種悲觀結論。他們傾向於誇大美國領導地位的關鍵作用，並低估其他利益攸關者支撐全球多邊體制的能力與意願，也不肯正視當前世界秩序正從「西方中心世界」過渡到「後西方世界」的歷史大趨勢，更不願意討論在全球秩序重組過程中，以中國為首的重要新興市場國家是否能發揮積極性與建設性作用。迴避了這兩個重要課題，他的分析就只能是對現況與未來的一種片面詮釋。

我一向認為，所謂「金德伯格陷阱」仍是西方中心思維的產物。我們既要重視「金德伯格陷阱」中的客觀分析和警示作用，也要看清西方主流國際關係學者背後的意識型態，和維護國家利益的根本立場。尤其當美國處在逆勢和困境時，其本位主義和自我中心主義將變得愈加明顯。

金德伯格所宣導的「霸權穩定論」，其實是在為美國唯一超強地位背書，其敘事也是為西方中心秩序的合法性與普世性提供理論基礎。但其中充滿矛盾和悖論，迴避了西方中心秩序的合法性、合理性與可持續性等根本問題，掩蓋了西方中心思維背後對有色種族的歧視與對非西方文明的排斥。

西方國家主導的自由貿易規則，往往蘊含已開發國家與落後國家間的不平等交換與支配宰制關係。再比如，二戰前的帝國主義與殖民體系在西方中心秩序裡的關鍵作用及其各種遺留問題，這些他們都避而不談。金德伯格所定義的國際公共財範圍，也僅是從維護西方國家長期享有和平與繁榮的角度出發，並沒有合理考慮開發中國家的發展權利，也無法預見非西方國家快速崛起，以及因為世界人口急速成長爆炸、生態失衡與氣候變遷、快速全球化及科技變革帶來的社會風險等衍生的新興全球議題，所引發的全球治理挑戰。

西方國際關係學者普遍對非西方國家的興起，抱持一種悲觀論斷，認為非西方世界缺乏相應的文化傳統與法治根基，如果西方國家不主導，這個世界一定會分崩離析。近年來西方世界出現的許多悲觀預測，都是在這個邏輯上推演的[4]。他們著重強調，如果美國不再繼續提供國際公共財，那也沒有其他國家會提供，接下來就會出現一九二九年前後全面爆發的世界經濟危機。他們普遍刻意低估包括中國在內的非西方國家，忽略其在全球重組和全球治理改革起到的積極和建設性的作用。

其實，美國主導的戰後國際秩序在西方社會內部也遭遇合法性挑戰，就是因為在新自由主義意識型態的驅動下，長期存在國內與國內層面雙重公共財供給不足問題。西方社會原來保障中產與勞動階級的國內體制被弱化或肢解，在國際層次對跨國企業與跨國金融機構的監管完全缺位，這套極度有利於富裕階層與跨國資本的國內與國際遊戲規則，導致全球化的紅利與風險分配極度不均。

美國主導的戰後國際秩序的合法性，在國際社會也面臨來自開發中國家的挑戰。在開發中國家眼中，西方主導的國際經濟秩序既不公平也不可持續，現在更是危機四伏，亟需改革。二〇一五年舉辦的「紀念亞非會議六十週年」亞非領導人峰會上，印尼總統佐科就表達了所有非西方國家的共同心聲和期望：「六十年後，雖然國際環境發生巨變，但基於公正、平等、和諧、繁榮的世界新文明共同夢想仍未實現。亞非國家需要繼續團結起來，推動建立公平、公正的世界經濟和全球治理新秩序……一些國家不願意正視世界已經改變的現實，那些認為世界經濟問題只能由世界銀行、國際貨幣基金組織、亞洲開發銀行解決的觀點已經過時……當只占全世界人口百分之二十的富裕國家使用百分之七十的全球資源；當北半球國家人民享受超級富豪般的生活，而南半球尚有十二億人在每天生活費用不足兩美元的貧困中掙扎；當一群富裕國家認為他們可以使用武力改變世界，而聯合國卻完全無能為力……人們已無法再對全球不公視而不見[5]。」所以，即使西方國家沒有爆發反全球化浪潮，非西方國家也會要求修正由美國主導的全球化模式，改革現有的國際經濟秩序。

「金德伯格陷阱」的風險可控

如果把「金德伯格陷阱」的問題，放在從西方中心秩序過渡到後西方世界秩序的架構下來思考，我們就不需要太悲觀。首先，全球化的大趨勢不會全面逆轉，因為全球化創造了大量的利益攸關者，利益攸關者的數量遠大於受損者，而且在日益緊密相依的全球體系裡，沒有國家可以選擇獨善其身或自掃門前雪。關於這點，我會在下一章做更多說明。

其實，現有的全球多邊體制與規範並非全靠美國支撐，許多國際公共財都是集體提供，美國只是承擔其中一部分成本，而且美國分擔的份額也持續下降，所以全球經濟陷入「金德伯格陷阱」的風險應該是可控的。事實上，川普推進的激進單邊主義，在全球受到很多國家強烈反對，所有其他國家的立場基本上非常一致，他們不會跟進川普的激進單邊主義，也不會輕易在美國與中國的戰略對抗中選邊。

二〇一八年十月，亞歐峰會上五十多個亞歐國家的首腦在共同聲明內強烈表達他們對聯合國體制，對世界貿易組織的多邊貿易體制，對維護整個以互惠、開放、自由為精神的貿易體制，還有包括全球暖化問題、《巴黎協議》，以及《伊朗核協定》的堅定支持，也就是跟美國激進的單邊主義劃清界線。雖然他們現在暫時阻止不了川普的片面行動，但是全球大多數國家都有一種共同認識，就是不可能退回從前那種撕裂、對抗或者完全封閉的勢力範圍，甚至再去發動一場冷戰。

其次，非西方世界全面崛起的大趨勢仍然充斥著前進動力，非西方國家之間將會構築愈來愈綿密的經濟、能源、科技、資訊與金融交換與互助網路，這將為全球化帶來新的動力，這也不是西方的反全球化政治勢力或川普的對中國戰略圍堵政策所能阻擋的。尤其是北京的「一帶一路」倡議，已獲得眾多國家響應，到二〇一九年四月中國舉行第二屆一帶一路論壇為止，已經有一百二十五個國家與二十九個國際組織，與中國政府簽署了一百七十三份合作文件，其中還包括義大利與瑞士。「一帶一路」就是推進新型全球化的中國方案，也是中國向世界提出的、回應逆全球化挑戰的有效策略。

再者，奈伊所代表的美國主流外交政策菁英，低估了以中國為首的新興市場國家支撐全球多邊體系的能力跟意願。以中國為首的新興經濟體，已經成為帶動全球經濟成長的主力。從《巴黎協議》的談判與簽訂過程可以看得很明顯，中國、印度、巴西與南非等新興經濟體，對人類面臨的重大全球議題已經有能力，也有意願與西方國家平起平坐的協商，並承擔起應負的義務與責任。在聯合國維和任務領域，中國已經成為最大的人力派遣國，以及僅次於美國的最大出資國。

因為西方主流媒體的刻意忽視，大多數的美國主流國際關係學者都不知道，事實上中國已經開始為國際社會提供相當可觀的「補充性或替代性」國際公共財，而且已經建立了全方位、多層次、立體的與全球各地區的政策協調跟合作機制，這也是中國這十幾年來非常重要的建樹。在當前國際社會不夠完整、不夠完善的現有多邊體制下，中國做了非常重要的補充性體制建構，而且正引領新興市場國家為全球化注入新動力。

不容諱言，歐洲國家對中國開始扮演這個角色時內心非常矛盾，因為他們長久抱持的西方中心思維一時間很難調整。西方國家擔憂美國霸權的退位，仍希望美國繼續扮演領導角色，因為對這個老大哥依賴慣了，更多的是一種心理上的依賴。可是對廣大的開發中國家而言，對全人類而言，美國霸權的消退跟退位是機遇，而不是危機。

美國霸權的兩面性

在歐巴馬時代，美國霸權的兩面性隱而不顯，因為傳統上美國外交菁英非常重視價值論述與道德外衣包裝，會刻意掩飾對其他國家的陰暗面行徑。川普的國家安全團隊則毫不遮掩美國的流氓超級大國行徑，讓我們更容易認清美國霸權的真面目和它國際角色的兩面性。

我們對美國霸權本質的理解，應該從下列四個角度來檢視，這樣看得比較清晰而全面。

第一，美國主導的戰後國際秩序與公共財的提供對象，並非真正全面開放、包容與一視同仁，相反的，這個秩序有明顯的排他性，以及基於文明和種族優越感的階層秩序與歧視待遇。在貨幣、金融、貿易與科技領域，與美國有戰略利益衝突的國家是長期被排斥的。聯合國體系建立之初，二次世界大戰尚未結束，美國與蘇聯仍維持同盟國關係，所以蘇聯得以成為聯合國創建成員國與安全理事會的常任理事國，其代表也曾受邀參與布列敦森林會議。但以美元為定錨貨幣的布列敦森林貨幣與貿易體系，要能讓所有主要國家放心參與，其必要條件是美國願意透過借貸或援助，讓缺乏外匯儲備的國家能得到足夠的美元頭寸。

在蘇聯正考慮是否批准布列敦森林協定之際，歐洲戰事已經結束，美國與蘇聯對於戰後歐洲政治秩序安排的矛盾開始浮現，杜魯門總統於是斷然中止透過「租借法案」，提供蘇聯戰後重建所需的長期融資承諾。蘇聯於是選擇放棄作為國際貨幣基金組織、世界銀行與「關稅暨貿易總協定」（世界貿易組織前身）的創始會員[6]。中華人民共和國成立後，因為中國代表權之爭，北京也長期被排除在國際貨幣基金組織、世界銀行與世界貿易組織之外。

長期以來，在採取加權投票機制的國際組織內，美國堅決維持其最大份額決策權，長期獨占關鍵領導地位，堅持保有對重大事項擁有否決權的特權，並不斷利用這些它可以主控的多邊體制，來抵制與懲罰那些與美國有戰略競爭關係的國家。在採取多數決的國際組織內，例如聯合國大會與許多聯合國專門機構，一旦美國失去對多數會員國的號召力量，它就任由其職能弱化或局部癱瘓，甚至不惜退出。

美國主導的國際體系有明確的階層秩序，與美國維持最緊密關係的盟國是所謂盎格魯－撒克遜集團，也就是美國加上英國、加拿大、澳洲與紐西蘭，他們構成西方世界的核心，這些國家享有最高等級的軍事與情報合作關係。其次是由歐陸盟國構成的第二層核心圈，接著是日本、南韓、土耳其、沙烏地阿拉伯等非西方同盟國構成的第三層盟友，再來才是更周邊的依附者或順從者。由於文明親疏關係的遠近，不同國家在美國主導的國際體系內之地位、待遇與發言權一向是有明顯差距的。如果我們將國際貨幣基金組織處理一九九七年亞洲金融風暴時，如何對待需要緊急紓困的南韓與印尼的經驗，來比對其處理二〇〇九年歐債危機時如何對待希臘、葡萄牙、西班牙、愛爾蘭等傳統西方國家，國際貨幣基金組織對亞洲國家開出的紓困條件，遠比對歐洲國家更為苛刻，對經濟元氣造成的傷害更大[7]。

第二，美國的國際領導角色，是自身意識型態與國內權力結構的延伸。二戰後美國所願意提供的國際公共財，並非從全球社會的實際需要出發，而是根據其主流社會菁英的意識型態框架，以及國內強勢利益集團的需求。從一九八〇年代開始，美國主流意識型態崇尚大市場小政府，美國政府也傾向將國際公共財的範疇極小化，排斥各種可能限制跨國企業與跨國資本自由行動的全球規約或監管機制，甚至主動要求現有的國際機構（例如世界銀行）減縮其業務與功能，讓位給資本市場或私人企業。

同時，美國扮演的國際領導角色，最終也要符合國內強勢利益集團的需求，特別是軍工集團、華爾街、能源集團、醫療集團、高科技集團等。例如美國領導的《泛太平洋夥伴協議》談判，美國貿易談判代表帶上談判桌的條文，與鉅細靡遺的法律附件，基本上都是由美國的跨國企業、科技公司、製藥公司、跨國銀行等僱用的紐約大律師事務所草擬。這些律師事務所提議的複雜規則與專有名詞，刻意弄得晦澀難懂，連一般的商務仲裁法官都搞不懂。將來在執行時，假若出現爭議與糾紛，還是得找這些受顧於跨國企業的大律師來幫忙解釋，貿易糾紛打官司也是他們承攬，這些大律師是兩頭通吃。

在意識型態與國內利益結構的限制下，國際公共財供給不足的問題早已存在，現有的全球治理機制，也明顯跟不上全球化和科技進步帶來的社會風險與生態危機管理的需要，也無法有效滿足廣大開發中國家可持續發展與包容性成長的需求。全球化所帶來的各類新興議題，美國只對全球反恐、保護智慧財產權等這些攸關自身利益的領域有興趣，在企業壟斷、金融系統性風險、逃漏租稅、科技變革的社會風險、疾病控制、糧食安全、移民權利保障、收容難民、氣候變化、海洋生態環境惡化、水資源稀缺等領域，美國對全球協作平台不足或監管機制嚴重缺位的問題，根本置之不理。

只許州官放火，不許百姓點燈

第三，美國只許州官放火，不許百姓點燈。由美國推動制訂的國際規則，主要是用來約束其他國家，但他們放縱自己可以選擇性適用或蓄意違反。也就是說，美國不時利用與其他國家高度不對稱的權力關係，任意濫用霸權地位、公然破壞規則和秩序，並處處要求享受豁免或特殊待遇，甚至可以用國家安全為藉口，以國內法管轄權凌駕國際規範，也就是惡名昭彰的「長臂司法管轄」。

國際關係領域內的自由派學者，都會強調「自由國際秩序」的精髓是「以規則為基礎」。一個負責任的領導者本應在各合作領域帶領成立多邊機制、制訂規範與程式，以此設定各國的權利與義務，從而協調行動、解決爭端、促進合作共贏。作為國際領導者，不僅應帶頭創立規則，也需承擔維護規則合法性與權威性的主要責任，絕不可濫用其霸權地位追逐自己的短期利益。但現實情況是，美國常將自身的短期國家利益或國內政治需求，凌駕於國際規則之上，並不時拋出美國例外主義與美國單邊主義，肆意曲解國際規則，因此自由國際秩序的合法性與權威性，一直難以鞏固。

像是《布列敦森林協定》，以美元兌換黃金為定錨的固定匯率制度，按其規則，任何國際貨幣基金組織成員國如因長期國際收支失衡而要調整固定匯率，都必須與其他會員國協商，但是一九七一年尼克森總統突然宣布，停止履行美元與黃金兌換承諾的顛覆性決定，事前完全沒有與其他會員國協商，就一腳踢翻《布列敦森林協定》的核心設計。

最近幾年，在推進全球租稅正義的目標上，美國的自私自利做法也讓各國傷透腦筋。因為美國是已開發國家中唯一拒絕簽署「共同申報準則」（CRS）的國家，成為全球打擊逃漏稅的國際新規約下最大的黑洞。

這是一個非常荒誕的故事，因為最早啟動追繳全球不法漏稅就是美國。二〇一〇年，美國通過「外國帳戶稅收遵從法案」（FATCA），俗稱「肥咖」法案。根據這個法案，美國要求外國金融機構（FFI）向美國國稅局（IRS）提供美國納稅人的帳戶資訊，以逼迫美國公民和綠卡人士申報海外帳戶與海外所得，對於不配合的外國金融機構，將就其來源於美國的所得徵收百分之三十的扣繳作為處罰。

美國利用FATCA給予傳統的避稅天堂沉重打擊，包括瑞士、百慕達與開曼群島，在面臨失去進入美國金融體系的威脅下，都一一被迫配合美國政府要求，主動向美國國稅局提供美國納稅人的帳戶資料，並嚴格審查有美國背景客戶的開戶作業。然後美國又陸續與一百多個國家及地區在FATCA架構下，簽署雙邊資訊互換協定，表面上這是一種互惠協定，配合落實FATCA規定的國家，也可以要求美國提供本國納稅人在美國的金融帳戶資料。

在美國強勢推動FATCA的刺激下，歐洲各國政府也開始積極追查本國納稅人隱匿在海外避稅天堂的帳戶，讓傳統的避稅天堂遭遇第二波打擊。接著G20在二〇一四年，正式推出

ＣＲＳ這套更完整而標準化的全球金融機構境外背景客戶帳戶資訊交換的國際規範，目的在落實租稅正義，讓富人藏匿在國外的財富與投資收益無所遁形。從二〇一六年開始，陸續有一百零八個國家與地區簽署這項國際規約，中國也從二〇一八年開始全面執行ＣＲＳ規定，有義務將外籍人士在本地金融機構帳戶的基本資訊、總金額、流動情況提供給國外稅務機構，中國政府也可以藉此掌握中國公民在國外金融機構帳戶的基本資訊。

「共同申報準則」從二〇一六年陸續上路以來，全球的富裕階層與他們的會計師都忙著重新配置他們的資產與移轉金融帳戶，這些千方百計想要隱匿財富的富豪，都不約而同的發現一個新的避稅天堂，那就是美國，因為美國拒絕簽署ＣＲＳ。美國拿出來的荒謬理由是，美國已經與絕大多數ＣＲＳ簽署國之間有雙邊資訊互換協定，實際情況是，美國要求其他國家鉅細靡遺的提供美國納稅人的海外帳戶資料，但其他國家政府想要從美國金融機構拿到資料卻會面臨百般刁難。美國刻意讓自己成為ＣＲＳ體系下的最大漏洞，因為這樣一來美國可以替代傳統的租稅天堂國家，吸引大量離岸財富湧向美國，既可讓美國財富管理相關服務業大發不義之財，又可鞏固美元地位。從二〇一五年到二〇一七年，美國的金融機構與會計師都忙著將客戶的錢從傳統的離岸避稅天堂，例如巴哈馬、瑞士、百慕達等地，轉移到美國的岸上天堂，譬如德拉瓦州、內華達州、懷俄明州和南達科他州等。二〇一七年，美國離岸金融規模為全球第一位，占百分之二十二點三，而二〇一五年時，美國的占比還僅有百分之十四。

對於美國經常破壞規則的行徑，所有參與由美國主導的多邊組織會員國基本上都是儘量忍讓，西方國家多半選擇遷就與姑息，是因為畢竟他們在美國主導的國際秩序下，還是享有參與核心與分享決策權的特殊待遇。非西方國家更不願挺身而出，因為可能遭遇被報復與孤立的風險。過去，西方國家擔心如果美國完全拋棄多邊主義，國際秩序可能回到一次大戰前的劍拔弩張狀態，在沒有更好的替代選項時，他們寧可擁護美國的領導地位，並盡可能忍讓。在歐盟成立之後，西歐國家還勉強可以透過集體談判地位，在貿易、貨幣與金融領域約束美國，但也因此觸發川普與班農想要拆解歐盟的念頭。

國際公共之惡的主要來源

第四，美國霸權兩面性最詭譎的悖論就是：它既是國際秩序的來源，也是國際體系不穩定的來源；它既是安全秩序的提供者，也是導致許多國家不安全的根源。西方主流關係學者都說美國是國際公共財的提供者，但他們卻避而不談美國也是國際公共之惡（public bads）

的主要來源。其實，只要我們拋開西方中心思維，支援這個悖論的證據比比皆是。

美國的地理環境所賦予的地緣政治安全屏障可說是得天獨厚，它與其他傳統陸權隔了兩個大洋，南北兩個鄰邦與它實力懸殊，除了緊密依附於它別無選擇。美國很早就把西歐列強的勢力驅趕出西半球，門羅主義更讓中美與南美洲成為自己的後院。所有與美國有潛在戰略利益衝突的大國，都沒有這樣高枕無憂的地緣政治條件，而美國就充分利用這種地理優勢的不對稱性，藉助軍事盟友與遠端打擊力量，在自己對手國家的後院或鄰近區域煽風點火，讓對手（或甚至是自己的盟友）不得安寧。只有到蘇聯建立可靠的戰略核子第二擊力量後，美國本土才第一次直接暴露在生存威脅的陰影下，但美國還是千方百計試圖恢復可以摧毀對手而自己卻不受直接戰火威脅的不對稱優勢，所以全面發展反導彈系統與推進太空武器研發。

美國在二戰後長期享有唯我獨尊的地位，因此它的外交與國防菁英把國家安全利益的邊界無限延伸，他們界定的範圍從軍事安全到能源供給、從海洋到太空，從氣候戰到細菌戰威脅，從美國企業國際競爭力到高科技優勢，從意識型態到軟實力，從全球監聽到網路安全等。這批外交、國防菁英與相關國家部門，以及相關產業與智庫，早已形成一個牢固而龐大的利益結構，不斷找尋潛在敵人就是他們的利益所在。當他們在雷達螢幕上察覺到任何對美國國家利益有潛在威脅的目標，就會放出風聲、製造輿論，然後強力主張必須設法打擊、圍堵或剷除。

所以，美國給世界製造的首要公共之惡，就是它對國家安全利益的極限追求，與隨時可以用國家安全為藉口跨越文明底線，其結果就是替其他地區與國家製造更大更深的不安全。美國在世界各地肆意操縱所謂的「軍事平衡」，挑撥領土或宗教爭端，加深許多國家的安全困局，並激發區域性軍備競賽。美國為了自己的戰略利益，在不少地區刻意製造政治動亂，甚至直接進行軍事干預，來削弱或鏟除反美政權，並加深傳統盟邦對他的依賴。尤其從一九九〇年代開始，由於蘇聯解體而美國成為唯一超強，新保守主義陣營在民主帝國主義（democratic imperialism）思路下，推動的主動政權剷除與積極軍事干預政策，並結合了猶太遊說集團推動的、完全偏袒以色列的中東政策，更徹底攪亂了中東、西亞與北非地區，致使一片生靈塗炭，讓周邊國家與歐洲飽嘗恐怖主義四竄與大量難民湧現的苦果。

二〇〇七年，美國以Stuxnet電腦病毒攻擊伊朗核設施得逞後，就不斷加大對網路病毒武器的研發。二〇一三年，中情局前僱員史諾登揭露美國祕密監控全球網路通訊，備受國際關注。華府除了被揭露要網路巨擘在電腦系統「開後門」，方便情報人員監控通訊外，美國的國家安全局（NSA）也會暗中蒐集各式電腦系統的漏洞弱點，研製種種網路攻擊武器。未料二〇一八年有駭客組織成功突破防線，取得一批由ＮＳＡ研製的電腦系統入侵工具，並於網上公開，當中包括國家安全局針對微軟視窗系統（Microsoft Windows）漏洞所研發的入侵工具「永恆之藍」（EternalBlue）。結果不法份子將它改寫為「WannaCry」入侵勒索程式，肆虐全球。微軟主席史密斯（Brad Smith）便形容，相關失竊的嚴重程度「如同美軍戰斧巡弋飛彈被盜」。

另外一種讓各國飽嘗惡果的公共之惡，就是放任跨國金融機構在全球各地資本市場興風作浪，不斷增高各國金融體系的系統性風險，與放任美國巨型跨國企業在全球利用市場壟斷地位追求暴利。在華爾街利益集團的驅動下，美國從一九九〇年代開始強迫各國打開資本市場，解除金融管制，還把金融管制全面鬆綁與金融產品創新，當作一種進步改革思想推廣到全球。此舉很快就導致熱錢在全球各地流竄，製造資產泡沫與金融危機，並讓華爾街將不良金融資產（toxic asset）推銷給各國銀行與保險機構，不但造成美國自己爆發本土金融危機，也殃及歐洲，使得歐洲至今尚未從歐債危機中脫困。

在危機爆發前，歐洲的監管機構與金融機構，都被美國華爾街的思路洗腦了，購置大量由美國機構發行，而且是被美國三大信評機構評為優質的衍生性金融資產。發生金融危機之後，他們才發現這些金融產品其實都面臨違約風險，可能一文不值，最後被迫打三折、兩折進行清算。此外，美國在貿易談判時強推偏頗的智慧財產權保護條款，維護美國跨國企業的暴利與市場壟斷地位，阻礙創新與知識分享；不斷要求延長美國藥廠的專利年限，讓它們能繼續以天價販售製造成本極低，而且投資早已回收的專利藥品，也就是美國把大藥廠的利潤看得比人命還重要。

美國占據許多多邊機構的主導地位，長期阻撓這些機構承擔新的職責來對應新興全球議題，也長期阻礙全球治理機制的改革與創設新的治理機制。其實，許多領域的公共財供給長期處於短缺狀態，例如美國長期抗拒設置對信用評等機構的商業模式國際監管機制、抗拒對數位科技集團收集與使用個人隱私資料訂定國際規範、反對聯合國機構對科技變遷造成的社會衝擊，進行全球追蹤與評估、抗拒設置海洋汙染的全球監控機制等。此外，美國長期提供劣等的公共財，例如對於網域名稱的分配與管轄機制，或是長期壓制多邊組織對新興全球議題的研究與討論，比如美國歷任共和黨總統拒絕承認全球暖化問題存在，這些作為也是製造公共之惡。

過去三十年，美國唯一新創設的多邊協調機制就是G20高峰會，這是因為二〇〇八年金融危機的嚴峻程度已經超過G7的能力，美國小布希總統不得不邀請新興經濟體與產油國家領導人集會華府，協助美國與歐洲共同渡過世紀性的金融危機。美國需要中國、印度、南韓、沙烏地阿拉伯等國家出資國際貨幣基金組織新增的短期融資機制，購買更多美國公債，也需要新興經濟體同步採取財政擴張政策，擴大進口。

過去三十年，面對由其他國家帶頭推動的治理機制改革或國際規範創設，大多數情況下美國都是消極對待或抵制，譬如禁止地雷公約、移民公約到禁止發展人工智慧武器。很多國際金融領域的權威學者都早已指出，以主權貨幣作為國際儲備貨幣的缺失日益明顯，但美國為捍衛美元霸權，極力阻止由國際貨幣基金組織創立的「特別提款權」（Special Drawing Right, SDR），逐步取得超主權貨幣功能，極力防範任何其他貨幣挑戰美元地位，阻止石油交易改以歐元或其他貨幣結算。美國也長期拖延國際貨幣基金組織認股權比例與投票權調整的方案。儘管開發中國家非常需要基礎設施的長期融資，但美國不願意讓世界銀行與地區開發銀行擴充這個領域的融資機制，又試圖阻撓中國倡議成立亞洲基礎設施銀行，這也是製造公共之惡。這樣的例證不勝枚舉。

美國退位是危機也是機遇

奈伊擔憂川普拋棄國際領導責任，甚至主動削弱與拆解現有多邊體制，會將世界經濟推向金德伯格陷阱。的確，川普推行的保護主義與激進單邊主義是損人不利己，現有多邊體制也將面臨嚴重衝擊，世界貿易組織將首當其衝，開放的多邊貿易體系可能分崩離析，全球化進程也可能受到嚴重干擾。但危機也可能是轉機，美國的「退位」可能帶來全球治理機制改革的歷史契機。

川普的流氓超級大國行徑，逼使現有多邊體制內的所有利益攸關者必須挺身而出維護多邊主義，維護基於開放、互惠、非歧視原則的國際規約。新興經濟體也被迫必須認真思考，如何在世界秩序震盪與重組的過程中扮演更積極與建設性的角色。中國作為世界第一大貿易國、世界最大製造業基地，更是責無旁貸必須挺身而出，為全球多邊主義體制提供關鍵支撐。中國應積極主動協同主要新興市場國家與歐盟國家，改革現有國際組織與多邊與體制決策機制，恢復或提升其功能。

過去在美國霸權統治下，除了最親密盟友可以分享戰後國際秩序賦予西方國家的特權外，絕大多數國家都是順從者。他們受惠於這個秩序所提供的和平與經濟發展機會，同時也只能接受在美國霸權體系下，國際公共財長期供給不足或品質不佳的問題，還要承受美國不時將公共財的供給成本任意轉嫁的問題，也必須忍受美國強加於人的公共之惡。他們無從選擇，因為美國只允許自己獨家提供國際公共財，也只提供自己的意識型態體系所認可的公共財。美國阻撓公共財提供的替代機制出現（儘管這可能更符合人類社會的整體利益），也極力防範新興大國來取代自己的獨占鰲頭地位。

過去三十多年裡，由於美國的意識型態與國內政治的限制，國際公共財的提供長期處於供給不足、品質欠佳的狀態。全球治理機制早已嚴重落後於全球化進程，及科技發展帶來的利益協調分配、社會風險管控等議題，亟需在全球層面進行有效回應。譬如，巨型跨國企業對市場的扭曲與壟斷以及對基本社會責任的迴避；虛擬投機交易的系統性風險和受金融資本凌駕的實體經濟；人口爆炸帶來的糧食、水資源、疾病、生態等挑戰與基本需求保障；網路時代資訊安全、隱私、監控與道德風險等問題。

人類當前正處於歷史發展的十字路口，面對資訊技術發展替社會帶來的變革性影響，如果放任資本主導，壟斷性數位資本主義將可能嚴重威脅人類社會的可持續發展，並阻斷資訊技術將人類帶往分享經濟與零邊際成本社會的可能性。這些全球性議題都絕非單一國家層級的治理機制能夠有效應對的，全球治理機制的改革勢在必行。由美國主導的國際秩序的合法性、包容性與可持續性，都存在嚴重缺陷，只是過去沒有任何新的動力有可能去轉換、改革或補充它。現在非西方世界全面崛起，美國自己開始戰略收縮，正是修補、改革既有的全球治理機制的契機。非西方國家必然會以更大的力度要求全球治理改革，提出追求更公平、包容與可持續的國際經濟秩序的願景與改革議程，並繼續搭建新的多邊合作平台，並著手修正經濟全球化的遊戲規則，讓全球化的果實能創造更大的普惠效果。

注釋：

1 Joseph Nye, "The Kindleberger Trap," Project Syndicate, Jan. 09, 2017. https://www.belfercenter.org/publication/kindleberger-trap。

2 Charles P. Kindleberger, "International Public Goods without International Government," *The American Economic Review*, Vol. 76, No. 1 (Mar., 1986), pp. 1-13.

3 Charles Kindleberger, *The World in Depression, 1929-39*, Chapter 14, "An Explanation of the 1929 Depression," (Berkeley: University of California Press, 1973), pp. 291-308.

4 最典型的就是歐亞集團（Eurasia Group）這家知名諮詢顧問公司的總裁布瑞梅爾（Ian Bremmer）在二〇一三年出版一書所描繪的零極世界（G-Zero World），參見 *Every Nation for Itself: What Happens When No One Leads the World*. (Portfolio, 2013)

5 佐科總統開幕致詞全文，請參見：http://www.bandungspirit.org/IMG/pdf/jokowi-jakarta_opening_statement-220415-bsn.pdf。

6 Michael David Bordo and Barry Eichengreen, *A Retrospective on the Bretton Woods System: Lessons for International Monetary Reform*. (National Bureau of Economic Research Project Report, 1993.)

7 "Asia sees double standards in IMF Greek rescue," *Financial Times*, April 30, 2010.

第五章

全球化的裂解與再融合

如果我們的目光超越西方媒體所關注的新聞焦點，從更廣闊的角度觀看世界經濟與全球社會的發展態勢，我們就能看清，持續推進全球化演進的融合力量，仍明顯大於裂解力量。前者是默默進行，後者是敲鑼打鼓鬧事，所以裂解力量的表面聲勢往往超過融合力量。

一旦超越了西方媒體的偏狹眼光，我們就會發現人口眾多與發展情勢仍看好的全球南方（Global South），也就是以中國為首的廣大開發中世界，正在替全球化帶來新動力，各種深化雙邊、區域經濟整合、多邊開發融資、政策協調、基礎設施共用、文化與教育交流，以及科技合作的新機制正在加速創建、成長與強化。

自從二〇一六年英國脫歐公投的結果震驚世界以來，激進民族主義、保護主義與反全球化政治風潮席捲西方已開發國家，川普上台後更動手拆解支撐全球化的基礎架構。他把多個區域自由貿易協定推倒重來，發動一波又一波貿易戰，讓世界貿易組織陷入癱瘓狀態。他的鷹派智囊鎖定中國為頭號戰略競爭對手，一方面啟動「印太戰略」，試圖拉攏印度來構築新的對華地緣政治圍堵，阻撓中國「一帶一路」倡議的推進；另一方面透過粗暴的貿易與科技封鎖手段，試圖逼迫跨國企業把全球供應鏈移出中國；美國透過各種管道，脅迫自己的傳統盟國聯手封殺中國的高科技企業，試圖打亂中國的產業升級步伐與經濟成長勢頭。一連串的政治震撼讓很多觀察家開始擔心，過去三十五年的高速全球化時代將一去不返，全球產業供應鏈將因而裂解，世界經濟可能正步上「逆全球化」（de-globalization）的通道。

如何正確評估逆全球化危機？

如果我們用一些經常使用的衡量全球化進程之指標，全球化腳步從二〇〇八年開始，的確進入減速階段，甚至出現局部倒退。例如根據荷蘭經濟政策研究局所發布的「世界貿易監測」（World Trade Monitor）報告，從二〇一八年第四季開始，已經連續出現兩季的全球貿易額萎縮現象，尤其從二〇一八年十二月到二〇一九年二月，貿易規模的下修幅度來到負百分之一點八，這是自二〇〇九年五月全球貿易因金融危機出現銳減以來，最糟糕的紀錄[1]。

根據國際貨幣基金組織的估算，在二十世紀九〇年代，全球經濟每成長百分之一，能為貿易帶來百分之二點五的成長，但自從二〇〇八年金融危機以來，除了二〇一七年後三季與二〇一八年前三季，曾短暫出現過貿易額成長速度超過全球經濟成長率的情況，其他年度與季度的貿易成長速度，都低於經濟成長。從長期趨勢來看，貿易成長的速度趨緩也十分明顯，一九九〇年全球貨品與服務貿易規模占全球ＧＤＰ比重為百分之三十九，然後一路攀升到二〇〇七年的百分之六十，從二〇〇八年到二〇一八年則緩跌至百分之五十八。

另外，根據聯合國貿易和發展會議（UNCTAD）發布的外國直接投資（FDI）統計，從二〇一六年到二〇一八年，全球ＦＤＩ規模不斷創下二〇〇八年全球金融危機以來的低紀錄，二〇一八年又比二〇一七年萎縮將近五分之一，規模只剩下一點二兆美元[2]。二〇〇七年，ＦＤＩ曾經一度占全球ＧＤＰ比重百分之三點五，到二〇一八年比重不到百分之一點五。此外，一個衡量跨國供應鏈發展程度的常用指標，是各國進口中間產品（零部件）占全球ＧＤＰ的比重，這個比重在二〇〇七年之前不斷攀升，二〇〇八年以後從占全球ＧＤＰ的百分之十九，下降到百分之十七[3]。

二〇〇八年金融危機造成的跨國金融機構資產負債縮表，以及之後許多國家陸續推出的加強金融監管措施，對金融全球化的壓抑作用也十分明顯。跨境銀行的信貸規模與全球GDP的比例，從二〇一六年的百分之六十大幅下跌到百分之三十六。另外一個衡量全球金融相依程度的指標，是看外國投資負債（foreign investment liabilities）總規模與全球GDP的比例。一個國家引入外國投資而產生的負債總額，包括四類外國機構或個人擁有的資產：股票、債券、外國直接投資以及其他形式的借貸或投資。根據麥肯錫全球研究院的統計，這個比例在一九九五年還只有百分之五十一，到二〇〇七年快速膨脹到百分之一百八十五，但自二〇〇八年以後，就不曾再跨越過這個歷史高峰[4]。

我們要怎麼判斷全球化已經出現逆轉，全球經濟已經步上逆全球化軌道？首先，我們不要被聳動的媒體標題所誤導，也不要被一些統計資料的表象所迷惑，我們要很嚴肅的回答下面四個問題：

第一，究竟全球化是在演化中還是在退化中？那一種趨勢才具主導性？

第二，當前湧現的裂解全球化力量與仍在推進全球經濟與社會融合的力量，兩者究竟何者為大？那一種力量更具有主導性？

第三，無論在全球或在各國，抗拒與反對全球化的群體，相較於擁護與支持全球化的群體，在社會力量的平衡上何者更具優勢？是有更多群體加入擁護全球化的陣營，還是反全球化的社會支持基礎在日益壯大？

第四，支撐全球化的社會機制與制度安排基礎，是十分脆弱還是十分強韌？這些基礎是否脆弱到經不起關鍵行動者，例如一個流氓超級大國，或是宗教恐怖主義組織的破壞與干擾？還是它們有足夠的強韌性及可倚靠的厚實利益分享結構，可以對潛在的破壞行動構成強大的束縛作用？它們是否也有足夠的彈性與靈活性，來克服或繞過新增的障礙與險阻？

一旦我們認真評估這四個相互關連的問題之後，就可擺脫可能的誤判，可以撥開雲霧、看清廬山真面目。

全球化仍在演化，而非退化

要為全球化的前景把脈，首先要有一個寬廣的歷史視角。我們必須了解到，一九八〇年代中期開始的超級全球化，是多重獨特的甚至是偶然的歷史條件共同作用下的特殊歷史時期。這些特殊歷史條件包括全球的新自由主義革命，物流與運輸成本快速下降，通訊與數位科技的日新月異，中國大陸與前蘇聯集團超過十五億人口的巨量經濟版圖快速融入世界經濟；其所蘊涵的動力已經充分釋放，我們不能期待未來的全球化會以過去三十多年的飛快速度持續前進。展望未來，全球化的前進動力仍然充沛，但前進的路徑與速度不會複製過去三十多年的紀錄，現在許多國家的內部政治與社會體制，正在消化過去三十多年的超級全球化帶來的經濟震盪、社會衝擊與財富分配兩極化，全球化的腳步減緩也是必然的。

其次，我們還需要新的觀察視角與測量指標，因為世界經濟結構已經出現深刻變化，如果仍沿用傳統經濟活動衡量指標，會有很多盲點。例如，以雙邊貨品與服務貿易作為統計基礎的世界貿易規模，其成長速度從二〇〇八年以後的確明顯趨緩，導致不少觀察家輕率下斷言，認為這主要是由於貿易保護主義蔓延所導致的全球化退潮現象。這個判斷很大程度上是一種錯覺，貿易保護主義措施的作用並非主要因素，主要原因是國際貿易結構在最近十幾年，出現了四重的深層變化。

第一重變化，是作為全球第一大貿易國的中國，在世界經濟裡的角色正在轉變。一方面中國大陸經濟成長模式的重心已經由出口移轉為內需，另一方面中國正在不斷推動高附加價值製造業以追求進口替代。這就意謂著：第一，有更高比例的中國製造產品轉為就地滿足國內市場需求，貨品與服務出口占中國GDP的比例已經從二〇〇六年的高峰百分之三十六，下降到二〇一七年的百分之十九點八。第二，中國也不斷深化其產業供應鏈，以提高出口產品的附加價值，從而減少倚賴進口的高附加價值零組件、資本設備或軟體。

在一九九〇年代到本世紀初，中國一直是高附加價值零組件的進口國，在國內裝配為消費產品後再出口，承擔著「世界組裝工廠」的職能。在此過程中，中國獲得了零組件等半成品或製造設備的生產資料的製造技術，並逐步推進在地化生產。接著，這些在地化生產的高附加價值設備與零組件，在取得競爭優勢後，又發展成為新的出口產業。

中國的出口結構演進，與日本在《廣場協議》之後的產業結構轉型非常類似。從二〇〇〇年到二〇一六年，半成品與生產資料這兩大類在中國的出口中，所占比例均提高了百分之十，分別來到百分之四十一點一與百分之三十一點二。同一時期，消費產品所占比例在二〇一六年為百分之二十七，比二〇〇〇年下降了至少二十一個百分點，從中可以看出中國正從組裝大國，逐步過渡到高附加價值產品的生產與出口。根據《日本經濟新聞》的分析報導，二〇一八年在出口產品中本國創造的附加價值比率，中國已經超過日本，這意謂著在巨型經濟體量的支撐下，中國國內的產業鏈垂直整合程度比日本還高[5]。

上述這個結構性變化，反映在傳統的雙邊貿易統計上，就必然會出現貿易額成長趨緩。原來需要進口的高附加價值生產設備與零組件，現在改為由中國自己供應，原來在中國進行組裝的終端消費品，現在則移到了越南、印尼、印度、孟加拉、墨西哥或甚至非洲的工廠，中國廠商則成為這些海外組裝生產所需的設備與零組件的供應來源。

此外，中國經濟從二〇一二年以後進行減產與供給面結構改革，經濟成長速度也明顯趨緩，這導致全球各種原物料與大宗商品價格回歸理性，二〇〇八年以前那種石油、鐵、銅、鋁全面飆漲的景況不再。這個價格退燒的過程也會導致以交易價格為統計基礎的世界貿易規模，看起來出現萎縮現象，雖然實物的交易數量還可能有所增加。

中國在過去十多年湧現的這兩個趨勢：國內需求增強與持續推動進口替代工業化，多多少少也在其他中等收入開發中國家出現。正如麥肯錫全球研究院在最新的研究報告中指出，二〇〇七年以後，在開發中國家製造的產品有愈來愈高的比例是直接供應當地市場，也有愈來愈高比例的零組件改為當地採購。這在很大程度上解釋了，為何最近十年來的世界貿易規模成長速度，低於世界經濟成長速度[6]。

世界貿易流向的新主軸

第二重變化，是世界貿易流向的主軸也正出現結構性變化，這個變化打破了戰後七十年的基本格局，甚至可以說扭轉了過去將近兩百年的全球化運行規律。法國著名智庫「國際經濟研究中心」（CEPII）[7]的兩位資深經濟學家福圭（Michel Fouquin）與于高（Jules Hugot），建立了一個從一八二七年到二〇一四年的雙邊貿易流向的完整資料庫，他們的資料顯示從二戰結束以來，世界貿易活動基本上是圍繞著富裕國家的需求而展開的，他們定義的富裕國家基本上就是西方已開發國家加上以色列與日本[8]。世界貿易活動的主體是富裕國家彼此之間的出口，以及非富裕國家向富裕國家的出口，主要是原物料、能源與初級加工品。

從二戰後到二十世紀結束時，富裕國家彼此之間的出口占世界貿易的比重，平均高達百分之四十以上，在一九九〇年初期甚至曾達到百分之五十以上；同一時期，非富裕國家向富裕國家的出口，在多數年份占世界貿易的比重也都在百分之二十五以上。以富裕國家需求為導向的出口活動，幾乎占世界貿易的三分之二。至於非富裕國家彼此之間的出口，所占的比重長期以來都很低，從一九五〇年代到上個世紀末，都在百分之十到十四之間，在一次大戰之前的第一波全球化（First Globalization）時期，更是微不足道。所以，不難理解為何過去的多邊貿易規則基本上是西方已開發國家制訂的，他們也是二戰後貿易自由化的最大受益者。

但進入二十一世紀以來，貿易流向的格局起了根本性變化，這個變化的主要來源就是中國在二〇〇一年加入世界貿易組織，並連續超越日本、德國與美國，快速攀升為全球第一大貿易國家。同時，中國與其他新興經濟體以及所有開發中國家的貿易規模，都出現快速成長。因此，非富裕國家彼此之間的出口比重就從二〇〇一年的百分之十四，一路成長到二〇一四年的百分之二十九；與此同時，富裕國家彼此之間的出口比重，則從二〇〇一年的百分之四十五，一路下降到二〇一四年的百分之二十九，兩者已經旗鼓相當。如果加上富裕國家向非富裕國家的出口比重（在二〇一四年為百分之十九），合計就達到了百分之四十八。也就是說，以非富裕國家的需求為導向的出口，到二〇一四年幾乎撐起了世界貿易的半邊天，這個大趨勢仍在進行，也勢無可擋。

換言之，長久以來以西方已開發國家為重心的世界貿易體系，在新世紀已經出現根本性變化。未來，代表廣大開發中國家的主要新興經濟體，必然會在多邊貿易規則的制訂上發揮愈來愈大的影響力。中國的「一帶一路」倡議正進一步深化「南南合作」，會讓上述的深層結構變化走得更快更遠。更重要的是，當前西方已開發國家湧現的保護主義與排外主義，主要是對以富裕國家為目的地的出口貿易構成障礙與干擾，以非富裕國家為導向的出口不但不受其影響，反而可能受惠於美國對中國發起的貿易戰，因為他們會接收部分從中國移出的生產線，而且中國政府與企業還會以更大的力道，協助這些經濟體發掘潛在成長能量與消費需求。總之，以非西方國家市場需求為導向的出口，將逐漸凌駕以富裕國家為導向的出口活動，成為世界貿易的新主軸。

製造業回流西方國家的趨勢

第三重變化，是有部分的製造業活動在最近幾年，開始回流到西方已開發國家。推動製造業回流的主要因素是自動化生產技術的突飛猛進，保護主義的作用反而居其次。例如，在中國大陸設廠的台資企業要規避中美貿易戰的風險，如果勞動成本是主要考慮，自然會選擇將以美國市場為主的生產線移轉到越南、印尼、印度或墨西哥。如果某類高價位產品可以大量利用智慧型機器人替代人力，跨國企業就可能選擇就近在美國或西歐建立生產基地，因為在新的技術條件下選擇離岸生產的誘因降低，還不如選擇縮短全球供應鏈以更貼近消費者，同時也可以規避貿易戰的風險。

無論是因為跨境交易成本變動、能源價格差異、勞動成本變動或人工智慧科技與智慧型機器人的技術突破，所引導的全球製造業活動重新布局，都不應該與「逆全球化」劃上等號，儘管這些布局調整有可能導致雙邊貿易量萎縮。事實上，由技術驅動的全球產業供應鏈布局調整，本來就是全球化演進過程中的必然現象，過去三十多年的全球產業鏈發展，就是因應貨櫃運輸、跨國通訊，電腦儲存與運算成本急遽下降而生。

不過，製造業回流美國的趨勢並不樂觀。儘管美國的土地與能源相對便宜，地方政府提供優惠政策的配合意願很高，但適合回流美國的製造生產活動十分有限，主要是因為美國本土的製造業空洞化已久，已經缺乏完整的產業供應鏈。例如，蘋果公司很努力地想把一部分智慧型手機組裝作業移回美國，但發現困難重重，只要缺一個精密的小螺絲配件，就可以拖累整條生產線[9]。多數美國跨國企業最擅長的還是產品研發、品牌經營與全球營運管理，而這些生產活動仍占據價值鏈的主要部分。

非實體貿易已經是主流

第四重的變化，是世界貿易活動中實體（the tangible）產品的交易價值比重會逐步下降，非實體（the intangible）產品的交易價值比重會持續成長，這是數位經濟與產品智慧化時代的必然趨勢。這個大趨勢已經部分反映在傳統的貿易統計資料裡，也就是麥肯錫全球研究院的報告中所指出，過去十年雖然貨品貿易的成長速度減緩，但服務業貿易仍維持強韌的成長動力。

根據麥肯錫全球研究院的統計，過去十年服務業貿易擴張的速度，比貨品貿易高出百分之六十，而且這個數字應該是被嚴重低估的，因為有很多種類的服務業貿易是透過網路交易，或非正式管道交易，或個人境外消費，很難有效追蹤與統計[10]。此外，目前有很多網路科技公司提供免費社交媒體或電子郵件帳戶服務，這些服務其實都是有真實價值的，之所以免費是因為這些公司可以透過收集使用者資訊而牟利。

傳統的貿易統計，基本上無法區分出實體產品與非實體產品的價值比重，因為後者經常是與前者一起捆綁出售的。例如上海振華重工出口一套全自動化貨櫃碼頭裝卸系統，這筆交易不僅僅是實體裝備的出口，還包含規劃設計、專業運送與安裝服務、智慧軟體授權、操作人員培訓、軟體更新與升級，以及長期維修服務，維修服務裡可能包括派駐現場的技術指導人員，以及為客戶提供全天候的設備使用狀態的遠端數位偵測、線上及時回饋與大數據分析報告等。

所有這些非實體產品的銷售總值，往往會超過這套硬體設備本身，而這些與實體產品捆綁的非實體產品銷售，可以合併為一筆出口交易合約或分拆為數筆交易合約，各項目的報價也可以彈性調整，完全可以根據買賣雙方的會計、稅務、法律合規、財務與融資等各種考慮而做彈性安排。這些非實體產品的銷售可以透過母公司或賣方當地的子公司，或任何獲得授權的第三地公司來執行，所以可能全部納入官方的貨品貿易統計，也可能部分納入官方的服務貿易統計，也可能部分移轉為第三國的服務業貿易，甚至有可能一部分被歸入外國直接投資的統計[11]。

所以，當前的貿易統計明顯低估了服務業貿易的真實規模，麥肯錫的研究團隊做過估算，如果把免費網路服務的真實價值以及跨境非實體交易的價值都考慮進來的話，當前跨境服務業貿易的真實規，應該已經超過貨品貿易。以二〇一七年為例，官方貿易統計的貨品貿易出口總值，在扣除附帶的非實體交易之價值後，應該只剩下十三兆美元，補上各項遺漏後的跨境服務業貿易規模應該為十三點四兆美元。所以，二〇一七年全球貨品與服務貿易總額就不止官方統計所顯示的二十一點八兆美元，實際價值應該超過二十六點四兆美元[12]。

展望未來，非實體貿易將持續成長，這意謂著全球化仍在演化而非退化，逆全球化潮流被過度渲染。特別是，保護主義浪潮與貿易戰對全球化的打擊不應被高估，想利用懲罰性關稅來打擊特定國家的產品出口效果有限。廠商可以用各種方式透過第三地簡易加工再出口，而原產地證明的國際通行門檻是要求百分之二十五的當地附加價值[13]，這並不難以淺層次加工外加會計手法克服，尤其是在執法力道不嚴格的國家。更何況，與實體交易捆綁的非實體交易很難確定其原產地來源，這些價值比重愈來愈高的非實體產品又可以輕易地透過網路完成跨境交易，並以各種靈活的交易型態向管轄機構呈現，要規避貿易戰的烽火波及並不困難。

裂解的風險空前嚴峻

自從二〇〇八年金融危機引發全球經濟衰退後，西方已開發國家紛紛推出各種限制貿易、移民與投資的排外措施，並引發貿易夥伴的反制，形成惡性循環；歐洲一體化的進程也因為英國脫歐、義大利非主流政治聯盟上台，以及各國反歐盟政治勢力風起雲湧而面臨空前挑戰。現有的歐盟架構是否能避免進一步裂解，也是懸念。不過，整體而言歐洲國家還是會選擇融入高度整合的全球經濟，因為歐洲個別國家的經濟規模都太小，完全不具備閉關自守的條件，他們高度依賴現有的全球與區域多邊體制。即使英國選擇脫歐，也僅僅是拿回部分主權，不受歐盟在移民、勞動、消費、環保、食安等各領域的法律節制，但英國仍必須維持與歐盟的自由貿易關係，也必然會選擇加速與全球主要經濟體之間的自由貿易協定談判。

當前全球化也的確面臨嚴峻的裂解風險，最大的風險來源是美國。美國對全球經濟構成兩大系統性風險，第一是美國經濟所累積的天文數字債務，這是全球經濟結構失衡的主因，也是以美元為核心的全球金融體系最大風險。美國的超級債務就像一個空前巨大的堰塞湖，懸吊在全球經濟之上，堰塞湖日積月累達到驚人的體量，不知何時會山崩地裂而讓巨量土石流淹沒全球經濟；第二是美國鷹派的零和博弈與冷戰思維，這批與時代潮流脫節的鷹派，不僅試圖把俄羅斯、伊朗這些戰略對手逐出美國所主導的全球化體系，為了達到遏止中國的目標，不斷把產業、科技、金融領域的相互依存當作戰略武器使用，不惜破壞支撐全球化的安全環境、交往規則與經貿多邊體制。他們的魯莽行徑有可能觸發全球金融危機，甚至經由蓄意的軍事挑釁行動，而意外引發一場核子大國之間的悲劇性衝突，把高度融合的全球經濟一併陪葬。

當前全球經濟體系的最大結構失衡來源，就是美國的過度消費與儲蓄不足。美國之所以可以長期寅吃卯糧，可以經年累月維持龐大貿易赤字，就是因為美元仍然是全球經濟的主要儲備貨幣。但是，如果美國過度濫用國際儲備貨幣發行者所享有的鑄幣特權，就會構成全球經濟的系統性風險，遲早會帶來災難性後果。全球最大對沖基金「橋水」創始人達里歐，曾提供一份對美國六大債務（包含潛在債務）的預估模型，這六大債務分別是聯邦政府債務餘額、私人債務餘額、法定政府支付義務（例如對退伍軍人與傷殘戰士的給付）、聯邦醫療保險的資金缺口、養老金給付義務的資金缺口，以及社會安全保險給付義務的資金缺口。隨著人口老化，聯邦政府赤字持續擴大，勞動參與率下降，以及經濟成長趨緩，達里歐估計這六大債務的規模加總，在二〇〇〇年時已經超過美國GDP的百分之七百，到二〇一八年已經達到百分之一千一百。

川普任內的減稅方案，讓聯邦政府的債務餘額累積得更快，所以這六大債務的總規模在十年內就會逼近百分之一千兩百。這六大債務構成的堰塞湖遲早會崩潰，一旦崩潰後果將不堪設想，美元不但會出現崩塌式下跌，高度依賴美元體系的各國經濟也會面臨滅頂之災[14]。達里歐預見，美國聯準會未來將不得不選擇加速債務貨幣化和貨幣貶值，也被迫長期維持低利率政策，以減輕聯邦政府與企業的債務負擔，盡量延後這座龐大債務堰塞湖的崩潰時點。可是，現在日本與歐洲央行都已經長期採取負利率政策，如果美國聯準會也被迫長期維持低利率政策，那意味著一旦世界經濟再度陷入衰退，主要國家的貨幣當局將無計可施，因為他們已經接近彈盡糧絕。

其次，美國鷹派的零和博弈與冷戰思維，也是全球化面臨最大的系統性風險之一，而鷹派思維正在主導美國政壇的對華政策。為了遏止中國崛起，他們絞盡腦汁動用各種陰謀手段，破壞中國周邊的安全環境，離間中國與其戰略夥伴和經濟合作夥伴的關係。他們也不惜損害美國的長期國際信譽，以最粗暴的政治與法律手段封殺中國的高科技企業。他們不惜癱瘓現有的多邊貿易體制功能，不惜拆解過去三十多年跨國企業所搭建起來的緊密、精緻而複雜的全球產業供應鏈，也不惜剝離中國與美國兩個社會，在金融、科技、衛生、環保、文化、教育等各領域的密切交流與合作，更不在乎美國的行動通訊系統可能因此落後於最先進的5G科技潮流。

曾經成功預警二〇〇八年全球金融危機而名聲大噪的紐約大學魯比尼（Nouriel Roubini）教授，在專欄中發出警告，中美之間如果全面爆發冷戰，會將世界帶入漫長的逆全球化過程[15]。他認為中美冷戰對世界經濟的後果，將比過去的美蘇冷戰還要嚴峻。因為蘇聯當時的經濟模式失敗且在逐步衰落，但中國將成為世界上最大經濟體，而且還在發展壯大。此外，美蘇之間的經濟聯結極少，而中國則完全融入全球貿易和投資體系。

他擔心全面冷戰會把逆全球化帶入新的階段，全球經濟將劃分為兩個不相容的經濟集團。商品、服務、資本、勞動力、技術和資料的貿易都將受到嚴格限制，數位領域也將變成「分裂網路」，西方和中國節點可能無法相互連接。他也預言中國和美國都會希望所有其他國家要選邊站，不過大多數國家都會試圖與兩者保持良好的經濟聯繫。畢竟，美國許多盟友現在與中國的貿易與投資關係，超過與美國的聯結。然而，想要腳踏兩條船將變得愈來愈困難，當中國和美國分別主導了人工智慧和5G等關鍵技術時，他們可能不得不選邊。

一個巴掌拍不響

魯比尼的警告並非杞人憂天，不過可能言過其實，因為他高估了美國的戰略持久耐力，也低估了中國決策者的理性克制能力。他假定美國單邊施壓各國選邊的策略，一定會招致中國以同樣手段反擊，他也假定如果美國全面封殺中國高科技企業依靠美國企業或機構主導的系統平台、基礎性軟體或技術規格，那中國必然會選擇開發一套平行而互不相容的獨立系統。這兩個基本前提並不完全可靠。

首先，在因應美國的貿易戰打擊時，中國的最佳策略是廣結善緣而不是與美國正面進行政治拔河。中國會選擇以更大力道，強化與深化和其他國家的經濟夥伴關係，也會把中國市場的門開得更大，讓全世界的生產者、企業家與投資人分享中國經濟成長帶來的巨大商機。

中國人的智慧是有容乃大，不會仗著自己塊頭大而逼迫其他國家或外國企業，削弱或切斷與美國的經濟往來。中國也會繼續歡迎美國企業擴大在中國的投資，提供更友善的經營環境，上海市政府高規格歡迎特斯拉，讓全球最大的電動車生產基地在浦東新區南匯新城鎮落地，就是一個例子。當美國政府試圖在西歐封殺華為的同時，中國政府並沒有對諾基亞與愛立信這兩家華為5G設備的主要競爭者，在中國市場的銷售設定任何限制。

二〇一八年，中國政府在上海舉辦首屆「中國國際進口博覽會」，是全球第一個以進口為主題的國家級博覽會，有來自一百三十多個國家和地區的三千多家企業參展。中國政府還主動調降包括汽車在內的進口關稅，讓中國進口商品的平均稅率由二〇一七年的百分之九點八，降至百分之七點五。唯一不能享受關稅下降好處的是美國出口商。為了反制美國對中國進口商品課徵懲罰性關稅，中國也陸續對美國產品加徵百分之五到二十五的關稅，讓美國進口商品的平均關稅達到百分之二十左右。

另外，為了爭取廣大的全球消費者，中國在發展擁有自主智慧財產權的科技產品時，無論是智慧設備操控介面，或是製程技術、IC設計、系統軟體等，自然會盡可能維持與西方主流科技規格的相容性。即使在中美貿易戰不斷升級，以及歐盟開始給中國企業併購高科技公司設下更嚴的審查規則，但中國在享有領先優勢的基礎科學研究領域，與國際科學界的廣泛合作仍正常推進。從貴州的超級天眼、蛟龍號的深海探勘、成功登陸月球背面的嫦娥四號探測器，到二〇二〇年即將建成的天宮號太空站，中國都歡迎國外科學家的合作研究提議。

一個巴掌拍不響。美國單邊施壓各國政府與跨國企業選邊的策略很難奏效，因為中國可以提供的商機或產品並非美國可以替代。美國的傳統盟邦像是德國、西班牙、義大利等，不理會美國壓力而繼續採用華為生產的5G通訊設備，英國與法國則是仍在觀望，因為歐盟國家一旦全面禁用華為的產品，歐洲部署5G的成本將會增加六百二十億美元，而且發照進度至少會因此落後十八個月。美國政府無法單靠言詞恐嚇與毫無實據的通訊安全疑慮指控，就可以讓盟邦自願割肉滴血[16]。

對美國的半導體產業而言，中國是全球最大的半導體市場，尤其在中國進入5G與物聯網時代後，大量智慧設備將會激起更大的記憶體與邏輯晶片需求。高通、博通、美光、超微、英特爾這些半導體公司如果失去中國市場，真的會面臨生死存亡關頭，所以他們也會想盡辦法阻攔川普團隊兩敗俱傷的做法。

融合的力量仍大於裂解

如果我們的目光超越西方媒體所關注的新聞焦點，從更廣闊的角度觀看世界經濟與全球社會的發展態勢，我們就能看清，持續推進全球化演進的融合力量，仍明顯大於裂解力量。前者是默默進行，後者是敲鑼打鼓鬧事，所以裂解力量的表面聲勢往往超過融合力量。

此外，西方媒體通常有意無意忽視南南合作的良好情勢，他們如果報導這個領域的事件，多半都是負面的，這是典型的酸葡萄心理。一旦超越了西方媒體的偏狹眼光，我們就會發現人口眾多與發展情勢仍看好的全球南方（Global South），也就是以中國為首的廣大開發中世界，正在替全球化帶來新動力，各種深化雙邊、區域經濟整合、多邊開發融資、政策協調、基礎設施共用、文化與教育交流，以及科技合作的新機制正在加速創建、成長與強化。

傳統上衡量全球化進程的指標，主要涉及貨品、資金、人員與資訊的跨境流動。在實體商品與資金流動方面，過去三十多年推進全球化的主要行動者，是跨國企業與跨國金融機構。但在網路時代與數位經濟時代，我們更需關注虛擬世界非實體商品的跨境交易、去中心化的生產者與消費聯結，以及繞過傳統金融機構與支付系統的跨境網路金融活動。尤其是加密貨幣的出現，讓許多試圖規避實名登記與反洗錢措施的金融交易，找到了潛逃的新方法。

在傳統衡量指標上，過去十年全球化確出現減緩或停滯的現象，但如果仔細檢視不同地區的個別趨勢，則走勢有明顯的分歧，西方不亮東方仍亮。例如，過去十年全球外國直接投資（FDI）的總規模在下降，但流向開發中國家的ＦＤＩ仍在成長。導致全球ＦＤＩ規模下降的主要原因是流向歐洲的ＦＤＩ大幅萎縮，尤其在英國脫歐公投與美國國會通過，川普政府為吸引美國跨國企業資金回流的限時性減稅法案之後。根據聯合國貿易暨發展會議（UNCTAD）最新的「二〇一九世界投資報告」，流向開發中國家的外資整體規模仍在成長，最明顯的受益地區是非洲。過去十年外資流入非洲的成長速度，一直維持在兩位數左右，在最差的二〇一八年，仍維持百分之十二的成長。此外，流入亞洲開發中國家（含中國）的ＦＤＩ也在持續成長，唯有流入拉丁美洲與中東歐及前蘇聯地區的ＦＤＩ，則明顯減少[17]。

更值得注意的趨勢是，過去十年間許多新興經濟體紛紛加入ＦＤＩ來源國行列。中國的對外ＦＤＩ，在二〇〇七年的規模不到五百億美元，到二〇一五年就快接近一千五百億美元，而且首度超過ＦＤＩ的流入規模。在流向非洲的ＦＤＩ之中，除來自美國、英國、法國與荷蘭這些傳統來源地之外，中國、南非、新加坡與印度正成為愈來愈重要的來源地。

如果我們看跨境非實體商品、人員、知識與資訊的流動，那我們就更可以確定，全球化的前進動力仍十分充沛，各種增進融合的跨國移民、商業、資訊與教育網路，正將全球社會以更緊密的方式交織在一起。以國際移民為例，二〇〇〇年全球跨境移民的總數約一點五五億，占世界人口百分之二點八；二〇一七年，全世界的國際移民人數大約為二點五八億，相當於全球人口百分之三點四[18]。國際移民中，屬於外來務工人員的比例大約為三分之二，在很多國家他們已經成為主要的低階勞動力來源。

國際移民持續成長的趨勢，並沒有因為最近幾年歐洲與美國湧現反移民政治勢力，而出現根本性的改變。不過最近十年，跨境移民與移民工的流向更多元化，過去的流向主要是從南方國家流向北方國家，現在有更多跨境移民是從開發中國家到開發中國家，例如從中國到非洲與拉丁美洲，從印度與孟加拉到東南亞與中東。例如中國在非洲的常住人口（停留期間超過一年），估計至少在一百萬人。跨境移民就像境內移民一樣，會帶來技能、知識、資金和技術的轉移，也會增加貿易、商業合作、文化交流與跨國婚姻[19]。據世界銀行資料顯示，一九九〇年國際移民向中低收入國家匯入大約兩百九十億美元的僑匯，這個數字在二〇〇〇年增加到七百四十億美元，並在二〇一六年達到四千兩百九十億美元，二〇一八年更是破紀錄的五千兩百九十億。如果不計算匯回中國大陸的部分，總金額仍高達四千六百二十億美元，這已經是二〇一八年流向中低收入國家的官方發展援助規模的四倍，也超過當年流入這些國家的FDI規模（三千四百四十億美元）。在許多中美洲和加勒比海國家，僑匯占GDP的比重都超過百分之十[20]。

另外，國際留學生與交換生的成長速度也相當可觀，從二〇一一年不到四百萬增加到二〇一七年接近五百萬。中國既是留學生的最大來源國，也是愈來愈受歡迎的目的地，二〇一七年中國出國留學的人數超過六十萬人，而中國接收的國際留學生在二〇一八年已經逼近四十八萬人，其中百分之八十五以上是自費生，估計中國很快將會超越英國，成為全球第二大留學目的地。

移民、商務、留學與觀光需求，帶動跨境人員流動的持續成長，這可以從國際民航載客量得到印證。全球航空公司的營運載客總里程（RPKs）仍在持續成長，二〇〇九年總里程約為四點四兆公里，到二〇一七年成長到七點七兆公里，其中百分之六十四是國際旅客[21]。亞太地區的國際線乘客每年成長率都在百分之七以上，在亞洲廉價航空公司紛紛湧現的趨勢下，亞洲城市之間的新航線開闢速度非常驚人。

此外，中東地區的新興航空集團與轉運中心，更為來往於亞洲城市與歐洲中小城市、非洲及拉丁美洲的旅客，提供非常便捷的轉運服務。中國的出境旅遊人數更是成長神速。根據聯合國國際觀光組織的統計，中國自二〇一二年即超越美國，成為全球觀光消費的最大來源，二〇一七年中國的境外觀光消費規模為兩千五百七十七億美元，占全世界觀光消費總額的百分之二十[22]。

跨境電子商務生機蓬勃

跨境電子商務是重要的全球經濟新融合機制之一。這個新興的商品交易管道讓散落世界各地的個體戶、微型企業、農民合作組織，可以透過網路交易平台直接通向終端消費者，不需要依賴跨國企業的採購與銷售管道，可為全球中小企業及年輕人進入世界不同市場降低貿易門檻，提供更為公平的管道。中國是全球電子商務發展最快速的國家，也是電子支付系統最先進、使用率最頻繁、覆蓋率最高的社會。現在中國正全力將這個網路時代的先進經濟模式推向全球，也大力協助開發中國家建立電子商務平台。

由阿里巴巴集團主席馬雲倡議的電子世界貿易平台（Electronic World Trade Platform，簡稱eWTP），在二〇一六年九月於杭州舉行的G20峰會納入公報。馬雲還成立一個國際非盈利機構，與各國政府合作推進電子商務平台。二〇一七年，阿里巴巴集團與馬來西亞發展數位經濟的官方機構馬來西亞數字經濟發展局（Malaysia Digital Economy Corporation,

MDEC），及其他合作夥伴攜手，共同成立東南亞第一個eWTP的地區樞紐平台。二〇一八年，阿里巴巴集團又與非洲盧安達政府簽約，協助成立非洲第一個eWTP地區樞紐平台。

現在每隔幾天，杭州阿里巴巴總部就會迎來世界各國的考察團，他們到此瞭解與學習阿里巴巴電商生態、電商普惠發展思路、農村淘寶、科技金融、跨境電商、新旅遊等內容。他們通常也會在杭州實地走訪專營生鮮食材的盒馬鮮生，以及去「中國淘寶第一村」臨安白牛村進行調查研究，為中國數位化經驗如何嫁接到他們國家尋找答案。全球的跨境電子商務正蓄勢待發，其爆發潛力可以從一個具體指標看出來，像是國際包裹的數量從二〇〇七年到二〇一七年的十年之間，成長率超過百分之一百五十。這些包裹的商品價值很多都是少報或甚至漏報，在官方貿易統計中根本無法正確顯示。

數位科技革命的無限可能

網路與數位科技是加速全球經濟與社會融合的最重要機制；數位與通訊科技讓遠距離通訊、視訊影片與巨量資訊傳遞接近免費。在二〇〇〇年，全球網際網路使用者的人口覆蓋率僅為百分之七，到二〇一八年已經達到百分之四十八，有將近三十六億人可以享受網路世界帶來的各種便利與機會，從溝通、傳播、協調、社會動員、出售勞務、金融交易、教育學習，甚至是網路犯罪。

網路通訊與數位科技讓極其複雜的全球產業供應鏈，可以跨越國境藩籬而無縫銜接，幾乎可以達到分秒不差與毫釐無誤的境界。各種型態的跨境勞務外包服務，其交易規模不斷在成長，電信移民（telemigrants）的人數也不斷在成長，讓西方已開發國家的白領勞工感受到前所未有的競爭壓力。網路聯結讓無數個體戶與微型企業可以直接參與全球市場，讓個體生產者、設計者、消費者、借貸者可以彈性的進行協作與資源整合。在區塊鏈技術與加密貨幣交易平台的蓬勃發展下，也有愈來愈多的跨境金融交易與資金移動，可以繞過傳統的金融機構、跨境支付系統與國家監管的換匯機制。

網路科技也讓全球科學社群，融合成一個即時交流、分享與緊密分工合作的知識社群，巨型科技項目的跨國分工合作，已經成為全球基礎科學研究的典型模式，從遺傳基因解碼到暗物質探測均是如此。雖然部分西方國家政府仍沿用冷戰時期遺留下來的《瓦森納協定》，限制高科技設備與配套軟體出口到中國[23]，川普政府也在中美科技交流合作上設下許多新障礙，甚至在一些美國大學校園，製造類似一九五〇年代麥卡錫主義時代的氣氛，但這並不能阻擋中國科學家快速融入全球科學社群的大趨勢，因為中國學術工作者對於人類知識的貢獻愈來愈重要。根據美國國家科學基金會的統計，中國大學與研究機構的研究人員出版的科學期刊論文總量，在二〇一六年已經超過美國，不過美國在超高引用率期刊論文數量上仍居世界首位[24]。

沙漠中的全球化奇蹟

二〇一八年一月，我到阿拉伯聯合大公國大學進行學術交流活動，親眼目睹一個全球化所造就的沙漠奇蹟。阿拉伯聯合大公國正是各種全球化融合力量匯流的節點，也是一個閃亮的展示櫥窗。在參訪首都阿布達比期間，我住在瑰麗酒店（Rosewood Hotel），這是香港新世界發展集團鄭家第三代千金鄭志雯全新打造的全球精品酒店，不到十年時間就晉升為頂尖世界精品酒店，讓全球頂級客戶體驗東方文化元素的精緻與婉約。把我從機場接到酒店的司機是印度人，酒店櫃檯的接待人員是尼泊爾人。酒店房間陽台正對面是一個超大的現代建築，門牌上寫著「克里夫蘭醫學診所阿布達比」（Cleveland Clinic Abu Dhabi）。克里夫蘭診所是美國頂級醫學中心之一，這個擁有五百張病床的現代化醫學中心於二〇〇六年開業，是克里夫蘭診所唯一的海外分院，服務對象是中東地區的高收入族群，醫院由美方管理，但醫護人員就像聯合國組織一樣來自世界各地。

距離酒店不遠、新填海造陸出來的半島上，阿布達比羅浮宮美術館二〇一七年舉行揭幕儀式。開幕以來，來自全球的訪客絡繹於途，他們不僅想目睹這分館展出的珍貴藝術品（尤其是亞洲收藏品），也是來欣賞這棟裡外都像是巨大飛碟的奇特後現代建築，這是當代法國最著名建築師努維爾（Jean Nouvel）設計的曠世傑作。

阿拉伯聯合大公國人均收入超過四萬美元，在亞洲名列前茅。如果計算該國公民的人均收入，應該超過十萬美元。一千萬常住人口中只有兩百萬是公民，其餘八百萬都是來此打工的外籍人士。本地公民不是在公部門工作，就是參與經商，即使是務農的本國人，也都是農場主。阿拉伯聯合大公國雖然靠石油發跡，但其統治者非常有遠見，善用石油財富來快速改造自己的經濟體質，為石油枯竭未雨綢繆。如今阿拉伯聯合大公國已經成為中東地區的頂級服務業樞紐，集區域航運、物流、加工、維修、貿易、金融、消費、文化、醫療、高等教育中心功能於一身，石油收益占GDP的比重已經下降到三成。其要訣就是築巢引鳳：打造一流的基礎設施，設置自由貿易區，全方位引進高級人才，然後再吸引更多相關領域的人才，形成聚叢效應。

這個國家的政治權力，集中於由七個酋長國世襲統治者組成的最高委員會。這個集體決策機制類似中共中央的七位政治局常委，所有重要決定必須得到七位酋長中五位以上支援，這五票要包括最關鍵的兩位酋長：阿布達比與杜拜。這兩個酋長國既是兄弟，也像是相互競爭的兩家集團，相互借鏡與攀比，所以兩個酋長國同步發展了國際樞紐機場，也各扶植了一家赫赫有名的國際航空公司。

阿拉伯聯合大公國在二十多年前，就開始規劃自己成為中東航運樞紐，並爭取成為國際人道救援轉運中心。它先主動給聯合國相關機構提供免費倉儲與空運補貼，爭取將人道物資調度中心落地杜拜，從世界各地徵集來的物資在此彙集，再轉運到亞、非、拉丁美洲等地。等到調度中心逐步成型，聯合國機構開始擴充常駐人員，接下來所有與聯合國密切合作的國際人道組織都來此設置調度中心，就近協調與相互支援，現在全球唯一的國際人道城（International Humanitarian City）已經呼之欲出。阿拉伯聯合大公國國營企業也長期贊助羅浮宮美術館活動，多年的耕耘最終帶來豐收，二〇一七年年底迎來羅浮宮阿布達比分館，作為首都文化村的第一個貴客，接下來還有紐約古根漢博物館。

阿拉伯聯合大公國也是中東地區第一個開放5G執照的國家。杜拜大公國與華為簽署了一項高達五百億美元的合約，不僅5G通訊將全面採用華為設備，而且還委託華為將杜拜打造成一座5G智慧城市。杜拜大公國酋長為了慶祝與華為的合作，特別在二〇一九年元旦那天，在杜拜高達八百二十八公尺、一百六十九層的地標性建築，也是全球最高建築的哈里發塔牆上，贈送華為三分鐘的夜景燈光秀，作為最高調的免費宣傳。

創造更多的利益攸關者

全球化雖然導致西方已開發國家的一部分群體利益受損，但很大程度上是因為這些國家的政治體制失靈，以及政治菁英被新自由主義意識型態，與跨國資本利益集團徹底綁架的結果。整體而言，全球化仍不斷在世界各地創造更多的受益群體，全球化的潛在利益攸關者將持續成長，而且是大量成長，最好的例證就是非洲。

非洲是一個巨大的地理板塊，面積達三千多萬平方公里，面積大於中國、美國、印度、日本與西歐加總的總和。非洲人口在二〇一七年是十二億，但成長的速度驚人，估計二〇五〇年人口將達到二十五億，這裡將是世界經濟的新成長熱點。從一九九〇年代開始，受惠於超級全球化帶來的發展機會，超過三分之二的非洲國家都出現連續十年以上的中高速經濟成長，二〇〇八年以後曾一度受到金融危機後全球經濟復甦緩慢的拖累，但從二〇一六年開始，又逐漸恢復強勁的成長動力。

非洲是當前世界FDI流入成長速度最快的地區，過去最貧窮的撒哈拉沙漠以南地區，在二〇一八年共引進三百二十億美元外資，成長率高達百分之十三。二〇一八年三月正式簽署的《非洲大陸自由貿易協定》（African Continental Free Trade Agreement, AfCFTA），將可為非洲帶來新的成長動力，這份由「非洲聯盟」倡議的貿易協定，旨在促進非洲國家形成區域單一市場，在五十五個非盟會員國中，已經得到四十四國的簽署。

帶動非洲經濟成長的最大助力，來自中國提供的出口市場、開發援助、長期融資、技術合作、直接投資，以及大型基礎設施項目。從二〇〇〇年到二〇一七年，中國與非洲的雙邊貿易平均成長速度，每年達到百分之二十。投資的成長速度同樣驚人，中國政府與「非洲聯盟」從二〇一五年啟動「中非十大合作計畫」，由中方提供六百億美元的啟動基金，十大計畫涵蓋工業化、農業現代化、金融服務、基礎設施、消除貧窮、綠色發展等各領域。目前每年前往中國接受培訓的非洲官員與專業人士高達一萬人次。

麥肯錫顧問公司在二〇一七年，完成了一項針對中資企業在非洲活動的大規模調查。這個調查涵蓋了中資最集中的八國，有一千家企業參與調查。這份報告澄清了許多西方媒體對中資企業的偏頗報導。他們發現中資僱用當地員工的比例高達百分之八十九，三分之二的企業提供在職訓練，這一千家提供的就業機會超過三十萬人，而目前非洲大約共有一萬家中資企業。報告也指出，中國在非洲的經濟參與程度已經遠遠超過印度、美國與德國的總和。二〇一五年中資企業在非洲的營收已經達到一千八百億美元，二〇二五年將達到四千四百億美元，並從目前在製造業和資源領域的主導地位，延伸到服務業和物流等領域。這些企業在製造業領域的生產總值，占非洲製造業總生產量的百分之十二左右[25]。

中國推動的許多巨型基礎設施，都是涵蓋整個區域，最突出的就是由中國電信帶領通訊設備廠商啟動的「非洲資訊公路計畫」。這個跨世紀工程，將鋪設「八橫八縱」寬頻骨幹光纖網路，覆蓋整個非洲大陸，骨幹網路長度達到十五萬公里，穿越四十八個國家與八十二個大城市，投資金額一百五十億美元，二〇一五年啟動，預計二〇二三年完成。這個計畫將帶領幾億非洲人民一步跨入寬頻網路時代，並帶動沿線國家規劃寬頻發展計畫與網路經濟。

中國價廉物美的科技產品，更讓非洲廣大的低收入群體，享受到前所未有的消費能力跨越。像是在非洲廣受歡迎的中國製智慧型手機與行動通訊設備，讓數億非洲消費者立刻跨越數位鴻溝，甚至讓千萬的落後農村可以與世界同步，分享最新的資訊與知識。最近中國金融圈最火熱的交易市場，是二〇一九年七月二十一日啟動的上海股市科創板，吸引眾多投資人注目焦點之一的，是中國市場上名不見經傳的一家手機製造商「深圳傳音控股股份有限公司」。這家公司在中國市場不曾銷售一支手機，卻在二〇一八年非洲手機市場的市占率接近百分之四十九。在功能手機類別，這家公司的出貨量全球排名第一，二〇一八年全球市場市占率接近百分之二十；智慧型手機領域的全球出貨量也排名第九。

傳音控股的手機產品中，共有itel、TECNO與Infinix三個手機品牌，分別主打三大不同客群。itel是傳音針對非洲與南亞低收入族群的大眾市場開發的產品，只搭載最基本的手機功能，主打平價、耐用等特色，平均價格只要十美元。TECNO是智慧型手機，鎖定非洲的中高消費族群；Infinix則是針對新興市場年輕消費者的智慧型手機品牌。即使是傳音的智慧型手機平均價格，也只有七十五美元。如此親民的定價，讓傳音橫掃非洲市場，也在印度大有斬獲。

中國企業也讓數位電視走進非洲最偏遠落後的農村。在不久之前，收看世界各地電視節目是少數菁英的特權，因為只有少數家庭可以付得起每個月七十美元起跳的衛星電視訂閱費，而且還只有少數幾個頻道可選。二〇〇二年，嗅覺敏銳的北京商人龐新星決定將自己的四達時代公司從中國轉向非洲，他在非洲看到低成本電視運營商的商機。如今四達時代在非洲推出世界上價格最便宜的電視套餐，一個月最低才四美元，而且有上百個頻道，訂戶已經逼近一千萬。因為有四達時代打下的基礎，二〇一五年中國領導人在中非合作論壇，很有自信的宣布啟動「萬村通」工程。

二〇一八年夏天，肯亞中部一個叫利基的偏僻村莊變得格外熱鬧，因為由北京四達時代軟體技術股份有限公司實施的「萬村通」專案，在這個村裡落地，村子裡的球迷第一次能夠在家完整收看世界盃足球賽[26]。從二〇一五年開始，「萬村通」為撒哈拉沙漠以南的二十五個非洲國家，共計一萬個村落安裝、接通衛星電視信號，為每個村落的公共區域免費配置兩套太陽能投影電視系統、一套太陽能數位電視系統，為二十戶家庭安裝衛星接收系統，為公共區域免費提供不少於二十個電視頻道，為二十個家庭用戶提供不少於三十個電視頻道。此外，還從當地農村選拔兩萬多名村民進行培訓，使他們成為該專案的後期營運維護人員，促進當地就業。

一帶一路開闢新亞歐陸橋

「一帶一路」倡議的推進，將在更大範圍內創造更多的全球化受益群體。「一帶一路」倡議等於是中國提出的全球化方案，也意謂著中國將引領全球化路徑與遊戲規則的修正，把包容性成長目標放在更優先的位置。中國正與「一帶一路」沿線國家攜手合作，建設基礎更厚實的全球化模式，超越傳統以西方跨國企業為主角，以貿易、投資、產業分工及金融自由化為主軸的經濟全球化模式，而是由政府開發基金帶頭，以區域政策協調與合作平台為支撐，以跨國運輸、通訊與能源等基礎設施相聯通為奠基，實現能源，環境、農業、衛生、通訊，科技，司法互助、城市管理、文化與教育等各領域深度合作。

世界銀行最新發布的「一帶一路經濟學」報告指出，許多一帶一路沿線國家過去因為地理位置偏僻、基礎設施不足以及政策法令不足，因此他們的貿易與吸引外資的巨大潛力無法釋放，「一帶一路」開闢的新亞歐大陸橋與通往印度洋的經濟走廊，將可為這些國家明顯降低運輸的時間與成本，並帶動其貿易與投資。世界銀行的專家估計，當這些新的運輸走廊建設完成，一帶一路沿線國家對外貿易的運輸時間平均可以縮短百分之十二，內陸國家的改善幅度將更為明顯。沿線國家所生產的有保鮮期或需要爭取時效的產品，將成為最大受益者。

「一帶一路」倡議有明顯的扶貧效果，將可讓運輸走廊沿線國家至少七百萬人脫離絕對貧困，幫助三千兩百萬人脫離中度貧困[27]。相較於世界銀行的評估，荷蘭ＩＮＧ銀行的智庫評估報告，對「一帶一路」的貿易促進效果更為樂觀。他們估計「一帶一路」倡議的基礎設施互聯互通規劃陸續完成時，將可為世界貿易帶來百分之十二的經濟成長[28]。二〇一七年全球貨物的出口總額為十七點七兆美元，服務業貿易總額為五點一兆美元，合計為二十二點八兆美元，百分之十二的增量就相當於二點七兆美元，而目前每年美國從中國進口的總額，也不過是五千四百億美元。

新亞歐大陸橋的代表性標誌，就是中歐班列火車的開通。二〇一一年三月，從重慶到德國杜依斯堡的渝新歐班列正式運行開始，短短八年時間，中歐班列的運輸網路已經涵蓋中國五十六個城市，歐洲方面則聯結了十五個國家的四十九個都市，也有通往越南、巴基斯坦、伊朗的支線，運輸路線將近七十條，每年都有增開的路線。其中，最長的路線是從義烏到倫敦這條，總長度一萬兩千四百五十一公里，由法國走海底隧道穿越英吉利海峽。

過去這些中國城市經由陸路與海運，把貨櫃運到歐洲內陸城市，往往需要三十三天到四十五天，但中歐班列可以把運輸時間縮短為十三天到二十一天，將來中亞國家與俄羅斯沿線的鐵軌改造以後，更可縮短為七到十五天。目前中歐班列的運輸成本已經降到只有空運的五分之一，許多班次比較密集的路線已經不需要政府補貼，就可以與傳統陸海運的運費相競爭，運輸時程卻縮短了三分之二。

截至二〇一八年底，中歐班列已累計開行超過一萬兩千列次，二〇一八年中歐班列一年內就開行了六千三百列次，與先前同期相比成長百分之七十二，其中返程班列兩千六百九十列次，與先前同期相比成長百分之一百一十一。二〇一八年以成都為起點或終點的開行班列，達到一千五百八十七列次；重慶緊跟在後，開行一千四百四十二列次，相當於每天都有四個班列往返歐洲。班次最密集的，還是由重慶到德國杜伊斯堡這條路線，其全程約一萬一千公里，主要貨源是重慶生產的筆記型電腦等資訊產品。

原本從歐洲返程的貨櫃缺乏足夠貨源，但經過中國企業積極開發進口貨源，以及改善沿途冷鏈倉儲運輸設備以後，不僅大批的汽車零部件、機械設備、裝修建材、電子產品和木材等可從歐洲國家運回，各種原來依靠空運的保鮮食材也開始源源不斷運往中國。現在一些中國沿海城市的超市或新型量販店，都可以買到從歐洲與中亞進口的各類食品和日用品，包括肉類、紅酒、巧克力、礦泉水、穀類、蜂蜜、咖啡、茶葉及乳製品等。我的好朋友周陽山教授在金門大學教書，他就經常搭渡輪到廈門採購這些新奇的商品。他興奮地告訴我，過去少見的波蘭巧克力、匈牙利豬肉、荷蘭鮮奶、斯洛維尼亞果汁、冰島礦泉水、西班牙燻肉等，現在都很容易在這些新型的超市買到。這些走入中國都市消費者家庭的產品背後，就是一帶一路沿線國家百千萬的機械技師、林場工人、養蜂戶、養豬戶、畜牧場主、葡萄酒商、石材師傅、磁磚師傅。

注釋：

1 Fergal O'Brien, "World Trade Volumes Plunge at Fastest Pace in a Decade," *Bloomberg*, April 25, 2019. https://www.bloomberg.com/news/articles/2019-04-25/world-trade-volumes-are-plunging-at-the-fastest-pace-in-a-decade。

2 UNCTAD, "Global foreign investment flows dip to lowest levels in a decade," January 21, 2019. https://unctad.org/en/pages/newsdetails.aspx?OriginalVersionID=1980。

3 "Briefing Slowbalisation," *Economist*, January 26, 2019: pp.17-20.

4 McKinsey Global Institute, *The New Dynamics of Financial Globalization*, 2017.

5「中國報告：中國轉向高附加價值產品生產」，《日本經濟新聞》，二〇一九年三月十四日。https://zh.cn.nikkei.com/china/ccompany/34693-2019-03-14-05-00-30.html。

6 Mckinsey Global Institute, *Globalization in transition: The future of trade and value chains,* January 2019.

7 CEPII為「國際展望與資訊研究中心」（Centre d'Etudes Prospectives et d'Informations Internationales）的縮寫。

8 參見 Michel Fouquin and Jules Hugot, "Two Centuries of Bilateral Trade and Gravity data: 1827-2014," CEPII Working Paper, May, 2016。他們對「富裕國家」範圍的定義：Australia, Austria, Belgium, Canada, Cyprus, Denmark, Finland, France, Germany, Greece, Iceland,Ireland, Israel, Italy, Japan, Luxembourg, Netherlands, Norway, Portugal, Spain, Sweden, Switzerland, United Kingdom, United States. 而非富裕國家（'Non-rich' countries）就是所有的其他國家。

9 "A Tiny Screw Shows Why iPhones Won't Be 'Assembled in U.S.A." New York Times, January 29, 2019.

10 Mckinsey Global Institute, "Five hidden ways that globalization is changing," *Featured Insights*, January 2019. https://www.mckinsey.com/featured-insights/innovation-and-growth/five-hidden-ways-that-globalization-is-changing。

11 例如一家智慧裝備公司將自己擁有的智慧產權，作為資產注入海外合資公司而轉換為股權，這樣就視為FDI，將來這家子公司的營收就不是母公司的出口營收。

12 Mckinsey Global Institute, *Globalization in Transition: The Future of Trade and Value Chains*, (January 2019, Mckinsey&Company): p. 7

13 這是APEC經濟體成員所採行的標準，至於區域自由貿易協定還會設定區域內附加價值比率。

14 "An Unfunded Future: US Federal Government Liabilities," September 24, 2019. https://sdbullion.com/blog/what-are-unfunded-liabilities-for-the-us-government。

15 Nouriel Roubini, "The Global Consequences of a Sino-American Cold War," *Project Syndicate*, May 20, 2019.

16 Gwénaëlle Barzic, "Europe's 5G to cost $62 billion more if Chinese vendors banned: telcos," *Rueters*, June 7, 2019.

17 UNCTAD, *World Investment Report 2019*, https://unctad.org/en/pages/PublicationWebflyer.aspx?publicationid=2460。

18 https://migrationdataportal.org/data?i=stock_abs_&t=2017。

19 聯合國移民署，「2018世界移民報告」。

20 "Remittances: the hidden engine of globalization," *Financial Times,* August 28, 2019.

21 RPK為revenue passenger-kilometres之縮寫，相關統計資料可以參見https://www.iata.org/publications/economics/Reports/pax-monthly-analysis/passenger-analysis-nov-2018.pdf。

22 https://www.statista.com/chart/15588/international-tourism-expenditure-in-2017/。

23 又稱「瓦森納安排機制」，全稱為《關於常規武器和兩用物品及技術出口控制的瓦森納協定》（The Wassenaar Arrangement on Export Controls for Conventional Arms and Dual-Use Good and Technologies）。

24 "China declared world's largest producer of scientific articles," *Nature*, January 18, 2018. https://www.nature.com/

articles/d41586-018-00927-4。

25 Mckinsey Global Institute, *Dance of the lions and dragons: How are Africa and China engaging, and how will the partnership evolve?* June, 2017.

26「四達時代『萬村通』項目：讓非洲人民『通世界』」，每日頭條：https://kknews.cc/sports/x2zgn4r.html https://kknews.cc/sports/x2zgn4r.html。

27 World Bank, *Belt and Road Economics: Opportunities and Risks of the Transport Corridors,* 2019 https://openknowledge.worldbank.org/bitstream/handle/10986/31878/9781464813924.pdf。

28 https://think.ing.com/uploads/reports/Tradebelt_final2.pdf。

第六章

全球化架構的韌性

雖然，當下的世界的確存在類似一九三〇年代貿易大戰悲劇重演的風險，但形成系統性危機的機率並不大。反全球化的政治運動基本上是少數，而且主要出現在西方已開發國家，超出這個範圍以外，其實沒有那麼大的政治能量。在全球經濟體系裡，雖然局部浮現出一些裂解或是逆全球化的力量，但是再聯結或者深化融合的力量也在同時湧現，再聯結與深化融合的力量遠大於裂解的力量，而中國在這裡面扮演的角色非常重要。

當前支撐全球化的基礎架構，究竟是十分強韌還是十分脆弱？還是有些環節強韌有些環節脆弱呢？讓我先從一則親身經歷談起。

二〇一七年七月，我應邀出席一個盛大的海上東西文化論壇，搭乘一艘波羅的海郵輪，參加為期十二天的海上活動。這艘郵輪七月十三日在瑞典首都斯德哥爾摩的郵輪碼頭，準時四點鐘開航，但三點鐘要完成報到手續。也就是說你錯過這個開船時間，就會錯過整個會議。我是七月十二日晚上從台北出發的，我的阿聯酋航班預定中午十二點四十五分抵達斯德哥爾摩國際機場，距離上船時間只剩三個小時。這次論壇的出席者來自世界各地，從北京、上海、廣州、香港、海口、新加坡、紐約等地出發，絕大多數都是出發當天上午的航班抵達，結果全船四百多位旅客都即時抵達碼頭，順利上了船，四點準時啟航。

這樣幾乎天衣無縫的旅程銜接經驗，並非特殊幸運所賜，而是任何時候全球千萬旅客的正常預期。全世界全年有二十幾億人次的跨境航程，大多數旅客的行程基本上都銜接得非常緊，頂多只有幾小時的預留彈性。我們需要打破沙鍋問到底：究竟需要什麼樣的先決條件，什麼樣的制度安排，什麼樣的運作機制才能讓我準時完成這樣的重要旅行？

仔細去想，這背後的故事其實很複雜。我拿了一本護照到瑞典入境時，關防人員拿機器一掃描就可以辨別護照的真偽，在取得我的身分資料後，就揮手讓我進關了。這中間需要多少政府和政府之間、邊防和邊防之間的協議，所有國家護照的條碼要統一，護照製作規格要統一，每一個國家邊防的每一部掃描機都要規格化。我的航班從台北出發經過杜拜，飛過多少國家的領空，經過多少飛航管制區與航空識別區的交接，從一個空管當局到下一個空管當局。

我在台北買機票是以新台幣支付，阿聯酋航空公司跟我完成契約行為，然後準時把我送到斯德哥爾摩。這裡涉及多重換匯與跨境清算機制，阿聯酋航空需要用各種貨幣支付不同開銷，從飛機貸款、燃油、不同國籍僱員的薪資、支付給沿途政府的機場使用費、領空通行費、營業稅等。當然，還有很多國家與國家之間的航權協議與飛行器管理規約。今日世界任何時點，都有上萬架飛行器在全球不同時點、不同空域進行穿梭，他們都在國際民航組織（ICAO）制訂的規範下運行，遵守國際民航組織認可的航線與飛行高度，以規格化的班機識別方式，穿越各國空域的行為準則。從這個角度來看，今日世界不但有序而且是高度有序，有序到可以讓成百千萬人，在任何時候從事非常重要的跨國旅行。

仔細想想，這其實得來不易。當前的全球社會是由無數的國家和國家之間，政府和政府之間，企業和政府，企業和企業之間的協議，各種法律安排、規範交織疊加在一起，才能讓我完成看似簡單的跨國旅行。就是這些嚴密、交疊的多邊體制和所對接的國內治理體制和法律安排，建立了高度依存與融合的全球經濟體系。今日的全球社會，不僅只有經濟是高度一體化，所有涉及人類社會生存的重大議題，比如治安與反恐、武器管制、網路通訊、郵件遞送、金融交易、人員移動、技術標準、運動競賽、教育交換、專業認證、海事糾紛、氣象與防災、健康與疾病控制、生態保育、能源運輸等等，都有相對應的全球治理機制，這些機制有些是政府間簽署的，有些是民間專業組織自行推動的。這些治理機制承載很多制度、履行很多規範，為國家、企業、非盈利機構、個人以及為所有跨國行動者之間進行交往、交易和移動，提供可依賴的秩序。依靠這些規範，跨國企業才能在全球如臂使指般運行，全球產業供應鏈才能像鐘錶一樣精密運作。

九一一事件考驗全球化

從這個角度來看，支撐全球化的結構基礎基本上相當厚實，但也有其脆弱的一面。例如，九一一恐怖攻擊事件爆發後，美國政府在摸不清楚是否還有後續攻擊的情況下，立刻下令境內所有飛機停航，北美空域全面禁航，所有民用機場關閉，所有正航向美國的國際班機折返，美墨與美加邊境關閉，所有港口的裝卸作業暫停，所有正駛向美國港口的船舶一律在外海停泊，華爾街股市無限期休市，等於是讓全球經濟與金融體系運行大範圍停擺。不過，這個應付非常狀態的緊急措施很快就逐步取消，因為不即時恢復常態的話經濟損失難以估計，甚至會造成各種嚴重的社會後果，即使強大如美國也無法長期承受。所以，北美空域全面禁航僅維持四十八小時就陸續開放，停擺最長的是美國股市，休市長達十三天，在這十三天中許多金融違約交割的法律責任，都可以獲得豁免。

美國政府背負著巨大壓力，需要在最短時間內恢復跨境貨品、人員、資訊與資金的常態流動，這個壓力就體現了我之前所說，全球化已經構築了廣大而厚實的利益交換與分享結構，這是支撐全球化的最重要社會基礎。美國政府為因應九一一事件所採取的應變措施，除了美國社會本身需要付出成本，所有美國的經濟夥伴也需要幫忙吸收。不過世界各國政府與企業都表達對美國的同情、支持與諒解，他們也都願意承擔短期經濟損失，分擔日後的全球反恐行動與更嚴格的飛航安全措施的成本。

美國對全球化的威脅

從九一一事件中也可以看出，一個高度全球化的世界經濟體系運作，仍需仰賴國家公權力的配合。所謂的配合，包括提供人身與財產權保障、提供司法救濟以確保跨境合約履行、維持跨境基礎設施與金融聯通機制的正常運作、讓國內法規接軌國際通行商務規則，這些機制都需要政府間的協定與互惠合作。所謂配合也包括各國政府大幅放寬對貿易、結匯、人員、資訊與資本流動的管制，積極推進多邊合作機制，提供貿易、投資與人員往來便捷化，以促進區域與全球經濟整合，甚至把部分主權（例如邊境管制、貨幣發行等）讓渡給超主權機構或多邊體制。此外，也需要透過政府間多邊體制與政策協調機制，確保國際公共服務的有效供給，包括國際清算、穩定匯率、航行安全、通訊安全等，特別是在全球金融體系出現系統性危機時，發揮最終借貸人與信用擔保人功能。

當然，不同國家政府的公權力作用差異懸殊，最關鍵的國家行動者，還是那些極少數對全球經濟有系統性影響力的政府。世界經濟與全球社會仍必須在這些極少數國家行動者設定的基本框架內運行，例如貿易活動不能逾越武器出口管制的紅線，科技合作不能違反國防科技管制，跨國金融機構不能掩護國際洗錢等。這些框架的演進既受到全球化帶來的可觀經濟紅利之牽引，也受到國家其他優先目標的約束，例如國防安全、人身安全、網路安全、金融安全、能源安全、糧食安全、政體合法性等生存底線需求。

在特定的政治條件下，具有關鍵影響力的國家行動者，可能選擇犧牲一部分全球化帶來的經濟利益與資源配置效率，強迫市場參與者與跨國企業讓位給其他更優先的國家目標。過去三十多年的總體趨勢是，這些安全領域的目標被界定在愈來愈明確而逐漸限縮的範圍內，全球市場的參與者可以享有愈來愈大的活動空間與自由，而且擁護全球化的政治菁英也認為，更緊密的經濟整合與這些目標未必是互斥的。

從這個角度來看，支撐全球化運作的基礎結構也有其脆弱的一面，因為這些基礎結構仍可能受到極少數關鍵國家行動者的干預、阻斷甚至破壞，進而導致全球經濟活動出現震盪、無法如常運行，或被迫進行重新配置。「九一一事件」就像一場罕見的真實社會實驗，在特殊情況下美國龐大的國家機器的確有能力，讓全球經濟體系關鍵環節的運作，暫時性的出現大範圍癱瘓。放眼全球，沒有其他國家擁有與美國等量齊觀的這種製造系統性干擾、震盪、阻斷與破壞的能力。歐盟下轄全球第二大消費市場與第二大儲備貨幣，中國政府下轄全球第三大消費市場、最大製造業平台與最多數量科技專利，兩者也具備部分這種能力，但其影響幅度與範圍仍無法與美國相比。俄羅斯基本上欠缺這種干擾與阻斷的能力，除非選擇與敵人同歸於盡，譬如發動一場動用到核子武器的戰爭。其他中型國家或國家聯盟（例如伊朗可以封鎖荷莫茲海峽，石油輸出國家組織可以操控能源供給），即使有局部的干擾與阻斷能力，影響力還是有限的。

更重要的是，絕大多數國家都不希望見到，當前全球社會緊密經濟依存關係所依賴的基礎結構受到干擾、阻斷或破壞。過去三十多年的全球化所帶動的貿易網路、資訊網路、金融網路、移民網路、交叉股權結構、知識分享機制、生產專業分工與全球供應鏈，已經讓人類社會的相互依存程度達到經濟連體嬰的程度。逆全球化的成本對每個國家而言都太大了，大到讓這樣一種逆轉式的激進政治工程的社會代價難以想像，而且經濟剝離所導致的震盪，會經由複雜的機制傳導與回饋，複雜到很難預估誰會受損與受損程度多大。

美國政府力量也有極限

雖然美國對全球經濟體系的運轉，擁有強大的系統性干擾、阻斷與破壞能力，但美國也是當前全球化體系下最大的受益者。二〇一七年美國人口只占全世界人口百分之四點六，但消費了全球百分之十七的能源，總體商品與服務消費規模達到十三兆美元，比整個歐洲還多出百分之三十八。美國不但享受價格低廉的商品、農產品與能源供應，還可以靠發行國債與印製美元來長期透支消費，同時美國還可以藉助它擁有的跨國商務與金融基礎設施、技術規範與市場規則主導地位，攫取巨大的商機與特權。

正常情況下，駕馭國家機器的美國決策菁英不會輕易以國家安全為藉口，濫用自己強大的軍事威攝力量、全球高科技產業的龍頭地位，以及對全球金融與網路通訊樞紐的主控地位，對現有的全球經濟體系運行機制進行粗暴的破壞，或製造不可測的系統性風險。各國政府與全球市場參與者，一旦對美國主控的跨國商務與金融基礎設施與市場規則失去信任，要修補這種制度的信用損害非常不易。在正常情況下，即使美國政治菁英把維護美國霸權地位，視為最優先的國家戰略目標，也會儘量利用美國在全球多邊體制與產業價值鏈的優勢地位，來與中國進行長期戰略競爭，而不是像川普採取激進的單邊主義，以及漫無章法的貿易制裁與科技封鎖。

可嘆的是，當前美國政治體制出現嚴重失靈，才會讓像川普這樣嘩眾取寵的政客巧奪總統寶座，才可能讓川普身邊的鷹派大將，放任國家機器各路鷹犬四出獵物，也才可能出現兩黨國會菁英難以抑制對遏止中國的情緒性衝動，或讓美國政治體制內原有的利益妥協與權力制衡機制，失去應有的節制作用。川普主導的美國國家機器，對支撐全球化的基礎結構的確是巨大威脅來源，他的魯莽作風也是對全球化利益分享結構與社會支援基礎是否厚實的最大考驗。現在看來，川普身邊的鷹派智囊準備發起的全面對華經濟冷戰，以及打算把中美兩大經濟體徹底剝離的極端想法，會遭遇強大的阻力，很難貫徹到底，也不易持久。

華為事件是一場罕見的真實社會實驗，一方面讓我們見識到美國國家機器的蠻橫與粗暴本性，以及光天之下構陷無辜、羅織罪名的陰狠行徑；另一方面也顯示出，在國際體系日趨多極化與超級全球化的時代，強大如美國政府也有其能力之極限。川普政府可以說用盡洪荒之力來封殺華為，但居然還是無法讓華為一槍斃命。過去，雷根政府利用司法誣陷手段封殺日立公司的半導體部門；歐巴馬時代美國司法部門利用《反海外腐敗法》，擊垮通用公司的強勁對手法國阿爾斯通（Alstom）集團，幾乎是不費吹灰之力。當然最大的區別是，當年日本政府與法國政府是無法起身抗衡美國的，只能眼睜睜看著自己標竿企業的合法權利被踐踏，但今日華為可是有中國政府與中國市場作為靠山。

此外，華為的先進技術實力、多重備胎方案的後手準備，以及在全球通訊產業供應鏈中的長線戰略布局，也的確超過川普團隊的想像，所以才會上演這樣一幕曠世醜劇。一個超級大國居然需要動員整個國家機器，來應付一個5G通訊設備廠商。最令人驚訝的是，在國防、情報、外交、司法、金融、商務、貿易、通訊、專利等聯邦政府各部門祭出殺手鐧之後，居然無法阻擋包括多個歐洲傳統盟國在內的三十個國家採用華為5G通訊設備。

美國商務部在將華為列入限制出口的「實體名單」之後，又馬上給予有條件的九十天寬限期，因為回饋機制讓商務部立即發現，覆蓋許多美國中小城市與鄉村地區的二級行動通訊服務商，過去已大量採用華為的3G與4G設備，他們必須靠華為的後續維修與零部件補充才能正常營運，而這些設備不可能在短期內更換，所以在九十天期滿後，美國商務部又不得不繼續延長寬限期。同時，在美國企業開始執行禁令後不久，華為的晶片供應商英特爾、高通、賽靈思均開始私下遊說美國商務部，希望針對華為禁令網開一面，因為他們擔心未來在中國市場的份額會受到壓擠，而中國是全球最大的晶片市場。谷歌也開始私下運作，希望在Android作業系統的授權上商務部可以網開一面，他們擔心一旦華為不採用Android作業系統，其在全球的市占率必然會受到影響，也擔心華為自行開發的鴻蒙作業系統（Harmony OS）會對Android構成挑戰。

網路時代的無煙戰爭

全球化讓國家與國家之間產生高度相互依存，所有國家都被緊密的跨國產業價值鏈、糧食與能源供給鏈、全球資訊網路、科技合作機制、跨國融資平台與交叉股權結構綁在一起，共同創造也一起享受了全球化的巨大經濟紅利。但相互依存也意謂著，國家之間彼此傷害對方的機會與選項大為增加。二〇一九年七月間南韓與日本之間爆發的貿易衝突，就是一個明顯的例子。這個衝突的起因是二〇一八年底，南韓法院判決日商「新日鐵住金」（現為日本製鐵）和「三菱重工」，必須賠償二戰時期的南韓強徵勞工。南韓法院隨後即裁定，允許扣押新日鐵住金在南韓的資產，受難者家屬接著也要求法院裁定，對三菱重工在歐洲的資產聲請扣押。

南韓的索賠行動導致日本政府嚴重不滿，雙方關係陷入冰點。日本政府於二〇一九年七月一日突然宣布取消南韓的優惠待遇，將對戰略材料的出口採取更嚴格的管制，也就是必須逐次取得政府許可，並從七月四日開始對三種化學產品實施出口管制。這三種化學產品是半導體、電視機和智慧型手機螢幕必備的關鍵化學原料，這個決定可能對南韓三星集團與樂金集團帶來嚴重打擊，甚至威脅到南韓記憶體晶片和智慧型手機的全球供應。接下來南韓民眾乃發起拒絕赴日旅遊與拒買日貨運動。

所有高度融入全球化過程中的國家，都暴露於其他國家可能把相互依存關係作為武器使用的風險之下，融入程度愈高風險愈大[1]。全球化過程的持續推進，就是建立在一層層相互保障、相互承諾與相互信任的基礎之上，也就是假設與自己在貿易、投資、金融、人員往來科技、教育、文化、能源等各領域最密切交換合作的國家，不可能利用相互依存來做相互傷害的事。像日韓之間爆發的相互經濟報復，是源於殖民時期遺留的歷史債務，其損害範圍應該是可控的，還不至於導致雙邊經貿關係全面裂解。

但是如果在全球產業、資訊與金融關係網路中扮演樞紐角色的大國，經常把相互依存當作進行地緣政治對抗或大國戰略博弈武器來使用的話，就可能導致全球化倒退。經常有這種衝動，同時也具備對全球經濟運行可以造成大範圍的干擾、阻斷與破壞的國家，主要是美國。尤其對許多中小型國家而言，他們與美國的相互依存關係是高度不對稱的，美國擁有讓自己國家經濟癱瘓與金融崩解的各種武器，但自己的報復手段卻很難讓美國傷筋動骨。這也是對美國抱持高度疑懼的國家，不得不尋求發展核武作為自保的終極手段。

美國既是過去三十多年超級全球化的塑造者，也是當前全球化面對的最大風險來源。隨著美國國內保護主義與經濟民族主義的勢力抬頭，隨著美國作為後冷戰時期唯一超強的權力基礎不斷流失，隨著全球製造業活動重心不斷向亞洲移動，美國的決策者把相互依存當做進行無煙戰爭的武器，其在使用的衝動就會上升。但是有識之士都明白，如果在缺乏正當性與國際社會高度認可的條件下，把相互依存當作武器使用，必然會折損其他國家對美國主導的全球金融、貨幣、網路、通訊基礎設施的信賴，多數國家將試著尋求約束美國任意性的制度安排，或設法繞過美國主導的體系而另闢替代性安排。著名的智庫「歐洲外交協會」在其報告中公開主張，歐洲應該建立繞過美國的國際支付系統，同時勸阻歐洲企業不要輕易屈服於美國的長臂司法管轄[2]。

在後冷戰時期，美國政府對敵對國家進行無煙戰爭的殺手鐧武器之中，威力最大的就是金融封鎖與網際網路封鎖。不過，即使在美國與俄羅斯對峙關係最緊張時也不曾全面啟用。這些殺手鐧武器都僅僅在小範圍內使用，只針對特定的俄國政治人物、銀行或企業。雖然，美國極少數極端鷹派可能曾設想過對中國啟動這些殺手鐧武器，但除非中美之間爆發全面軍事衝突，否則幾乎不可能成為現實世界中的政策選項。如果美國對像中國這樣在全球經濟體系裡，有舉足輕重影響力的巨量經濟體動用這些武器，必然會在全球造成災難性後果。

過去，美國曾經使用這些武器來對付首要敵對國家，例如北韓、委內瑞拉、古巴或伊朗。這些手段包括貿易禁運、網路駭客攻擊、凍結網路帳號、沒收寄存黃金、凍結金融資產、金融封鎖、海上封鎖、遮蔽衛星定位功能，或切斷網際網路，這些手段的確可以讓對手蒙受慘烈損失，但是必須有相當的正當性才可能獲得其他大國的配合；同時因為制裁對象不是舉足輕重的大國（只有伊朗算是比較有份量的），還不至於對全球經濟帶來太大的衝擊。

在俄羅斯兼併克里米亞半島之後，西方國家與俄羅斯的緊張關係一度達到冷戰結束後的最高點。當時美國國會與歐洲議會部分議員都曾提議，對俄羅斯進行的經濟制裁應該升高，將俄國金融機構排除在「環球銀行金融電信協會」（SWIFT）之外。這勢必會切斷俄羅斯與所有國際金融機構的正常業務往來，對俄國的對外貿易與國際收支帶來嚴重後果。

不過，在全球主要金融機構的大力勸阻下，美國與歐盟政府最後還是打消這個念頭。當時歐洲央行理事會成員Ewald Nowotny就公開提出警告，不應以此作為制裁手段，這個全球金融機構共建共用的基礎設施不能作為地緣政治的工具，不然會嚴重損及SWIFT的信譽[3]。

SWIFT是一個由全球金融機構共建，並在布魯塞爾註冊的組織，全球有一萬多家銀行、證券公司和其他金融機構，通過該組織提供的安全、標準化和可信的通道與同業交換報文（message），從而完成金融交易，等於是國際金融體系的神經中樞。SWIFT不是一個根據政府間條約而建立的國際機構，所以必須接受歐盟管轄；它也同時必須服從美國政府的管轄，甚至受制於紐約州的監管，這是因為通過SWIFT系統的跨境美元支付功能，需要搭配紐約清算所銀行同業支付系統（Clearing House Interbank Payments system，簡稱CHIPS）才能完成。我們可以把CHIPS視為SWIFT的重要組成部分，也是美元跨境支付的主要管道。CHIPS的功能，是經辦國際銀行間的資金交易和電子資金劃轉及清算，由紐約清算所負責其運行，處理的是資金流的對沖與撥付，SWIFT處理的則是資訊流的傳輸。

美國政府對SWIFT擁有多重的實質掌管機制。首先，美國與其盟友國家的銀行會員代表在SWIFT理事會占多數席次；其次，美國政府可以透過對負責運行CHIPS的紐約結算所及其會員的管轄權，讓SWIFT不得不配合美國政府的政策，而且在九一一事件之後，美國政府也有權以反恐為名監控SWIFT的資訊。最不得已，美國司法部還可以使用長臂司法管轄，根據國內法來起訴SWIFT理事會的成員，控告他們刻意協助特定金融機構或企業，躲避美國對特定國家的經濟制裁。

如果美國政府有一天起了邪念，想把中國大型金融機構排除在SWIFT之外，後果會是什麼呢？這個假設性的問題是值得嚴肅評估的。畢竟美國財政部長梅努欽曾經在二〇一七年九月的公開談話中表示，如果中國不配合執行聯合國通過的對北韓經濟制裁方案，美國將考慮對中國進行經濟制裁，包括拒絕中國使用國際的美元體系[4]。他的口頭威脅隱約透露了，美國國家安全部門曾評估過對中國使用這個經濟制裁終極武器的可行性。當然，美國決策者會發現這個選項的後果，將嚴重到自身也難以承受。首先，美國金融機構與中國大型銀行之間有盤根錯節的交易關係，這些涉及天文數字且層層疊加的金融交易合約，如果一旦出現大範圍違約，必然會引爆連環違約，將替全球金融體系帶來滅頂災難，所以華爾街利益集團一定誓死反對。我們可以設想在極端情況下，如果中美雙方在金融領域不斷升高制裁與報復措施，美國機構投資人手中所持有在美國證券交易所上市的中國企業股票，也可以在一夕之間成為廢紙。應該說，只要有任何跡象透露美國政府有可能動用這個金融相互毀滅的終極武器，全球資本市場就會出現崩盤式強烈反應。

從深層戰略角度來看，中國作為全球第二大經濟體，最大貿易國，外匯存底規模最大的國家，也是美國政府債最大的境外持有者，一直採取緊盯美元的匯率政策，並以美元為主的外匯儲備作為貨幣發行準備，可以說中國是支撐美元霸權地位的最重要支柱之一。如果美國要排除中國使用美元支付與結算體系，與中國進行全面金融脫鉤，等於是自毀長城，這對美元作為主導儲備貨幣的地位將構成嚴重衝擊。這樣做只會逼使中國壯士斷腕，寧可犧牲短期經濟利益與承受金融震盪，也要用盡洪荒之力建立人民幣貨幣圈。

中國可以運用手中所有的經濟與金融籌碼，要求中國的主要貿易夥伴以及自己的進出口商改以人民幣報價與結算，並全力推進以人民幣結算的債券、石油期貨、黃金與大宗商品交易等金融交易平台，並大幅增加與美國以外國家央行的換匯規模，以便利雙邊貿易以本幣結算。中國人民銀行也必然同步改採以國債（就是以未來財政收入為擔保）搭配一定比例黃金，作為貨幣發行準備，並指導金融機構全面使用在二〇一五年已經啟用的「人民幣跨境支付系統」（Cross-border Interbank Payment System，簡稱CIPS）。CIPS的功能之一，本來就是作為SWIFT的備胎，完全可以處理其他幣種的跨境支付。

當中國有足夠的經濟實力、政策工具、談判籌碼及備用機制來應付美國的金融封鎖時，美國決策者在理性評估之後就更難動這個念頭。不僅如此，當中國具備另起爐灶的能力時，無形中就可以牽制美國魯莽的單邊主義，讓美國在缺乏國際正當性的情況下，不至於輕易利用SWIFT的特殊管轄能力，對第三國採取金融制裁，因為這樣做必然會助長中國提供的替代性國際支付機制的吸引力。長期來看，像SWIFT這種在電報時代成長的機制，在技術上已經十分落伍，未來最大的競爭者將是利用區塊鏈技術的加密貨幣國際支付系統。中國政府未來可能支持一個以賦予人民幣合理權重的去中心化網路支付體系，作為節制SWIFT獨占地位的平行機制；此外人民幣與歐元可以建立直接清算機制，大幅降低對美元清算機制的依賴[5]。

網際網路管理權之爭

至於美國對特定國家實施封鎖網際網路這個選項，在二〇一六年以後已經很難啟動。在各國政府代表透過國際電信聯盟組織的「國際資訊會峰會」平台，與美國政府經過十年以上的交涉後，美國政府終於勉強同意，放棄對「網際網路名稱與數字位址分配機構」（Internet Corporation for Assigned Names and Numbers，簡稱ICANN）的排它性單方管轄權，換取以巴西與中國為首的開發中國家，放棄將ICANN納入聯合國體制的主張。在歐巴馬總統卸任前，ICANN與美國商務部簽訂去除一切控制和監督的最終協定，從二〇一六年十月一日開始，ICANN正式轉化為獨立的國際非營利機構，以「多方利益相關者治理模式」代替美國的單方管轄。所以理論上，美國政府已經無權直接下令ICANN撤銷某個國家特定網站的網域名稱，也就是讓這些網域名稱所指向的網站，從網際網路世界中消失。

不過，儘管ICANN取得了獨立地位，仍留下一個尾巴。構成現今網際網路技術的基礎協議，就是「網際網路通訊協定第四版」（Internet Protocol Version 4，簡稱IPv4），這也是目前使用最廣泛、IP位址長度為32的規範。ICANN最重要的職掌，就是對網域名稱體系、IP地址以及全球十三台網際網路網域名稱根伺服器（DNS Root Servers）[6]進行統一管理。最初這十三個根伺服器，一個為主根伺服器，放置在美國；其餘十二個為輔根伺服器，其中九個放置在美國，歐洲兩個，位於英國和瑞典，亞洲一個，位於日本。由於ICANN在法律地位上仍屬於在加州註冊的法人，總部也仍設在加州，因此不能排除在特殊情況下，美國政府還是可以片面主張ICANN仍必須接受美國司法管轄，並透過對根伺服器的管理權，封鎖特定的網域名稱網站。所以，當美國商務部把華為列入出口管制「實體名單」時，網路上立刻就出現新的呼籲，有些人擔心美國的長臂司法管轄也可能伸手到網際網路領域。長遠來看，像ICANN這樣一個網路時代最關鍵的全球基礎設施，其管理機構還是應該納入聯合國體系，享有超主權機構的法律地位，或至少應該先將ICANN的註冊地與總部遷往中立國（例如瑞士），就像國際奧會與紅十字會一樣。

早年網路世界的流量主要來自美國，以美國為中心樞紐的根伺服器布局有其合理性，但隨著亞洲、拉丁美洲與其他地區的網路流量快速增加，這些地區使用者彼此之間的搜尋與傳遞資訊的需求大量增加，在美國境外開始增設許多根伺服器鏡像。例如以前南美地區網際網路訪問的根伺服器鏡像在美國邁阿密，後來南美本地流量增多以後，巴西、阿根廷與智利也設置了根伺服器鏡像，傳遞資訊就不需要再繞道邁阿密。當中國開始擁有世界上最多的網際網路使用者時，中國境內也開始增設根伺服器鏡像。像在北京就陸續設置四個根伺服器鏡像，分別是I、J、F、L根伺服器。在北京的I伺服器，與美國及歐洲的I伺服器共用一個IP位址，內容是完全同步更新。中國、美國與歐洲的系統管理者都無法私自單獨修改內容。所以，美國過去獨享的網路治理單方管轄時代已經結束，其片面對其他國家進行全面網路封鎖的可能性已經大大降低。

目前網際網路的技術基礎協議，已經演進到「網際網路通訊協定第六版」（IPv6）。IPv6相對於IPv4的主要優勢，是它大幅擴大了位址空間，並大幅提高網路的整體輸送量，讓網際網路可以配合萬物聯網時代的大量需求。IPv6的另一特點，就是在技術上可以完全突破IPv4時代全球根伺服器總數量的限制。二〇一五年到二〇一八年之間，由中國領導的「雪人計畫」實驗，就展現了在IPv6技術規範下，全球新增二十五個根根伺服器的可行性。這是通往網際網路治理模式全面去中心化的重要一步。雪人計畫也成功幫助中國掌握DNS根伺服器的運行和管理技術，為下一階段在中國快速鋪設以IPv6為基礎協議的網際網路，提供了重要的安全保障。

無法任性的巨人

美國打造的全球化，讓自己愈來愈像《格列佛遊記》中的巨人，在不知不覺中被眾多小人以各式各樣的繩索與管線一層層纏身圍繞，雖仍有孔武有力的四肢，卻難輕易對周邊小人群眾動手動腳。川普就像是一個亟欲指揮身體掙脫這些層層束縛的衝動大腦，但經過幾番折騰，他終會發現這些纏身的束縛，並不單單是限制自己行動自由的繩索，也是幫身體與外部環境交換能量與養分的流通管道，硬生生拔斷這些管道，也會給自己帶來傷害與痛楚。

川普身邊的鷹派智囊正在這個痛苦的學習過程之中，他們本來以為美國可以任性霸凌任何不順從自己意思的對手，可以利用不對稱的談判地位輕易讓自己的貿易夥伴跪地求饒。等到他們發現，儘管動用手上所有的外交籌碼、情報威嚇、禁止採購、出口管制與司法武器來打擊中國特定的高科技企業，不但無法達到預期的一劍封喉效果，反而可能危及美國半導體產業的長期競爭優勢，甚至會動搖美國獨角獸企業在諸多全球高科技系統平台的獨占地位。經過這番折騰，必然會讓川普繼任者的思維更為務實，對客觀形勢的判斷更為理性。

從這個角度來看，中美間爆發全面冷戰的機率並不高，因為經濟代價將高到絕大多數美國選民與企業都不願意承受，而逼使中國棄子投降的機率卻接近於零。川普每一次升高對中國經濟的打擊力道，都會替其國內利益團體帶來可觀損失。美國的零售業已經明白告訴川普，新增的關稅絕大部分都會轉嫁給消費者；中西部種植大豆與玉米的農民已經叫苦連天，因為他們可能永久失去中國市場；一旦中國全力發展自己的高科技供應鏈體系，許多倚賴中國市場的美國高科技企業必然要承受巨額損失。

中國作用十分關鍵

正如同蘋果公司執行長庫克向川普政府解釋，為何他的公司考慮將唯一在美國製造的

Mac Pro電腦生產線遷至中國。蘋果很想把這條生產線留在德州，所以申請在中國生產的所有零部件關稅豁免，就是為了能繼續在美國生產，但川普政府斷然拒絕[7]。川普「全盤美國製造」的奢望，庫克認為本來就不具現實意義，他指出：「在我看來，我們絕大多數的產品都是在世界各地生產的。這就是全球供應鏈的本質，現在和將來都會是如此[8]。」更何況，蘋果公司六成的收入來自海外。

整體而言，全球化仍在演進，而不是退化。全球化仍具備充沛的前進動力，全球化的受損群體與受益群體之間的力量平衡，其長期趨勢還是有利於後者。我們不要看到西方社會部分受損者的反撲，而忽視廣大沉默的利益攸關者，更不能低估非西方世界或開發中國家，廣大潛在受益者對全球化的擁護。我們看到全球化在制度安排上脆弱的一面，但也不可低估支撐全球化運作的各種機制的彈性與韌性。

雖然，當下的世界的確存在類似一九三〇年代貿易大戰悲劇重演的風險，但形成系統性危機的機率並不大。反全球化的政治運動基本上是少數，而且主要出現在西方已開發國家，超出這個範圍以外，其實沒有那麼大的政治能量。不管是在中國、印度還是巴西，以及很多中小型歐洲國家與開發中國家，這些社會菁英都明白自己國家沒有別的選項，必須要融入全球經濟，而且要維護這些原來很不容易建立起來的多邊經濟合作體制跟國際規範。所以在全球經濟體系裡，雖然局部浮現出一些裂解或是逆全球化的力量，但是再聯結或者深化融合的力量也在同時湧現，再聯結與深化融合的力量遠大於裂解的力量，而中國在這裡面扮演的角色非常重要。

全球經濟舞台上的主角，將由新興經濟體取代傳統的G7，以非西方國家市場需求為導向的貿易，將逐漸凌駕以富裕國家需求為導向的貿易，成為帶動世界經濟成長的新動力。「一帶一路」倡議等於是中國提出的新時代全球化方案，將進一步深化「南南合作」。中國正與「一帶一路」沿線國家攜手合作，共商、共建與共用基礎更厚實的全球化模式。中國還會持續開放市場，讓各國企業可以藉由中國廣大中產階級的消費需求，增強其擴張與升級的動力，並搭建新的雙邊與多邊合作機制，深化與所有國家和地區（但可能不包括美國）的經濟夥伴關係，尤其是一帶一路沿線國家。

這也意謂中國將引領全球化路徑與遊戲規則的修正，把包容性成長目標放在更優先的位置。長遠來看，全球經濟的深層結構正在發生根本性變化，已開發國家真正需要關心的不是中國是否要選擇退出西方主導的體系，而是西方國家是否要積極加入中國主導的歐亞大陸經濟板塊，這將是未來世界經濟的中心。

注釋：

1 Henry Farrell and Abraham L. Newman, Introducing a new paper on 'Weaponized Interdependence', Lawfare, July 31, 2019. This forthcoming article will be published in *International Security*.

2 Ellie Geranmayeh & Manuel Lafont Rapnouil, "Meeting the challenge of secondary sanctions," A report for European Council on Foreign Relations, 25th June, 2019.

3 "ECB's Nowotny opposes ejecting Russia from SWIFT system," Reuters, February 26, 2015. https://www.businessinsider.com/r-ecbs-nowotny-opposes-ejecting-russia-from-swift-system-report-2015-2。

4 "Treasury's Mnuchin: China may face new sanctions on North Korea," Reuters, September 27, 2017. https://www.reuters.com/article/us-northkorea-sanctions-treasury/treasurys-mnuchin-china-may-face-new-sanctions-on-north-korea-idUSKCN1BN1P1。

5 張岸元，「超越SWIFT要有新路徑」，首席經濟學家論壇，二〇二〇年八月一日。https://mp.weixin.qq.com/s/kRI5yBDbFO8vN7KhPj5YMg。

6 DNS是網域名稱服務系統（Domain Name Service）的縮寫。

7 "US to deny tariff relief for Apple Mac Pro parts from China," *Nikkei Asian Review*, July 27, 2019. https://asia.nikkei.com/Economy/Trade-war/US-to-deny-tariff-relief-for-Apple-Mac-Pro-parts-from-China。

8 https://www.macrumors.com/2019/07/30/apple-mac-pro-united-states/。

第七章

中國再興的全球意涵

以中國為首的廣大開發中世界，替全球化帶來新動力，各種深化區域經濟整合、多邊開發融資、雙邊與多方政策協調、跨國基礎設施共用、擴大文化與教育交流，以及科技合作的新機制正在加速創建、成長與強化。

獲得眾多國家響應的「一帶一路」倡議，就是推進新型全球化的中國方案，也是中國向世界提出、回應逆全球化挑戰的有效策略。以中國為首的新興經濟體已經成為帶動全球經濟成長的主力，並積極推進全球化經濟秩序轉型與全球治理機制改革，促使經濟全球化能與可持續性發展及包容性成長目標更緊密結合。

二〇一八年十月，《經濟學人》（*The Economist*）雜誌刊登一篇題為「一個新的霸權：中國世紀仍方興未艾」的專題報導[1]。《經濟學人》在報導裡感嘆，如果從統計數字的構成來看，過去三、四十年間很多所謂的「全球趨勢」，其實主要就是中國趨勢。因為中國太大了，大到它自身的趨勢就影響了全球大趨勢下的各種指標變化，而且中國還在持續前進。

回顧世界經濟活動重心的千年移轉

這篇報導引用了一張非常醒目的歷史地圖（見圖八），提供了豐富訊息。這張歷史地圖最早為麥肯錫全球研究院的報告所採用，它是根據著名的世界經濟史專家麥迪森（Angus Maddison）領導的研究團隊提供的歷史估算資料所繪製，展示了過去兩千年來世界經濟活動重心（The world's economic centre of gravity）的空間移動[2]。

該圖從西元元年開始繪製，我們可以看到在前面一千六百年的時間裡，世界經濟地理重心的位置移動範圍非常小，一開始它落在今日的中亞細亞，先微微向南移動，然後緩慢地移向中國西域移動。在這個重心的西邊，古有被稱為「人類文明搖籃」之一的兩河流域，以及環地中海的古埃及、古希臘、古羅馬文明等，後有波斯帝國、阿拉伯帝國及鄂圖曼帝國。

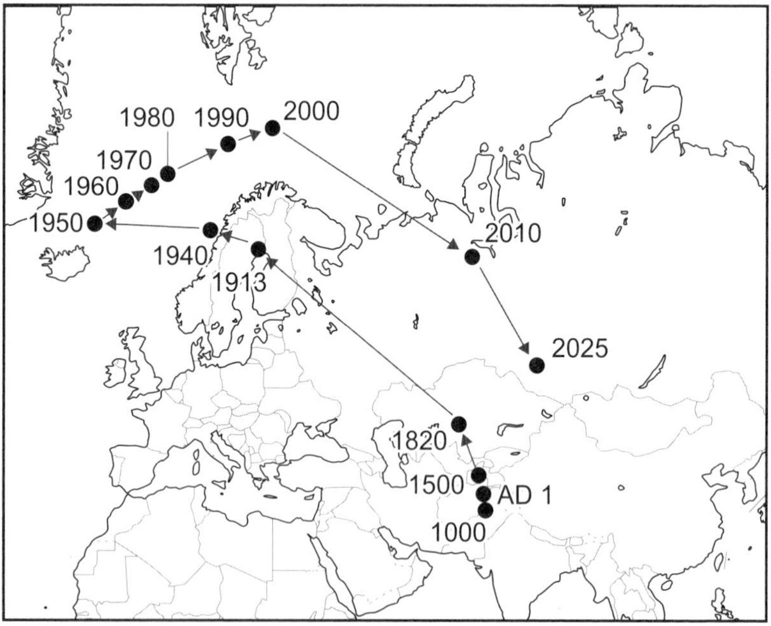

圖八：兩千年世界經濟重心的移動路徑

Source: McKinsey Global Institute

在它的東邊與東南邊，有中國和印度這兩個大型古文明，它們在人類歷史上長期占有非常重要的位置。這兩大古文明歷經幾千年，在大多數時期各方面都是比較先進的，包括農耕、紡織、冶金、醫藥到天文。所以把各地區經濟活動規模加權平均以後，世界經濟的地理重心差不多就在這個位置，長期相當接近中國與印度這兩大文明板塊。十六世紀開始往西北移動，一八二〇年以後，也就是十九世紀初開始，世界經濟重心的移動加速，一直往西走，這就是體現西方的崛起，這段歷史包含航海地理大發現、殖民擴張與工業革命。

快要接近十九世紀末時，北美新大陸和美國的興起，更把這個重心快速地往西邊牽引。一戰之前，美國的經濟體量已經超過大英帝國，二戰結束時更是達到頂峰。因為美國的板塊份量太重，所以這個重心在一九五〇年時，已經移到北大西洋中間。

接下來又開始起變化了，戰後西歐重建復興，東亞也開始發展起來，這個重心從一九六〇年以後開始又慢慢往東移動。儘管有日本的興起和東亞「四小龍」經濟奇蹟等，但因為美國也在發展，所以重心的移動速度並不快。但是一九八〇年以後，全球經濟重心則快速地往東，此時世界經濟進入新的歷史發展階段。然後到二〇一〇年、二〇一八年，以及預測到二〇二五年，重心還會繼續快速東移，當然之後可能會再往東南一點，因為印度也在快速發展。

是什麼力量把這個重心一直往東牽引？答案顯然就是中國興起，它是最大的一個牽引力量。所以這張圖很有趣，因為它預告了不久之後人類經濟活動分布的重心，可能會回到十九世紀初的起點，甚至回到更早的兩千年前的起點，也就是回歸更悠久的歷史常態。有了圖八的背景知識，我們對圖九的理解就更清楚了。

這是美國智庫「經濟週期研究院」（Economic Cycle Research Institute）針對過去兩百年，世界主要國家與地區的購買力等值（PPP）的GDP估算資料，所繪製的統計圖表[3]。這張圖清楚顯示，從一八二〇年（也就是嘉慶末年）開始到一九五〇年，也就是二戰結束美國國力達到頂峰時，整個人類歷史的故事基本上就是西方的興起。這些西方國家長期處於絕對支配地位，一直持續到一九七〇年。圖中最上面的深色部分是美國，其次是加拿大、澳洲、紐西蘭，然後是英國（這些都是盎格魯—撒克遜民族），然後是法國、義大利跟德國，接下來就是荷蘭等中小型西歐國家，以上國家合起來就是傳統定義的「西方」。所以，有將近兩百多年，西方是人類歷史舞台上的主角，其他地區的民族都是配角，甚至是被他們殖民的對象。

與此同時，中國和印度這兩大曾經占全球經濟份額非常高的古文明，其相對比重一路下滑，相繼被葡萄牙、荷蘭、法國與英國殖民的印度，其下滑更為嚴重。二戰結束後，從一九五〇年到一九六〇年代比較突出的變化，是蘇聯的快速工業化與日本興起，從一九七〇年後

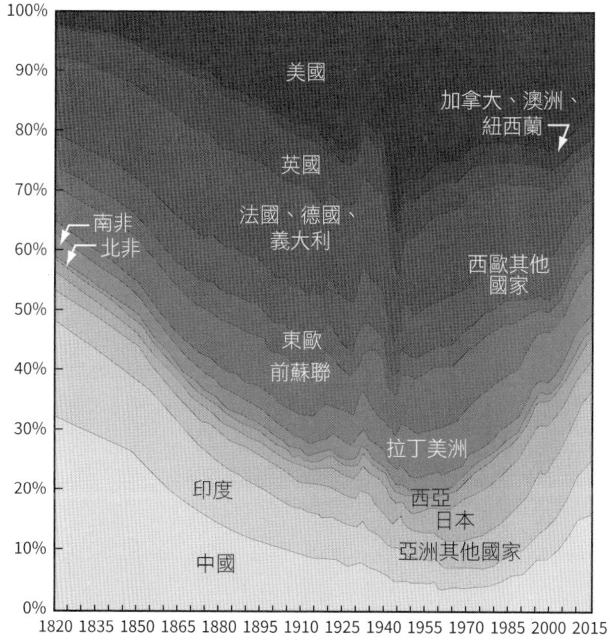

圖九：兩百年的全球經濟份額變化（1820-2016）

Source: Economic Cycle Research Institute

期至今四十多年來，非西方世界全面興起的大趨勢形成，尤其是亞洲的興起，中國在此扮演了至關重要的角色。

二戰後亞洲興起的歷史意義非凡。這批成功的後起工業化案例，是在西方國家已經擁有豐沛的資本積累、盤據產業價值鏈頂層、掌握多數核心技術與專利保護、控制能源與其他重要資源的供給管道、全盤主導國際經濟金融體系與經濟交換遊戲規則的歷史條件下發生的。後起的新興經濟體主要倚靠自身的積累、勤奮與學習，並積極掌握有利於和平發展的歷史機遇，從參與低階的國際分工開始。他們從來不是倚靠戰爭擴張或殖民掠奪，也不倚靠對資金、技術與市場的壟斷。西方崛起的歷史經驗則非常不同，從十六世紀一直到二戰結束，西方的崛起很大程度是建立在對非西方世界的殘暴侵略、蹂躪、掠奪、榨取與不對等交換之上。

西方學者的選擇性詮釋

西方主流經濟學者，面對西方崛起過程中斑斑可考的弱肉強食、奴隸販賣、種族屠殺、殖民掠奪，與透過戰爭擴張領土與建立勢力範圍這些殘暴行徑，都選擇避而不談，也對戰爭動員激發工業革命的關鍵作用視而不見[4]。譬如流行於西方學術界的新制度經濟學派學者諾斯（Douglass North）的歷史敘事就是選擇性的，扭曲歷史來削足適履，他的作品讓讀者相信英國、荷蘭、法國與美國等西方列強的成功崛起，主要是因為他們選擇了正確的制度演進路徑[5]。

後起之秀像是麻省理工學院的阿切莫格魯（Daron Acemoglu），則試圖讓讀者相信，後起的殖民帝國（像是英國）為殖民地留下的法治遺產，為這些前殖民地日後的經濟發展奠定基礎[6]。新古典經濟學者更是刻意忽視國家機構在西方工業化過程的強勢主導角色，而把成功的要訣簡化為讓自由市場機制發揮關鍵作用，保護私有產權，以及降低交易成本。

針對西方主流經濟學家，刻意輕描淡寫西方國家發展過程普遍採取的產業政策之歷史經驗，劍橋大學的張夏準（Ha-Joon Chang）教授替他寫的回顧西方國家發展策略的著作，取了一個有趣的書名——《踢開梯子》（*Kicking Away the Ladder*）——來諷刺西方國家知識菁英的虛偽。也就是說當西方已開發國家成功登上工業化的樓閣之後，他們就把梯子踢開，重新杜撰與包裝他們過去的發展經驗，掩飾自己成功工業化的真正要訣，企圖阻止開發中國家循著他們走過的工業化路徑登上閣樓[7]。

哥倫布一四九二年發現新大陸之際，人類學家估計當時約有一億四千五百萬原住民居住在西半球，到一六九一年美洲原住民人口有百分之九十以上滅絕，也就是有大約一億三千萬人因為屠殺、奴役、傳染病或饑荒而死亡[8]。美國的崛起，就是一部從十三州開始向西領土擴張的歷史。美國的領土擴張基本上就是靠掠奪印地安人的土地並對他們進行種族屠殺，也包括脅迫無暇他顧的歐洲殖民帝國，像是西班牙、法國與沙俄，以象徵性價格出售原來就僅僅是名義上擁有，實際上是強占的土地。美國還從墨西哥人的手中，掠奪了今日西南邊境的廣袤土地，又以政變方式罷黜夏威夷王室，而將國土擴張到太平洋。

大英帝國在亞洲的殖民掠奪與對中國的巧取豪奪，同樣見不得人。根據烏薩・帕尼克（Utsa Patnaik）與普拉哈特・帕尼克（Prabhat Patnaik）兩位印度經濟學家的估算，在一百七十餘年的英國殖民印度期間，從印度掠奪的財富之總數是天文數字，其價值保守估計相當於今日的四十五兆美元[9]。與此同時，累計共有十八億印度人因為嚴重剝削與生活條件極度匱乏而死。我們在地圖上看到世界經濟重心一路往西移動的歷史路徑，是由廣大非西方世界人民的血與淚所鋪成。這段血腥與殘暴的歷史一直到二戰結束後，殖民體制崩解與民族解放運動風起雲湧才告結束。

「中國速度」

過去四十年，中國在很多方面都打破了歷史紀錄，前無古人，對此有很多尺度可以加以衡量，以後應該也很難有其他文明可以再複製。徐大全（Daniel Hsu）是「中國加速」（CHINAACCELERATOR）這家全球知名的企業孵化公司副總裁，他利用國際貨幣基金組織的資料庫，繪製了中美發展速度比較的解說圖（圖十），來闡釋何謂「中國速度」。

這張圖告訴我們，從一九八七年到二〇一七年的三十年，中國的GDP成長了三十六倍。歷史上另外一個曾經出現大規模、大範圍、快速工業化的國家是美國，尤其在南北戰爭之後美國興建橫跨東西兩岸的鐵路網，工業化進程全面加速。如果以二〇一七年為終點反推，相較之下美國花了多少時間才讓自己的GDP成長了三十六倍呢？美國總共花了一百一十七年，也就是中國的工業化追趕速度是美國的三點九倍。

中國建設二十一世紀水準基礎設施的速度，早已讓美國瞠乎其後。截至二〇一八年年底，中國的高鐵營運里程已經達到二點九萬公里，超過世界高鐵總里程的三分之二；現在中國已經有十二億人使用4G通訊，4G信號的人口覆蓋率遠遠超過美國。為什麼英文世界的媒體經常說「China Speed」？什麼叫「中國速度」？這就是中國速度，史無前例，尤其是

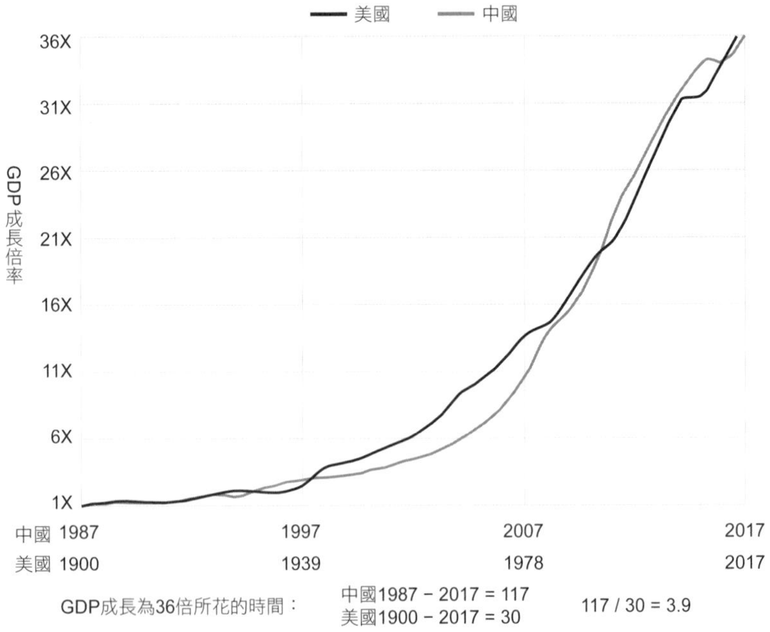

圖十：中國速度是美國速度的三點九倍

Source: IMF DataMapper, MeasuringWorth.com

在幅員如此遼闊的版圖上建設「經濟奇蹟」的速度。這很自然地讓西方國家和其他周邊國家感到震撼，甚至帶來壓力。中國的興起，在全世界的作用就是引導全球趨勢。

中國快速發展的最大成就之一，就是讓七億多人脫貧，也同時讓人類社會快速邁向全面消除絕對貧困人口。聯合國所揭示新千禧年最重要的發展目標之一，就是從一九九〇年開始，到二〇一五年之前，將地球上生存在絕對貧困線以下的人口減半，然後逐步邁向全面消除貧困人口。現在看來，這個艱鉅的任務有希望達成，最大的功臣就是中國。

要贏得這場全球脫貧的戰鬥非常不容易，這是人類社會百年以來面臨的最艱鉅挑戰之一。進入二十世紀以來，世界人口不斷成長，但貧困人口的總數也不斷在增加。一九四五年以後出現戰後嬰兒潮，全球經濟成長速度也加快，儘管許多地區出現不錯的經濟發展趨勢，也在努力實現脫貧，但是全球的貧困人口總數還在增加，這對整個地球來講，是一個非常不幸的發展趨勢。

但是一九七〇年代以後，轉捩點慢慢出現，尤其是在中國進行改革開放之後，不管是絕對貧窮人口的比例還是總數，都在不斷快速下降，中國在這方面做了最大的貢獻。一九九〇年中國還有七億五千萬多名貧困人口，到二〇一五年只剩下不到兩千萬人[10]。進入新世紀，中國還拉抬了很多相對落後的國家，在幫助他們消滅貧窮的努力上做出非常大的貢獻。中國的「兩個百年」目標達成了，它下一個目標便是要對全人類承擔更大的責任。

當然，任何快速的經濟發展都會帶來一些負面作用，經濟學術語叫「負面外部性」。當中國在方方面面都以這樣的神速發生變化，對整個人類社會帶來的衝擊也是前所未有的。例如，中國工業化的速度是美國的三點九倍，因此中國的碳排放增加速度可能也是美國的三點九倍。在很短時間內，中國從一個碳排放量非常小的經濟體迅速變大，尤其是在一九八〇年後直線上揚。根據世界銀行的估算，雖然目前中國的人均碳排放量還只是美國的百分之四十，但是到二〇〇五年前後，中國的碳排放總量就已超過美國，成為全世界最大的溫室氣體排放國。因此，中國自然而然需要在全球氣候變化變遷問題上，承擔更大的責任。

中國再興的全球意涵

中國再次踏上人類歷史舞台中央，帶給許多亞非拉美國家前所未有的自主發展機遇。近年來我在北京清華大學，以及香港中文大學深圳分校的大師講壇演講中，反覆提醒中國大陸的年輕學子，「你們既生逢其時也恭逢其盛，千萬不要低估中國興起對非西方國家的巨大拉抬作用，也不要低估自己未來在世界舞台上可以發揮的角色。」

從廣大亞非拉美國家的角度來看，中國的再興有極其特殊意涵。三百年來第一次有一個興起中的超級大國，不是以掠奪者、支配者或文明優越者的思維與態度來面對開發中國家；第一次有一個超級大國具備同時在上百個國家興建電廠、超高壓輸電網、光纖通訊網路、鐵路、地鐵、高速公路、海港等基礎設施的超級能量，以及協助其他國家克服發展瓶頸的強烈意願；第一次有一個超級製造業大國能為全世界中低收入族群，全方位供應物美價廉的工業產品與電子商務平台，協助幾十億人輕鬆跨入數位與網路時代；第一次自己最大的貿易夥伴與最大投資來源國，是以官方開發融資機構與國營企業，為推動經濟合作與發展援助的主體，不事事要求智慧財產權的保障與回報，也不以資本回報極大化為唯一考慮。作為自己最重要的經濟夥伴，這個超級大國理解國情、不灌輸意識型態、不強迫削足適履、不強迫買武器、不製造安全威脅、不搞顏色革命。這種歷史機遇是前所未有的。

當前西方國家內部湧現排外民粹主義，全球經濟正面臨逆全球化政治潮流的衝擊，尤其是川普推行的保護主義與激進單邊主義，以及美國鷹派的零和博弈與冷戰思維，對現有的全球多邊體制構成嚴重威脅，也對全球化進程構成嚴重干擾。在此世界秩序震盪與重組的關鍵時刻，中國作為世界第一大貿易國與最大製造業基地，正責無旁貸挺身而出，主動協同主要新興市場國家與歐盟國家，為全球多邊主義體制提供關鍵支撐。

以中國為首的廣大開發中世界，替全球化帶來新動力，各種深化區域經濟整合、多邊開發融資、雙邊與多方政策協調、跨國基礎設施共用、擴大文化與教育交流，以及科技合作的新機制正在加速創建、成長與強化。獲得眾多國家響應的「一帶一路」倡議，就是推進新型全球化的中國方案，也是中國向世界提出、回應逆全球化挑戰的有效策略。以中國為首的新興經濟體已經成為帶動全球經濟成長的主力，並積極推進全球化經濟秩序轉型與全球治理機制改革，促使經濟全球化能與可持續性發展及包容性成長目標更緊密結合。

我們需要從這種全球視角，來理解近代中華民族走過的道路，中國再興對人類歷史發展的重要意涵，並藉此掌握中國大陸領導人提出的「人類命運共同體」這個宏大倡議的歷史背景。從全球史視野出發，我們可以更深入理解中國這一百多年來，從被帝國主義欺凌侵略而瀕臨生死存亡關頭，到重建一統政治秩序與恢復民族獨立自主地位，然後一步步走到全球最大經濟體量的開發中國家，有多麼曲折而不容易。

中國大陸過去七十年在現代化道路上的急起直追，有很多方面的成就是史無前例的，超越了過去各種不同民族與文明曾經創造的歷史紀錄；如果中國在既有的發展道路上持續前進，那麼必然會影響到整個人類社會的未來。實際上過去三十多年，中國已經深刻影響全球化進程，以及整個人類歷史的進程[11]。未來中國可發揮的作用還會更關鍵，其程度會超過歷史上美國所起的作用，這對全人類的可持續性發展而言是一個非常好的勢頭。

我們需要從多個視角來評估中國再興的全球意涵。整體而言，中國再興帶動世界秩序的重組，具體而言中國興起帶動了六方面的結構性變化：

1. 賦予經濟全球化巨大的推進力量，讓超級全球化的作用與衝擊全面放大。
2. 削弱美國霸權的權力基礎，觸動戰後國際秩序的全面轉型。
3. 打破西方壟斷普世價值的話語權，推進多元現代化模式取代一元化模式。
4. 拉抬非西方國家的全面興起，全面釋放「南南合作」的巨大潛力。
5. 引導全球化的未來走向，引領開發中國家修改全球化規則，改革全球治理機制與結構。
6. 加速由西方中心世界秩序往後西方世界秩序的轉移。

首先，中國的快速興起與經濟全球化之間是一種辯證關係，中國既受惠於過去三十多年的經濟全球化，同時也成為推進全球化的巨大力量，作用之巨大前所未見。因為中國全面融入世界經濟，所以過去三十多年的全球化，也被稱為「超級全球化」（hyperglobalization），也就是說它的動員、席捲、滲透的力量，遠超過歷史上任何時期的全球化，把全世界所有社會都吸納進來。幾乎沒有任何地域或人群完全不受到它的影響或者是牽引，無論是直接的還是間接的。中國正是對這樣一個巨大力量，起到關鍵的放大與加速作用，雖然不是唯一，但卻是最關鍵之一。

其次，中國的快速興起，在不知不覺中、有意無意中削弱了美國霸權的基礎。美國逐漸失去生產、貿易、科技創新以及意識型態領域的支配地位，勉強維持安全與軍事，以及金融與貨幣領域的霸權。今日的美國，與蘇聯解體時曾一度享有的唯一超強地位相比，已不可同日而語。

再者，中國興起打破西方對普世價值話語權的長期壟斷。中國發展模式挑戰西方主流經濟學，撼動了西方主導的國際發展機構，對於最佳經濟發展與政府治理模式和現代化路徑的話語權。中國模式激發許多第三世界國家重新思考，如何在社會公正、可持續性發展以及帕累托最優（Pareto Optimality）資源配置之間取得平衡[12]。中國發展經驗揭示了社會主義市場經濟模式，可以在美國式資本主義與西歐式民主社會主義（福利國家）體制以外，開創第三條道路。中國政治模式在平衡合法性基礎、執政能力與治理績效三個環節，以及引導社會追求最佳公共選擇上，有其明顯功效。

中國的快速再興帶動非西方國家全面興起，開啟了深化南南合作的新時代。以前很多開發中國家，它的文化、經濟導向都是朝向前殖民宗主國，這些亞非拉美國家雖然形式上獨立了，但各方面都難以擺脫對曾經殖民過他們的西方國家之依賴。譬如法語非洲長期高度依賴法國，自己國家的官員、軍隊與情治人員都由法國培訓，甚至外匯儲備也都由法蘭西銀行代管。被英國殖民過的國家，在制度、認同和觀念等很多方面一樣依賴英國。長期以來，這些開發中國家彼此之間的經濟合作跟聯繫比較薄弱。但中國快速興起後就不一樣了，對東南亞、南亞、中亞和西亞，非洲乃至於拉丁美洲國家而言，一方面他們可以與中國展開全方位的經濟合作與互補關係，中國還可以協助他們走上可持續性發展道路。

以中國為首的重要新興市場國家，已經全面帶動全球秩序重組，並發揮積極性與建設性作用。在G20架構下，中國倡議提高新興市場國家在國際經濟組織的決策地位。金磚國家主張國際體系的多極化，國際關係的民主化，以及更包容、均衡、公正與可持續的國際經濟秩序。但他們主張穩步推進這個長遠目標，推動漸進改革與有序轉型，不希望此舉導致國際秩序出現混亂或崩解。金磚國家採取明確立場，就是維護現有全球多邊體制，包括聯合國及G20體制，全力推進「聯合國2030社會可持續發展議程」設定的目標。

中國已經建構全方位、多層次、立體的全球與區域政策協調與深化合作機制，並正帶領新興市場國家推動全球治理改革，為全球化注入新動力。中國也開始為國際社會提供大量補充性或替代性國際公共財。中國一向主張，賦予國有開發基金、發展援助機構、多邊融資平台、國有企業，以及政府主導的開發計畫，在推進區域融合與全球化中扮演更重要的角色。中國也積極倡議擴大個體與微型企業參與全球經濟，為跨境電子商務、電子支付、分享經濟、萬眾創業等全球化新路徑，打造有利生態環境。中國可以對全球化未來的路徑、指導思想或者人類社會各地域彼此之間的經濟合作和交換的遊戲規則，產生巨大的引導與修正作用。

世界經濟舞台主角換人

西方國家對中國開始全方位發揮，進而重塑全球政治經濟格局的趨勢非常不適應，西方社會菁英伴隨而來的失落、焦慮與敵意也是預料中事。歐洲對「西方中心世界」的消逝有強烈的抗拒心理，美國更是對「唯一超強」地位有強烈的戀棧心態。川普政府改變了建設性交往政策，全面轉向戰略圍堵，其根本原因是七十年來美國第一次遭遇有可能失去霸權地位的挑戰。美國國家利益中最核心的利益，是維護其全球霸權的地位，維護美國主導的國際秩序，並從中攫取巨額利益，不允許任何可能凌駕自己之上的挑戰者出現。因此中美之間的戰略競爭與對抗，在可預見的將來必然愈來愈尖銳。這也意謂著，當中國愈來愈接近恢復其人類歷史舞台中心地位時，面臨的挑戰必然愈大，戰略情勢也必然更險惡與複雜。

歐洲國家對中國開始扮演這個角色的心理非常矛盾，他們長久抱持的西方中心思維一時間很難調整。西方國家擔憂美國霸權的退位，仍希望美國繼續扮演領導角色，他們對美國這個老大哥依賴慣了，更多是一種心理上的依賴。可是對廣大的開發中國家而言，對全人類而言，美國霸權的消退跟退位是機遇而不是危機。

川普帶來的變局逼使中國跟其他主要的新興市場國家，重新思考自己應該在全球秩序轉型跟全球治理機制改革過程中扮演什麼角色，該如何有所作為。中國在這其中當然是責無旁貸。事實上，過去幾年中國在不張揚、相對低調的情況下，已經為國際社會提供了大量的補充性和替代性的國際公共財。

同時，中國也並不純粹是在道義上去承擔國際領導者責任，因為在很多領域上是利人利己，可以創造很多雙贏或者多贏的可能性。在川普退出《巴黎協議》之後，中國已經成為領導全球因應氣候變遷的實質領袖，中國不但會提前達成承諾的溫室氣體減排目標，還順勢整治國內空氣汙染問題，帶動綠色能源產業的發展，更利用自己的技術與設備協助開發中國家，逐步提高可再生能源比例[13]。中國開始在新興市場國家內作為領導者，而且在國際秩序重組的過程中扮演建設性角色，既符合新時代中國自身發展的需要，也有利於人類社會的和平與發展，這在二〇〇八年全球金融危機以後特別明顯。

如圖十一所示，單單就帶動世界經濟脫離二〇〇九年之後的衰退而言，中國發揮的作用非常大。中國對全世界經濟成長的貢獻度至少將近三分之一，有的時候更大，已經超過美國很多。所以當下世界經濟的火車頭是誰？是中國與新興經濟體。整個新興經濟體合在一起，為全世界經濟成長貢獻百分之七十以上的份額，美國不到百分之二十，大約在百分之十八左右。

中國從二〇〇一年開始加入世界貿易組織，在短短十幾年裡面，已經成為全球最大的貿易國，發展驚人。到二〇一六年，中國在全球貿易體系裡面的作用，已經是後來居上。中國成為一百二十四個國家的第一大貿易夥伴，美國則是五十六個國家第一大貿易夥伴。全球貿易結構發生根本性變化，過去的全球貿易在很長一段時間，都是圍繞富裕國家的需求而產生，但在中國加入世界貿易組織以後，南方國家彼此間的貿易比重不斷上升。到二〇一三年，富裕國家之間的貿易規模已經被開發中國家之間的貿易趕上。

中國的興起重塑了全球貿易格局，過去南方（開發中）國家與北方（已開發）國家之間的不平等交換關係被顛覆了。中國成為全球最大的製造業平台，提供各種物美價廉的高科技

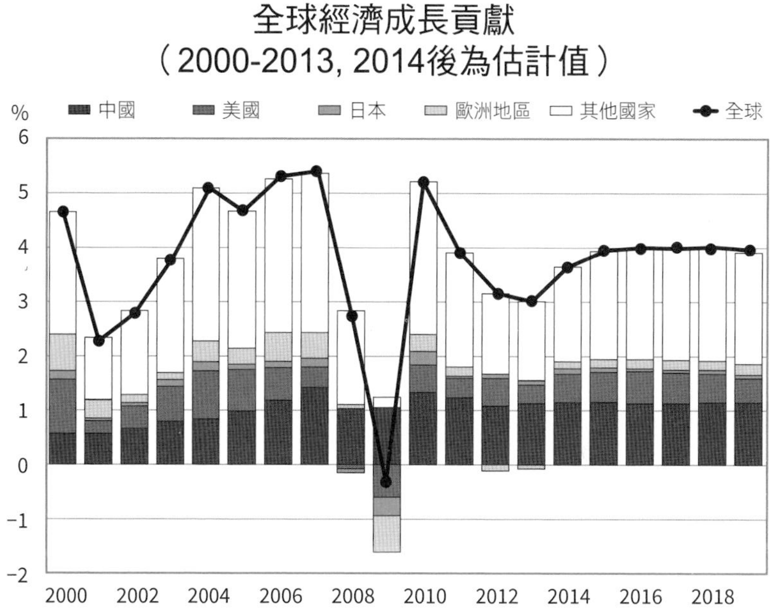

圖十一：主要經濟體對全球經濟成長的貢獻

Source: IMF, World Economic Outlook; and IMF staff calculations.

產品與頂尖設備，打破西方跨國公司的寡頭壟斷。另一方面，中國對能源與原物料的巨大需求，拉抬了初級產品的價格，許多落後國家可以享受更有利的貿易交換條件，他們的出口產品價格上升，需要進口的工業產品與軟體價格則不斷下跌。

目前，我們正處在一個新舊秩序交替的過渡期。我們可以看到許多非常鮮明的指標，最有代表性的，就是中國在二〇一五年倡導成立的亞投行。美國使用所有的影響力，試圖勸阻它的傳統盟邦加入亞投行，但英國、德國、法國、義大利，甚至澳洲與加拿大都一一不顧華府的強烈反對，陸續加入亞投行，這是具有分水嶺意義、標示美國霸權衰退的一個事件。到二〇一八年底，全球有八十六個國家成為亞投行正式會員。亞投行得到開發中國家的熱烈響應，因為現有的多邊機構，如世界銀行與亞洲開發銀行，它們在美國主導下，其主導思想與政策已經與開發中國家的真實需求脫節。

中國也在全球治理中逐漸成為很多重大議題的關鍵倡議者，至少是一個塑造全球共識的重要建構者。最明顯的例子，就是二〇一六年在杭州舉辦的G20峰會。雖然如何落實那次峰會的領導人宣言是一個問題，但它的精神、它傳遞的政策訊號具有歷史跨越性意義。在此之前，G20峰會關注的都是短期問題，比如保護主義、全球經濟復甦還有金融系統性風險。但在中國的幕後運作下，G20峰會終於把視野與聚焦拉回到全球社會可持續性發展，和全球治理機制改革的中長期議題上，這是非常不容易的[14]。

當前全球主要經濟體的政策協商機制，主要是由兩個集團主導，一個是以美國為首的G7集團，還有一個是以中國為首的「金磚五國」。現在因為川普的激進單邊主義，讓G7集團內部紛擾不已；「金磚五國」卻逐步升級，已經變成「金磚Plus」，中國計劃把土耳其、墨西哥、印尼這些重要新興市場國家都納進來，作為對話夥伴。過去世界各種經濟合作規則的主要制定者都是美國跟西歐，但今後以中國為首的新興市場國家的重要性會超過G7。

二〇一九年八月下旬，法國總統馬克宏在法國度假勝地比亞里茨（Biarritz）隆重接待G7領袖，他使出渾身解數，試圖讓這場外界普遍不看好的外交峰會增加一些亮點。在峰會前夕，他安排伊朗外長扎里夫出其不意地出現在比亞里茨，與他和英、德、法三國外長在場外舉行會談，試圖為緩解美國與伊朗之間衝突升高危機做最後努力。他也在峰會舉行前一週，先邀請俄羅斯總統普丁到他的私人度假別墅進行懇談，試圖說服普丁在烏克蘭問題上有所讓步。在峰會期間，他還特別邀請印度總理莫迪與G7領袖舉行會外會，以壯大聲勢。

峰會晚宴前，各國領袖伉儷在十九世紀中葉的拿破崙三世富麗堂皇的夏宮前舉行合照，他們雖然擺出優雅的舉止，但無法掩飾貌合神離之事實，因為這是一九七六年G7成立以來，第一次沒有發布領袖共同聲明的峰會。馬克宏知道西歐與川普雙方在貿易保護主義、伊朗核協定、氣候變遷、陸基中程飛彈等各項重大議題上分歧太大，他無法協調出彼此可以接受的宣言，所以他一開始就打消這個念頭。

峰會閉幕後，馬克宏召集全球法國駐外使節舉行使節會議，他在講台上語重心長地表示：「中國、俄羅斯、印度這幾個國家，對比美國、法國和英國，他們的政治想像力都遠比今天的西方人強。他們在擁有強大的經濟實力後，開始尋找屬於他們自己的哲學和文化，他們不再迷信西方的政治……而這正是西方霸權終結的開始。西方霸權的終結，不在於經濟衰落，不在於軍事衰落，而在於文化衰落。」

普華永道（Price Waterhouse Cooper）這家全球最大的會計師事務所，與企業諮詢顧問集團發布一份「二〇五〇全球經濟：長程展望」報告，得到廣泛關注，也被包括蘭德公司（RAND corporation）等美國智庫所引用。這份分析報告最重要的結論之一，就是世界經濟裡的新興七大經濟體將取代傳統的G7集團[15]。七大新興經濟體（emerging seven economies）簡稱為E7，包括中國、印度、巴西、俄羅斯、印尼，土耳其和墨西哥，這些後起之秀未來在世界經濟裡將扮演舉足輕重的角色。根據購買力等值GDP來估算，在一九九五年，E7的經濟總體量只是G7的一半，但是到二〇一五年，E7的經濟總體量就已經和G7持平了，當然在名目GDP上，可能還有落差。估計到二〇四〇年，E7就會變成G7的兩倍。在過去這個變化是難以想像的，所以未來二十年我們將進入非西方世界全面崛起的第二階段，世界經濟舞台上的主角必然換人做，E7也必定逐漸躍升為改革國際經濟秩序，與修訂全球化遊戲規則的主要推動力量。

美國智庫蘭德公司也依據這份分析報告，替我們描繪了二〇五〇年世界經濟版圖的輪廓（參見圖十二）[16]。屆時，以購買力等值GDP為比較基準，世界第一大經濟體非中國莫屬，經濟總量將達到前所未有的五十八兆美元；印度的經濟規模將可超過四十四兆美元，成為世界第二大經濟體；美國將以三十四兆的經濟規模屈居第三。傳統的七大工業國，只有美國、日本、德國與英國還會列入前十大經濟體。日本的排名將下降為第八大經濟體，而印尼、巴西、俄羅斯與墨西哥在經濟總量的排名都會超越日本。

這也難怪美國《金融時報》首席外交事務評論員拉赫曼（Gideon Rachman）在他最近的一本新著，用「東方化」（Easternisation）這個概念，來統攝二十一世紀國際政治的大趨勢。他認為從二十世紀到二十一世紀，全球版圖最根本的變化就是國際政治與經濟的重心不斷向東移，也就是向亞洲，特別是向東亞移動。他對亞洲日益上升的經濟實力深具信心，東亞將是世界上最重要的生產基地，世界貿易的最重要源頭，而中國必然成為亞洲的龍頭。在

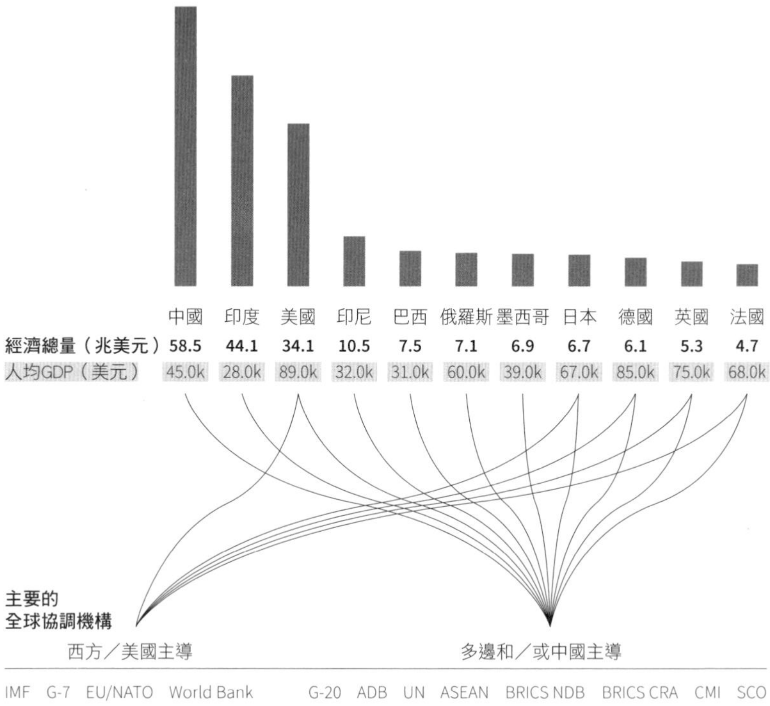

註: ADB = Asian Development Bank; AIIB = Asian Infrastructure Investment Bank; CRA = Contingency Reserve Arrangement; CDB = China Development Bank; CMI = Chiang Mai Initiative; NDB = New Development Bank; SCO = Shanghai Cooperation Organisation.

資料來源: All data for 2050 are drawn from Pricewaterhouse Coopers LLC, "The World in 2050: The Long View: How Will the Global Economic Order Change by 2050?" February 2017 (as of March 7, 2018: https://www.pwc.com/gx/en/issues/economy/ the-world-in-2050.html). National economic data: World Bank, "GDP (Current US$)," webpage, undated (as of February 12, 2018: https://data.worldbank.org/indicator/NY.GDP. MKTP.CD); International Monetary Fund, World Economic Outlook, October 2017 (as of February 12, 2018: https://www.imf.org/en/Publications/WEO/Issues/2017/09/19/world-economic- outlook-october-2017).

圖十二：2050年世界經濟版圖排名圖示

Source: RAND corporation

原圖可參閱QR Code

這個大趨勢下，亞洲的國際政治，特別是中日韓三國關係，以及中印關係，將成為國際政治的主軸，就像歐洲曾經是十九世紀國際政治最重要舞台一樣[17]。

注釋：

1 "A new hegemon: The Chinese century is well under way," *The Economist,* October 27, 2018.

2 全球經濟重心的位置估算，是根據當時各經濟體的地理版圖與經濟總量的加權，來計算全球經濟地理的三維空間均衡點所在。估算方法的詳細說明請參考：Danny Quah, "The Global Economy's Shifting Centre of Gravity," *Global Policy*. First published on-line, 05 January 2011. https://onlinelibrary.wiley.com/doi/full/10.1111/j.1758-5899.2010.00066.x。

3 Lackshman Achuthan, "America First in Perspective," Presentation at the 26th Hyman P. Minsky Conference, April 2017, http://www.levyinstitute.org/conferences/minsky2017/achuthan_3_s1_2017.pdf。

4 有關戰爭對資本主義早期發展的關鍵作用，可參考貝克特（Sven Beckert）的《棉花帝國：資本主義全球化的過去與未來》一書中，有關「戰爭資本主義」（war capitalism）的討論。斯溫・貝克特，《棉花帝國：資本主義全球化的過去與未來》，台北：遠見天下文化出版社，2017。

5 Douglas C. North and Robert Paul Thomas. The Rise of the Western World: A New Economic History. (Cambridge, U.K.: Cambridge University Press, 1973).

6 Daron Acemoglu, Simon Johnson and James A. Robinson, "The Colonial Origins of Comparative Development: An Empirical Investigation," *American Economic Review*, VOL. 91, NO. 5, (December 2001): pp. 1369-1401.

7 Ha-Joon Chang, *Kicking Away the Ladder: Development Strategy in Historical Perspective 1st Edition* (Anthem Press, 2002).

8 Alexander Koch, Chris Brierley, Mark M. Maslin, and Simon L. Lewis, (2019). "Earth system impacts of the European arrival and Great Dying in the Americas after 1492". *Quaternary Science Reviews*. 207: 13-36.

9 參見 Gideon Polya,"Legacy of Colonialism: Britain Robbed India of $45 Trillion and Thence 1.8 Billion Indians Died from Deprivation," *Global Research*, December 19, 2018; 並參見兩位印度學者完整的歷史分析，Utsa Patnaik and Prabhat Patnaik, *A Theory of Imperialism*, (New York: Columbia University Press, 2016).

10 https://www.visualcapitalist.com/chart-end-world-poverty-sight/。

11 朱雲漢，《高思在雲：一個知識份子對二十一世紀的思考》，台北：天下文化出版社，二〇一五年。

12 在經濟學中，帕累托最優是指資源分配的一種理想狀態。在固有的一群人和固定可分配資源的前提下，不可能再改善某些人的境況，而不使任何其他人受損。

13 Barbara Finamore, *Will China Save the Planet?* (Polity, 2018).

14 "Hangzhou Communiqué: G20 Summit concludes with historic consensus on world growth," TRALAC, September 6, 2016. https://www.tralac.org/news/article/10415-g20-summit-concludes-with-historic-consensus-on-world-growth.html。

15 https://www.pwc.com/gx/en/issues/economy/the-world-in-2050.html。

16 Michael J. Mazarr, *Summary of Building a Sustainable International Order Project* (Rand Corporation, 2018): Page 13

17 Gideon Rachman, *Easternization: Asia's Rise and America's Decline From Obama to Trump and Beyond*, (Other Press, 2017).

第八章

中國道路與人類未來

中國有機會開創令人耳目一新的新型世界領導者模式。首先，中國仍有維持長期中高速經濟成長的巨大潛力，並與多數開發中國家有巨大互補優勢，具備帶動非西方國家持續發展的巨大能量。

更重要的是，中國大陸傳承了兼善天下的文化基因，中國知識菁英階層仍深受傳統的天下觀、義利觀等思維方式和道德觀念的影響，更願意承擔對於弱小者的扶持責任。同時，中國傳統文化崇尚和而不同，包容並尊重多元宗教與文化，不強求價值標準齊一，不會製造文明衝突。

曾經擔任世界銀行首席經濟學家的林毅夫教授，近幾年創立了一個新的研究機構，就是北京大學「南南合作與發展學院」，這個學院既為開發中國家提供政策諮詢服務，也為開發中國家培育政策菁英。林毅夫經常應非洲國家元首或政府首長的邀請，率領研究團隊前往這些國家進行實地考察，並提出具體政策建議。

他的研究團隊也經常向各國政府官員介紹與總結，過去四十年中國的發展經驗，特別是中國如何透過實踐而探索出「兩手並用」的發展策略，也就是讓有效市場跟有為政府兩者有機結合起來。此外，中國發展經驗的精髓在於充分考量國情差異，主張每個國家都應該因地制宜，找出最適合自己的發展策略，同時沒有一勞永逸的發展策略，不同發展階段也會面臨不同的挑戰與難題，需要與時俱進。

「南南合作」的巨大潛力

中國也把兩手並用的經驗，運用到推進「南南合作」上。過去十幾年裡，中國建立了最完整的全方位、多層次的政策協調機制，合作對象幾乎覆蓋絕大多數開發中國家。因為中國體量太大，針對不同地區的合作需求，中國會建立獨有的「多加一」模式，或者叫「區域加一」模式，例如中國與非洲聯盟合組的「中非合作論壇」，中國與阿拉伯聯盟合建的「中阿合作論壇」，中國與中東歐十六個國家共建的「中國—中東歐國家經貿論壇」[1]等。這些協商與合作平台都不是鬆散的，而是愈來愈實在的多邊合作機制，它有領導人峰會，有部長級會議，還啟動很多合作專案，展現出中國與開發中國家深化經濟夥伴關係，跟建立全方位互聯互通架構的強烈意願。

在這些協商平台的支撐下，中國與區域合作夥伴陸續設置了很多能起桿槓作用的官方融資平台。搭建這樣的深化合作平台，也意味著要承擔很多提供區域性國際公共財的義務，而中國也需要擔起出最大份額的責任。中國有一個特殊作用，就是能夠幫助大多數開發中國家發掘經濟成長潛力，尤其是克服基礎設施不足的瓶頸。很多開發中國家存在發展的瓶頸，其中最大的就是在基礎設施方面，它既沒有外匯、更沒有足夠的融資條件來突破這個瓶頸。中國累積成熟的規劃能力，具備空前龐大的工程建設能力以及融資能力，可以同時幫助上百個國家克服基礎設施不足的瓶頸，包括深水碼頭、電廠、鐵路、公路、地鐵、通訊、油管、輸電網等基礎設施的規劃與建設，這些都是中國游刃有餘的領域。全世界沒有一個超級大國有這種能量，更不要講有這種意願了。

蓋勒格（Kevin P. Gallagher）教授所領導的波士頓大學全球發展政策中心研究團隊，長期追蹤中國的發展融資角色，他們的結論是：「中國已經是世界的發展銀行」，即使在亞洲基礎設施投資銀行，以及金磚新發展銀行設置之前，中國的「國家開發銀行」與「中國進出口銀行」對開發中國家的開發融資規模，早就超過世界銀行及各地區開發銀行的總和[2]。

在傳統意義的直接發展援助上，中國也已經超過美國。根據AID Data這個全球知名研究機構的統計，中國在各個方面拉抬開發中國家經濟發展累積起來的作用，已經明顯超過美國。在官方發展融資領域，二〇一一年以後中國的融資規模就已明顯超越美國[3]。當然在每個地區不完全一樣，比如在拉丁美洲，美國在貿易與投資領域的作用還是最大。在非洲的話，歐洲國家的作用也不小。不過在全球，中國發揮的作用絕對居於領先地位，不管是通過經濟互通有無拉抬開發中國家，或者通過對落後國家的發展援助。

中國近年來提供大量機會，讓開發中國家的政府官員、專業人士到中國進行在職進修與技術培訓，範圍涉及農業、醫療、衛生、氣象、工程、扶貧、能源、城市規劃等領域。此外，中國企業在國外進行投資或承接大型專案時，不僅大量僱傭當地職工，也會提供在職培訓，甚至將部分核心成員帶到中國進行培訓，等於是幫這些國家提升人力資源素質[4]。

中國道路影響人類未來

在這些全球變化趨勢下，中國道路跟人類社會之未來的關係更加緊密。中國大陸領導人立志攜手世界，共築更加緊密的命運共同體，在可預見的未來，在協同其他國家追求普遍安全、和諧共生、合作共贏、共同發展境界的過程中，北京將會從涉及人類社會整體福祉最關鍵的五個方面著手：

第一，共同保護地球的生態和公共領域。

第二，建立真正和平穩定、基於規範、保障多種文明共生共榮的安全秩序。

第三，維持全球化的前進動力，並修正全球化路徑與遊戲規則，促進包容性成長，擴大經濟受益群體，讓全球化的社會支持基礎更穩固。

第四，全面改善全球治理機制長期處於落後於全球社會發展需要的狀態，並改善國際公共財供給嚴重不足與品質不佳的問題。

第五、攜手不同文明體系，共同探索科技大爆發時代社會制度創新的機遇與挑戰，發掘新興科技的巨大經濟效益，並引導新生經濟效益的果實合理配置，同時勇於實驗創新的智慧型社會治理模式，共同對應新興科技蘊含的巨大社會風險。

中國有機會開創令人耳目一新的新型世界領導者模式。首先，中國仍有維持長期中高速經濟成長的巨大潛力，並與多數開發中國家有巨大互補優勢，具備帶動非西方國家持續發展的巨大能量。同時，中國立足於社會主義市場經濟與共產黨領導的國家治理體制，能夠確保國家機構基本上不被跨國金融資本、軍工利益集團或數位科技巨獸所掌控；能夠維護社會主義核心價值，即優先保障廣大群眾的生存發展權利；在賦予國家資本優先地位的同時，又能有效節制私人資本的掠奪性與破壞性。

再者，中國仍在探索最佳的社會發展模式，制度創新的動力依然豐沛，意識型態包袱相對較輕，願意學習與引進其他國家最佳的實踐經驗，鼓勵多元文明相互借鑑。還有，中國基本上已經建立科技自主創新的生態體系，在許多新興科技領域開始走在世界前端，既可以為十四億人開創全新的知識型經濟與智慧型社會治理模式，又可在全球科學知識群體中做出重大貢獻，並有餘力與廣大開發中國家分享科技成果與協助訓練人才。

更重要的是，中國大陸傳承了兼善天下的文化基因，中國知識菁英階層仍深受傳統的天下觀、義利觀等思維方式和道德觀念的影響，更願意承擔對於弱小者的扶持責任。同時，中國傳統文化崇尚和而不同，包容並尊重多元宗教與文化，不強求價值標準齊一，不會製造文明衝突。

西方的國際關係學者，普遍對非西方國家的興起抱持一種悲觀的論斷，認為非西方世界缺乏相應的文化傳統與法治根基，如果西方國家不主導，這個世界一定會分崩離析。近年來西方世界出現的許多悲觀預測，都是在這個邏輯上推演出來的的結果[5]。他們著重強調如果美國不再繼續提供國際公共財，那也沒有其他國家會提供，接下來就會出現一九二九年前後全面爆發的世界經濟危機[6]。他們普遍刻意低估包括中國在內的非西方國家，忽略其在全球重組和全球治理改革裡能起到的積極和建設性作用。

從《巴黎協議》的談判與簽訂過程，我們可以看得很明顯，中國、印度、巴西與南非等新興經濟體對人類面臨的重大全球議題，已經有能力、也有意願與西方國家平起平坐的協商，並承擔起應負的義務與責任。在聯合國維和任務領域，中國已經成為最大的人力派遣國，以及僅次於美國的最大出資國。因為西方主流媒體刻意的忽視，大多數美國主流國際關係學者都不知道，過去幾年中國在不張揚、相對低調的情況之下，已經為國際社會提供了可觀的「補充性或替代性」國際公共財，甚至在有些領域，中國還提供一些過去美國或西方國家不曾也不願提供的國際公共財。中國這十幾年來非常重要的建樹，就是建立了全方位、多層次、立體的與全球各地區的政策協調與合作機制。面對東盟、阿拉伯聯盟、中東歐、整個拉丁美洲跟加勒比海共同體，乃至於面對整個非洲，中國透過「多加一」的多邊政策協商平台啟動很多合作專案，並推動跨區域基礎設施的互聯互通。

美國從來沒有搭建過這樣的多邊合作機制。美國花很大精力跟它最緊密的戰略夥伴搭建軍事聯盟，基本上沒有心思幫助開發中國家，走上可持續性發展的坦途。即使在美國的後院拉丁美洲，也缺乏這種全方位的發展援助機制，最近三十年美國帶頭創建的美洲開發銀行，其角色不斷萎縮，整個拉丁美洲在世界貿易體系裡的相對地位也持續下降，大多數國家的出口結構過於單一，經濟結構轉型面臨嚴重瓶頸，國內貧富差距持續擴大。巴基斯坦曾經是美國的軍事盟友，也是全球反恐行動中最倚重的幫手，但美國從來都沒有意願與興趣，協助巴基斯坦克服基礎設施嚴重不足的發展障礙。在當前國際社會不夠完整、不夠完善的現有多邊體制下，中國做了非常重要的補充性體制建構，而且正引領新興市場國家為全球化注入新的動力。

此外，中國大力推動協助開發中國家基礎建設的長期融資機制，包括亞洲基礎設施投資銀行、金磚國家新開發銀行等，以及區域性的絲路基金、中國—中東歐基金、中非基金等。到二〇一八年，中國政府向非洲，中東歐，東盟等雙邊合作基金的注資承諾，已經達到一千六百億美元。

同時，中國也在美國主導的國際金融基礎設施之外提供替代性設施，例如跨境電子商務平台、跨境電子支付平台、銀聯支付系統、人民幣跨境支付系統等。還有，中國在全球通訊與導航領域也提供新型公共財，包括推動制定全球統一5G標準、推動全球IPv6根伺服器的架設計畫，或北斗衛星定位與通訊系統等。中國也開始提供能源與金融交易替代性結算機制，包括發行特別提款權（SDR）計價債券、增加發行境外人民幣計價債券，培育倫敦與香港成為境外人民幣結算中心，上海期貨交易所開辦以人民幣計價（並可轉換成黃金）的原油期貨合約等，這些作為將從根本上改變過去以美元作為唯一的結算貨幣或儲備貨幣的格局。

打開自主道路選擇空間

中國再興的另一項重要全球意涵，就是重新開啟現代化模式多元競爭時代。很多讀者可能沒有意識到，最近十年中國的發展模式和中國道路，已經被很多開發中國家認真研究和參考，世界意識型態領域也因此發生了根本性變化。二十世紀九〇年代，歷史終結論盛行，以西方代議民主、自由市場和自主公民社會為核心內涵的社會模式，被普遍認定是人類文明發展的最高階段。過去三十多年，新自由主義思潮當道，華盛頓共識被普遍接受為不可違逆的經濟政策指導思想。非西方國家菁英不由自主地向西方社會發展模式靠攏，開發中國家普遍面臨發展道路選項被高度窄化的困境。

中國在快速的經濟發展過程中，累積了非常多經過實踐檢驗的發展策略思路，對其他開發中國家有明顯參照價值。中國倚靠「摸著石頭過河」的實踐而總結出來的發展思路，與西方主流思維有明顯區別，讓西方國家主導的國際發展機構不再能獨攬發展策略的話語權。中國模式的出現，打破了新自由主義思想的窠臼，大幅打開開發中國家在國際自主發展道路選擇的思路空間。

中國大陸的決策者並不接受有所謂放諸四海皆準的教科書模式，也不相信有一勞永逸的解決方案，他們對新自由主義經濟學高舉的市場萬能主張有一定的保留，而中國成功的實踐經驗是「政府」與「市場」兩手並用。在「社會主義市場經濟」頂層設計下，市場在資源配置中起到基礎性作用，但政府在創造市場架構並引導改革、重組和制度創新的過程中，發揮決定性作用。同時，國有資本、集體產權、民營資本與外資，都是構成市場經濟生態的重要組成部分，共產黨賦予整個國家機構政策連貫性和方向感，促成國內不同組成部分和利益相關者，就實現國家長遠發展目標達成社會共識。此外，中國非常強調尊重國情差異，每個國家都應該因地制宜，找出最適合自己的發展策略，而且不同發展階段會面臨不同的挑戰與難題，需要與時俱進採取不同對策，這些基本思路都超越了西方主流思維的框架。

在超級全球化時代，多數西方國家與眾多開發中國家都面臨所得分配鴻溝不斷加大的問題，尤其是勞工階層的薪資成長非常緩慢，既跟不上整體的經濟成長速度，也無法合理反映勞動生產力的提升速度。也就是說，勞工的單位產出效率提升了，卻無法分享應得的經濟果實，而公司大股東與管理階層的股利與分紅卻節節高升。根據國際勞工組織（ILO）二〇一八年發布的「全球薪資報告」[7]，中國的經驗卻逆向而行，打破上述的全球趨勢。進入新世紀以來，中國勞工薪資所得的提高基本上與經濟成長速度齊步，勞工薪資調漲的速度與勞動生產力的成長速度也相匹配，這是全球罕見的。在國際勞工組織發布這份報告之後，許多國家的經濟決策官員都想知道中國是如何做到的[8]。

其實，即使沒有國際勞工組織的這份權威性報告，我們根據自己的近身觀察也可以得到相同經驗。例如，北京、上海、廣州等大都市的許多家庭聘用來自湖南、安徽與四川的保母，最近十幾年的薪資每年平均漲幅幾乎達到百分之八到十。在政策方面，各省市的最低工資標準至少每二至三年調整一次，沿海各省的政府也幾乎同步上調公務員與老師的月退休金，以及上調低保的補助金額。以廣州市為例，職工的年度平均薪資在一九九一年為人民幣四千零二十二元，到二〇一六年為八萬九千零九十六元，二十五年之間成長了二十二倍。此外，中國的勞動管理部門對基本勞動條件保障的執法監管是相當到位的，若勞工舉報權益被侵害，通常可以即時得到行政上的救濟。

基礎設施普及與均等的優勢

此外，在中國如此大的版圖範圍內，打造高效率全國單一市場所需的現代基礎設施，以及公共服務產品均等化與普及化的程度，在開發中國家絕對是獨占鰲頭。今日的中國，即使在內陸的四線城市與中等規模的鎮，所有最基本的現代社會基礎設施，例如市政道路、供電與瓦斯、自來水、下水道、街道照明、公園綠地、通訊與網路、郵政與快遞、金融保險服務、治安與交管、中小學教育、公共衛生與醫療服務設施等，都一應俱全。雖然不同地域的各項服務品質仍有差距，但我考察過最西北的新疆霍爾果斯到最東北的吉林琿春，這幾年新修的中小學硬體建設與沿海省分幾乎沒有差距。幾乎所有的二線城市與地級市都通高速公路、動車或高鐵，並能以高速公路連接到鄰近機場。再加上最近幾年不斷加大力道的全面扶貧與精準扶貧政策，讓甘肅、貴州等這些最貧困省分的絕大多數偏遠農村，都能達到村村通路、通車、通電、通自來水、4G通訊涵蓋與接上寬頻光纖網路的高標準，這種均等化與普及化的程度，連美國也做不到。

公共服務產品的均等化與普及化，全國交通運輸與通訊設施的互聯互通與品質提升，以及逐步放寬的社會保障跨省移轉，讓勞動與商品可以非常便捷在全國流動。進入新世紀以來，中國境內的貨物運輸平均成本不斷下降，以目前可以取得比較新的二〇一一年資料為例，中國的運輸成本是零點二八元／噸公里，美國是零點五四元／噸公里，美國是中國的一點九五倍。考慮當時中國油價比美國還要高百分之二十左右，這使得中國物流成本優勢顯得更加難能可貴。

中國物流業的整體績效在全球的排名也不斷上升，根據世界銀行的「物流績效指數」（Logistics Performance Index），二〇一八年中國大陸的物流效率在中等收入國家中排名第二，僅次於國土面積不到八萬平方公里的捷克。在全球一百六十個國家與地區之中排名為二十六名，還排在二十七名的台灣前面。排名靠前的國家，都是地理幅員不超過中國一個大省的中小型已開發國家，唯一例外是排名第十三的美國[9]。這些條件讓偏遠與落後地區的個體與集體，參與市場經濟活動的機會大幅增加。這也是為何中國大陸的電子商務與網購如此發達，以及各種型態的淘寶村如雨後春筍般湧現的關鍵原因。

另外，許多中國的製造業與服務業雇主為外來務工者提供基本食宿作為僱用條件的通行做法，也讓勞動要素在全國流動的移轉成本大幅降低，這對擴大發達地區的經濟外溢效果，人力資本的空間最優配置，以及避免內陸與沿海地區所得差距過大等促進均衡發展目標，都有明顯作用。

中國模式在非洲國家普遍得到關注。像是東非大國衣索比亞就非常認真的借鏡中國的發展經驗，有些西方媒體還稱衣索比亞為「非洲的中國」。過去二十多年，中國為衣索比亞培訓了大量中層與高階政府幹部，林毅夫教授主持的北京大學新結構經濟學研究院也經常為衣索比亞領導人出謀獻策，衣索比亞政府也參考中國的國民經濟和社會發展規劃，制訂與執行自己的五年綜合發展規劃。

這個人口已經達到一億的東非大國，進入二十一世紀以來，十多年間ＧＤＰ幾乎以年均百分之十的驚人速率成長，不同於其他依靠能源出口的非洲國家不斷受全球經濟波動的左右，衣索比亞政府以穩健的腳步，在經濟成長的目標下輔以開放的社會政策，解決糧食安全、環境與教育等國家發展問題，大力改善交通與通訊基礎設施，並建設產業園區與規劃經濟特區，由上至下培養經濟成長與轉型的動能。儘管衣索比亞在政治強人梅萊斯總理二〇一二年去世後，政局面臨轉型挑戰與局部動盪，但國外投資機構仍普遍看好這裡的經濟前景，二〇一四年以後外資更是大量湧入。在目前實施的第二個五年綜合發展規劃《增長與轉型計畫》中，衣索比亞政府給自己定下到二〇二五年，成為非洲大陸輕工業製造龍頭的目標。衣索比亞這些年經濟發展的亮麗表現，已經讓更多的鄰近非洲國家政治菁英，開始認真研究中國模式。

衣索比亞首都阿迪斯阿貝巴（Addis Ababa）已經成為非洲的政治文化中心，這裡是非洲聯盟的總部所在，聯合國等國際機構與各國NGO都選在這裡設立辦公室。阿迪斯阿貝巴也是中國人在非洲最大的聚集地，這裡百分之六十的大型工程都由中國企業負責興建，東非第一條城市輕軌、衣索比亞第一條高速公路、從首都通往紅海沿岸的吉布地港電氣化鐵路，以及即將落成的東非第一高樓，都是中國企業承攬的。衣索比亞現在已經成為中資企業與台商登陸非洲的橋頭堡，衣索比亞航空公司也成為第三世界中最可靠和最賺錢的航空公司，聯通八十個國家與地區，也開闢飛往北京、上海、廣州、成都、香港、深圳的直航航線，每週有多達三十四個航班直飛中國。衣索比亞副總理曾說：「我們的全球發展夥伴中，第一是中國！第二是中國！第三還是中國！」

現在衣索比亞也是嗅覺敏銳的台資企業在非洲投資的首選。例如，台灣知名的製鞋廠「兆琪實業股份有限公司」，看準此地基礎設施持續改善、投資環境綜合優勢與經濟成長潛力，在二〇一三年投資約五千萬美元，於Bole Lemi工業區設立製鞋工廠。設廠兩年後，兆琪又於二〇一五年開始打造新投資案，投入約一億兩千萬美元，在首都東南方的Mojo市建造新生產基地。

史上最大規模經濟融合工程

華府出刊歷史最久的政論雜誌，在自由派陣營頗具影響力的《國家週刊》（*The Nation*），二〇一七年五月十六日刊登了專欄作家勞倫斯（Patrick Lawrence）的評論，他以毫不含糊的筆觸提醒美國政治領袖，中國正藉由「一帶一路」在加速建構一個「後西方世界」（Post-Western World）。他提醒美國讀者，「一帶一路」將啟動人類有史以來最大規模的基礎建設工程。中國大陸在短短三十五年內，讓十三億人享有二十一世紀水準的基礎設施及其帶動的經濟繁榮。如今北京準備將這個模式推廣到整個歐亞大陸。中國全面推進「一帶一路」，意謂著西方國家從歷史舞台上主角的退位過程將加速進行，西方要開始適應屈居於歷史配角的新時代[10]。

從宏觀角度來看，「一帶一路」是可以翻轉世界政治經濟格局的大戰略。在這個大戰略下，中國試圖帶領沿線的開發中國家，為逐漸失去動能的全球化注入新動力，讓被海洋時代拋棄的歐亞大陸內陸國家與中國廣大西部地區，從全球經貿網路的邊陲搖身一變，成為前緣與要衝。「一帶一路」倡議是中國版的全球化方案，也是中國向世界提出的回應逆全球化挑戰的有效策略。這代表中國將引領非西方國家探索全球化新路徑，並適度修正全球化遊戲規則。

過去三十多年，美國版的全球化方案主要是為跨國資本與跨國企業利益服務，將政府職能縮到最小，移除所有妨礙資金、商品、訊息及專業人士跨國移動的障礙，讓跨國資本在全球追求最大投資回報，讓跨國企業所代表的市場力量，全面主導生產資源配置與塑造消費偏好。現在中國準備將自己過去三十五年所累積，政府與市場兩手並用之發展經驗，推介給「一帶一路」沿線國家，並透過新的政策協商機制、經濟整合架構、長期融資平台，以及技術與產能輸出策略，讓歐亞大陸與環印度洋地區藉由全新建構的貿易、投資、運輸、通訊與能源聯通網路，形成緊密的經濟板塊，帶動沿線國家的經濟發展。

「一帶一路」倡議可說是人類歷史上規模最大的經濟融合工程，這個宏大的構想依託歐亞大陸板塊，外聯非洲與拉丁美洲。跟美國在二戰後推出的「馬歇爾計畫」不同，「一帶一路」倡議強調全方位開放，中國不搞小集團與軍事聯盟，也不準備用「一帶一路」來圍堵那個國家。一帶一路倡議將加速推進歐亞大陸的經濟一體化，推動大型跨國基礎設施合作，開闢新的經濟走廊，打造全新跨國基礎設施聯通，促進內陸國家與海洋國家同步發展，帶動世界經濟版圖的重組。「一帶一路」倡議的逐步落實，將為全球化打造更厚實的基礎，將遠遠超越傳統區域整合所著重的貿易自由化、旅遊便捷化、投資便利化等範疇，而是推進基礎設施、能源、金融、農業、環境、資訊、醫療、科技，電子商務、城市管理、文化與教育領域的深度合作。

因為中國走過不同的發展道路，更知道像南亞、非洲這些國家需要什麼，中國可以根據自己的發展經驗，倡議新型國際公共財的供給，這是過去西方國家不願意提供，他們意識型態內非常排斥的部分。在新自由主義思維的影響下，西方主導的國際機構把很多開發中國家面臨的難題都推向市場。例如很多國家都說「我的基礎設施不行，我沒有很好的融資管道」，這些機構就會說，你找華爾街投資銀行當你的顧問，讓它幫你設計融資方案來解決你融資期短跟回收期長，所導致期限不匹配問題。結果這些計畫根本不可能起動，因為華爾街投資機構希望得到的投資報酬率太高，讓這些項目的財務規劃成為不可能。何況這些專案需要全面動用國家公權力，它的長期收益應該歸社會所有，而不是由少數境外的所謂私募基金攫取。

過去西方國家的發展援助計畫都是一對一，例如美國援助埃及，澳洲援助印尼，這是基於地緣政治的考量，西方已開發國家政府幾乎很少從整個地區的角度，去考慮相鄰國家的共同需要。你現在去非洲就會發現，很多國家的首都和首都之間沒有民航航線，你得繞到杜拜或繞到伊斯坦堡，才能再飛到另外一個鄰近的非洲國家。很多相鄰國家之間也沒有鐵路、高速公路或光纖網路相連，兩個非洲國家的直接距離可能很近，但彼此之間的網路搜尋速度卻很慢，所以非洲雖然本身是一個很大的大陸，但它的互聯互通卻處於極端落後的狀態。

中國在這個領域有相當大的作用可以發揮。透過「一帶一路」的宏遠規劃，中國正全力推進歐亞大陸經濟一體化，推動大範圍的跨國基礎設施互聯互通。在未來十年、二十年、三十年中，中國的這些新倡議會對全世界，尤其對開發中國家帶來翻天覆地的改變。最明顯的是非洲，而非洲又正好是未來全世界經濟發展的新大陸。現在非洲人口已經超過十三億，很快要向二十億邁進，人口對它而言是一個巨大負擔，很容易產生饑荒、疾病、種族滅絕、恐怖主義等問題。所以在非洲實現可持續發展，對全人類來說相當重要。

中國與非洲有很好的互補優勢，比如前面提到，由中國電信帶頭跟非盟合作搭建的「非洲資訊公路計畫」，採取中國典型的「八橫八縱」全國體制，此一宏大構想已經在逐步落實，大概二〇二三年就可以完成，屆時將有十五萬公里長的寬頻光纖網路穿越非洲四十八個國家，將可涵蓋至少四分之一的非洲人口。每個國家會在骨幹網路之外，鋪設當地的枝幹網路，將來涵蓋的範圍會更大，等於一口氣把非洲幾億人帶入網路時代，幫他們打開各種可能性，未來可能全球消費者就可以在阿里巴巴或其他網站，直接找到非洲的淘寶店家。

中國經濟體量特大，產業結構已經全面提升，未來可以為全球提供的公共財，在深度與廣度上必然超越西方國家過去的想像。當然也正因如此，中國招致西方媒體各種「吃不到葡萄說葡萄酸」的冷嘲熱諷，甚至是妖魔化的汙衊，諸如「製造債務陷阱」云云。西方媒體的汙衊都是捕風捉影，倒是中國對眾多開發中國家的援助與投資，對當地經濟發展產生積極促進效用，卻有堅實的經驗證據支撐。

分享而不是掠奪的「中國模式」

AID Data這個大學智庫長期收集全世界跟發展援助有關的所有資料，還會回溯很長時間，它也追蹤中國在過去十四年在全世界一百三十八個國家，透過技術援助、工程援助或者貸款援助的三千四百八十五個大型專案，評估它的經濟影響跟作用，連續追蹤十四年。測量方法很簡單，它根據衛星的夜間空照圖，看同樣一個位置亮度層次與空間分布的變化。因為他們已經有非常完整的經驗資料去支援這個模型，這些亮度資訊經過測量以後，可以非常準確地用來估算當地真正的經濟活動，以及它的人均實質所得，而且還可以看它的經濟活動在空間上的分布，究竟是非常集中還是擴散程度非常大。

結果AID Data發現什麼？就是中國投資的這些專案既促進了當地的經濟成長，而且還讓它的經濟發展在空間上的涵蓋程度進一步擴散，有助於當地所得分配更均等化。這是AID Data根據十四年來三千多個項目的地點的衛星夜間空照圖，進行數學推算後得出來的一個重要結論[11]。

中國不僅可以提供比較傳統的公共財，比如說跨國的高速公路，洲際的鐵路運輸，以及運輸、資訊、通訊與能源領域的大區域互聯互通，也可以提供新型的公共財，特別是基礎設施融資機制，跨國電子商務平台，衛星導航與海洋生態資訊系統，以及包含綠色農業、新能源、人工智慧、生命科學在內的新興科技領域的知識與技術分享。

很多接近海洋的國家，如果沒有好的深水港、沒有好的貨櫃碼頭和延伸進內陸的鐵路運輸，就算接近海洋也沒有用，這兩者要搭配在一起，才能在經濟上發揮最大效益。中國目前正在全球大力推動這兩者的結合。舉例來說，希臘政府前幾年快破產了，於是它把國內最大的比雷埃夫斯（Piraeus）港，交給中國的中遠海運公司（COSCO）運營三十五年。當然，有希臘人說政府是在賤賣祖宗的資產，但從整體來看這其實是一件好事，為什麼呢？因為希臘自己沒有能力再更新與擴充這個港的設備與容量。中遠集團一開始投資，就馬上全面更新裝卸設備，擴充深水碼頭容量，並積極開拓新貨源。

中遠集團在二〇一六年取得港口的控股權，不到兩年內就把比雷埃夫斯港的貨櫃吞吐量翻倍，三年內就開始實現盈餘。現在中遠集團準備將比雷埃夫斯打造為巴爾幹半島最大的貨櫃吞吐港，未來營運規模還可以再翻倍。中國政府並協調巴爾幹半島各國政府興建跨國鐵路，讓巴爾幹半島沿線國家都可以通過這個港口通往全世界。比雷埃夫斯港獲得新生，這是以前任何政府都做不到的。美國《財富》（*Fortune*）雜誌的一篇報導感嘆道，中遠集團把這個原來連年虧損的港口，轉換為協助希臘經濟復甦的生命線[12]。

比雷埃夫斯只是一個鮮明的案例，根據《金融時報》報導，現在全球由中國企業跟港資企業承租、投資或者營運的深水貨櫃碼頭，占全世界海路貨櫃運輸的比重，高達百分之七十，這個比例真是讓人難以置信[13]。「一帶一路」倡議將為歐亞大陸開闢許多新的陸上經濟走廊。過去全球化的經濟輻射作用高度集中於沿海地區，眾多開發中國家離沿海三百公里以上的地方，全球化的輻射作用愈來愈弱。但中國透過基礎設施建設，協助各國興建鐵路、高速公路、通訊網路與內陸經濟走廊，可以讓內陸國家與地區更便捷的與全球經濟產生聯繫。

「一帶一路」的覆蓋空間與輻射作用將超過以前任何歷史時期，這也是讓全球化與包容性成長目標相結合的必要策略。

中國對落後國家的技術與知識分享，也遠遠超越過去西方已開發國家的作為。中國不會對落後國家事事講智慧財產權，然後坐收專利權利金。袁隆平院士去中東教當地人怎麼在鹹水地種植水稻，從來不是從牟利角度出發，譬如說先註冊種子專利，然後每年靠高價賣種子給當地農夫來賺錢，那是孟山都（Monsanto）的標準商業模式。當然，孟山都等掌握農業技術的跨國企業一定反對中國執行這些農耕技術援助工程，因為這侵犯了他們的地盤，讓賺取暴利的模式搞不下去。但是站在人類整體的發展來看，這是利人利己的好事，為什麼不鼓勵呢？中國把自身多餘的產能運用在其他需要的地方，並在環境、醫療、綠色能源、農業技術等很多領域，提供技術與知識分享機制，此點非常難能可貴。

中國將來也一定是推廣全球電子商務平台的領導者。試想，如果類似像支付寶的電子支付系統可以在全球通行，類似像順豐快遞的服務網點可以遍布五大洲，小額跨境商品可以享受零關稅，那就形成徹底的全球化經濟。在哥倫比亞種植咖啡的農民，可以透過網路在全世界找消費群體下訂單，定量生產。未來，區塊鏈技術將大大降低跨境小額電子交易的風險，因為區塊鏈有著數據透明、不可篡改和充分共享的特點，運用在溯源領域，相當於為商品附上唯一的「身分證」。例如，將來可以通過區塊鏈技術完整記錄與追蹤咖啡豆的生產與運輸過程，保證符合原產地與有機認證，沒有假冒偽劣。很多消費者可以輕易從源頭購買，繞過壟斷咖啡豆採購的跨國企業，許多個人經營的咖啡店也可以與星巴克這樣的大型連鎖集團公平競爭，跨國飲料及食品集團也無法繼續維持目前從採購到零售環節之間的巨大利潤，全球的生產者與消費者雙方均可成為贏家。在跨境電子商務領域，中國大陸的電商平台已經大量採用區塊鏈技術，例如二〇一九年的雙十一購物節，就有包括鑽石、奶粉及保健品等來自超過一百個國家和地區的一點五億件商品，都採用區塊鏈溯源技術確保是真品。

地球上最大的安全合作組織

烏法（Ufa）市是俄羅斯轄下巴什科爾托斯坦共和國（Bashkortostan）的首都，距離莫斯科有一千三百公里遠，地處東歐平原邊緣、烏拉山南麓，位於連結東歐地區與西伯利亞及中亞地區的樞紐位置。這個名不見經傳的城市，在二〇一五年突然成為國際新聞媒體追逐的焦點，因為這裡舉行了一場震撼世界的「雙峰會」。

二〇一五年七月上旬，普丁總統在此連續召開了金磚國家領導人峰會與上海合作組織領導人峰會。這兩場峰會的重要性與後續影響，遠遠超過西方媒體的預期。「烏法雙峰會」幫助俄羅斯闊步走出西方國家經濟制裁的陰影，也為中國的「一帶一路」倡議奠定了厚實的政治基礎。雙峰會最重要的歷史性突破，就是上海合作組織正式啟動同時吸納巴基斯坦和印度為成員國的程序。上海合作組織還有四個觀察員國，分別是白俄羅斯、蒙古、阿富汗與伊朗，這些都是下一階段受邀為正式成員國的優先名單，此外還有包括土耳其在內的八個對話夥伴。這意謂著橫跨歐亞大陸的上海合作組織，將成為人類歷史上幅員最廣大、人口最多的安全與經濟合作組織，會員國也包括全球被正式承認的七個核武國家中的四個[14]。

西方觀察家經常把上海合作組織與北約組織相提並論，將其視為由中國和俄羅斯領導的中亞地區安全合作組織，有與美國領導的北約組織相抗衡的用意。但上海合作組織與北約組織的基本宗旨有根本性區別。北約組織是封閉與排他性的軍事結盟與政治集團，有明確的針對性與假想敵，也有意識型態集團對抗的歷史背景。北約組織基本上完全依附美國，盟國軍隊聽命美國指揮，基本上完全配合美國的全球安全戰略需要。北約組織不追求普遍的安全，只是狹隘的鞏固成員國自身的安全，並不在乎自身的國防方針與軍事投射力量，是否對周邊國家構成嚴重威脅，這是典型的零和遊戲思維，也就是把自己的安全建立在集團外國家的不安全之上。從北約組織強勢介入蘇聯解體後前蘇聯地區的地緣政治重組，以及南斯拉夫聯邦的解體，就知道北約組織從來不是單純的集體防禦聯盟，而是具有強烈意識型態擴張主義傾向的政治集團。

二〇一九年九月，我參加了「太和智庫」主辦的「太和文明論壇」，因此有機會與上海合作組織前一任祕書長阿利莫夫深入交換意見。阿利莫夫是一位政治學博士，有豐厚的歷史素養，曾任塔吉克共和國外交部長。他認為上海合作組織能持續壯大的一個關鍵因素，是各成員國願意在互信、互利、平等、協商、尊重多樣文明、謀求共同發展的原則基礎上發展合作，這就是「上海精神」。上海合作組織的成員國承襲不同的文化與宗教傳統，走過不同的發展道路，處於不同的經濟發展階段，採行不同的政治體制，但都堅持以平等互信為基礎、以互利共贏為原則、以對話協商為手段、以共同發展為目標，都願意推進共同、綜合、普遍與可持續性的新安全觀。

在共同與普遍安全的指導理念下，上海合作組織尊重多樣文明、謀求共同發展，強調開放透明、不結盟、不對抗、不針對任何其他國家和組織，不把自己的安全需求建立在犧牲其他國家的安全之上。上海合作組織更不是基於特定意識型態而結盟的政治集團，它尊重所有國家獨立自主選擇自己的政治體制與發展道路，反對把特定的意識型態與價值強加於人，也反對西方的意識型態擴張主義。

上海合作組織可以從最初的邊境維穩、打擊跨境恐怖主義與宗教極端主義組織等具體而微的安全議題合作開始，逐步開拓更廣泛的安全與經濟議題合作，其能成功安排南亞的兩大宿敵印度與巴基斯坦同時入會，正式成為《上海合作組織成員國長期睦鄰友好合作條約》的締約國，這既展現了主事者的政治智慧，也將必然考驗主事者的膽識。

在長期睦鄰友好合作關係的指導原則下，以及上海合作組織與金磚峰會的協商與合作機制下，印度政府將有更強意願控管好與中國的邊境問題摩擦，印度的政治菁英也會逐步降低對「中巴經濟大走廊」計畫的疑慮，以及更願意正面評估中國倡議的「中緬孟印經濟大走廊」區域經濟整合構想。也因為政治互信基礎的逐步增強，印度領導人也始終保持清醒的戰略判斷，不輕易踏入美國與日本設下的「印太聯盟」這個戰略圈套。

二〇一八年六月，上海合作組織峰會在青島順利舉行，與會各國元首批准了《上海合作組織成員國長期睦鄰友好合作條約》未來五年的實施綱要，與會國還共同發表「上海合作組織成員國元首關於貿易便利化的聯合聲明」，並簽署反恐、禁毒、環保與糧食安全等十多份合作檔案。未來上海合作組織還將建立開發基金與發展銀行，由於組織的成員國、觀察員國和對話夥伴國都是「一帶一路」沿線國家，使得上海合作組織可以就聯合推出相關合作專案進行協商，並付諸實踐，可以為「一帶一路」建設提供新推動力。

各國元首共同發表的「青島宣言」，明確點出對全球秩序變遷的基本判斷，認為當今世界正處在大發展大變革大調整時期，地緣政治版圖日益多元化、多極化，國與國相互依存更加緊密。同時也適時提醒國際社會，世界面臨的不穩定性與不確定性因素不斷增加，世界經濟形勢明顯好轉，但仍不穩定，經濟全球化進程遭遇貿易保護主義、單邊主義等更多挑戰，部分地區衝突加劇，恐怖主義、非法販運毒品和有組織犯罪、傳染性疾病、氣候變化等威脅急劇上升引發的風險持續增加。國際社會迫切需要制定共同立場，以有效應對上述全球挑戰。宣言特別強調上海合作組織遵循互信、互利、平等、協商、尊重多樣文明、謀求共同發展的「上海精神」，承受國際風雲變幻的嚴峻考驗，不斷加強政治、安全、經濟、人文等領域合作。具有里程碑意義的青島峰會，強化了結伴而不結盟的國際關係新模式，也為國際社會建構以合作共贏為核心的新型國際關係實踐，注入新的動力。

上海合作組織將是新型國際關係模式的重要實驗，因為其成員組合蘊含了各種傳統國際關係理論認為不利於安全領域互信合作的條件，包括記憶猶新的軍事衝突歷史陰影，經濟融合程度不高，文化交流根基不厚，宗教信仰高度多元，政治經濟體制差異大，有分離傾向的少數民族大量跨境分布，邊界領土爭議一觸即發，激進民族主義領袖有可觀動員能力，區域外超強不斷蓄意破壞和諧等等。在這些困難的條件下，上海合作組織如果能克服政治障礙，逐步累積成功的實踐經驗，將可引領人類社會在全球打造一個真正和平穩定、基於規範、保障多種文明共生共榮的安全秩序，並逐步實現所有國家與民族享有普遍、可持續性的安全，讓文明跟文明之間實現和睦相處，並且保障彼此的發展機會之願景。

如何駕馭科技革命

二十一世紀人類社會面臨的另一個巨大挑戰，是如何駕馭突飛猛進的科技創新。我跟法蘭西斯・福山（Francis Fukuyama）二〇一七年時在台北有一場對話，我曾提出這樣一個觀點：在科技乃至於綜合國力方面，不管中國能否在二〇二五年或二〇三〇年超越美國，或者中國模式跟美國模式可能將來長期還是處於競爭階段，真正競爭勝負的關鍵，不是在已經看得到的領域，比如人工智慧、量子計算、生物科技、核融合、半導體等，這些都是相對比較容易掌握的趨勢。真正的挑戰在於社會制度的創新。現在人類社會正處於社會結構劇烈變動的階段，我稱之為「科技大爆發時代的前期」，這些科技爆發將來會對我們整個社會生活的形態，公共治理的模式，以及國際關係產生顛覆性、革命性的影響，我們現在還只是剛開始在探索而已。

未來社會要能更快速地調整自己，駕馭這些新技術，尤其是數位科技、資訊科技、人工智慧、生物技術等，把它們的應用引導到增進社會可持續發展的大目標上，並確保新科技帶來的經濟效益能夠達到雨露均霑的合理分配，讓所有社會群體都有機會享受更安全、健康、富足與充實的生活，讓政府的施政方向更符合絕大多數人的根本利益，讓公共服務職能更貼近人民的真實需求。這些都涉及到生產組織的變革、社會保障模式的創新、公眾表達、參與問責機制的突破，以及數位資本的所有權、使用權與受益權的全盤制度設計。這才是二十一世紀社會模式與政治文明競爭的真正焦點所在[15]。

從這個角度而言，二〇一七年習近平親自宣布的雄安新區計畫，就是面向二十一世紀的都會發展的重大實驗，即使把它提升為千年大計也不為過。它試圖以全新的發展思路，擺脫以前的中國城市建設與管理模式，擺脫以往中國大陸地方政府仰賴土地批租與房地產開發來推動經濟發展的路徑，擺脫城鎮戶口的僵性體制，而且首度實現全方位城市智慧管理，以及實施綠色GDP發展指標管理；雄安新區也必定是全球第一個實現5G時代全面無人駕駛的大規模城市。雄安是實踐新發展理念的試驗田，「生態優先、綠色發展」是這座城市在建設時的基本要求。按規劃要求，雄安新區將在二〇五〇年完全實現二氧化碳零排放。雄安新區將充分吸收先進理念，打造雄安能源系統。一是基於「互聯網+」建設翔安多能互補雲平台。二是按照智慧交通的理念構建交通能源系統。三是用構建產業集群的理念支援地熱能源資源開發利用[16]。

從二〇一七年新區正式成立開始，在新發展理念的指引下，經過數千名規劃人日以繼夜的探討、論證與精心繪製，二〇一九年一月，「河北雄安新區總體規劃（二〇一八—二〇三五年）」獲得國務院正式批覆。這意謂著，新區規劃藍圖的頂層設計已經完成，即將從規劃編制轉向大規模實質性建設階段。雄安新區在規劃編制過程中，也形成一套科學的方法與具可操作性的規範體系。這既是一個由上而下，也是由下而上的規劃編制過程。二〇一八年大隊人馬走遍雄安三十三個鄉鎮、六百三十七個村莊，踏勘形成的村鎮報告讓規劃團隊掌握了新區每一寸土地與每一個居民聚落的實況。利用一年多時間，經過專家反覆論證的「雄安新區規劃技術指南」，體現了規劃編制的科學性、統一性和規範性。這套規劃的科學方法，未來將通過定期評估完善和提升，將可成為引領全國乃至全球城市發展、可複製、可推廣的經驗、標準和示範。

未來發展道路的競賽，就是看哪個社會能夠走在最前面，能夠更靈活、更有開創性，如何讓新的人工智慧科技主要應用在增強人的能力而不是單純替代人力，讓絕大多數利益攸關者，在科技推進的社會制度變革過程都有機會受益而不是受損，這是一場嚴肅的挑戰。在這個領域裡面大家都是學生，沒有師父可以跟著學，因為中國與西方已開發國家差不多都在一個起跑點上。對西方國家來說，這也是歷史發展上一個全新的挑戰，舊有體制可能也要做巨大的調整才能去適應。像北歐目前正在開展的「無條件基礎收入」實驗，到底這個實驗要怎麼去設計，怎麼讓人工智慧、大數據與機器人產生的經濟效益中，很大一部分能夠由社會重新分配，新的所得保障與舊的社會保障體系如何轉軌與銜接，穩定的財政來源如何規劃，在在都是難題。

在四十年的改革開放過程中，中國嚴守農村土地集體所有這條底線，讓赴城市務工的農民仍保有鄉下老家的宅基地，自留地，以及可移轉的土地承租權益，這是在二元經濟結構下提供給農民的中國特色基本社會保障，其功能相當於「無條件基礎收入」保障，讓絕大多數農民工及其父母不會因為城市就業市場的景氣起伏，而跌入絕對貧窮。面向未來的社會分配挑戰，中國仍保有龐大的國有經濟部門以及國有資產，而且國有企業與政府投資平台也以風險資金，投入新興科技領域的創新企業，因此中國要比許多國家更具備了實施數位經濟時代「社會分紅」的基礎條件，這是中國體制的優勢。

智慧政府就是透明政府

絕大多數西方已開發國家在試圖建立「無條件基礎收入」的過程中，都會面臨缺乏牢靠的財政來源難題。按照現有的西方資本主義體制遊戲規則，數位科技所創造的巨大新增生產力，可能都會由極少數資本家攫取。特別是那些所謂「獨角獸」公司，經過首次公開募股（IPO）以後，只是讓極少數人一次性地拿走公司未來的預期收益。例如將來滴滴出行上市時，如果融資幾百億美元的話，如此巨大的股權分紅就必然建立在未來十到十五年或更長時間，上千萬網路預約駕駛被剝削的基礎之上，絕對不能讓這種圈錢的遊戲規則主導人類未來，或主導科技發展與應用的路徑。像滴滴出行這樣的壟斷性交易平台，只要政府提供有效的法律架構與政策扶持，絕對可以轉型為網路預約駕駛與乘客之間的網路產銷合作社，平台的運作在扣除合理的管理費用後，可以把紅利返還給生產與消費兩端，並履行積極配合城市與治安管理的社會義務。當然，這樣的新型分享經濟模式會牽扯到巨大的利益衝突、複雜的博弈，但這樣的思路也可以開啟很多前所未有的社會創新實驗，各種有利於可持續發展的創新模式都應該嘗試，並發掘其潛力。

最近我在很多演講場合都會提醒台下聽眾，由深度學習、大數據、萬物聯網以及量子運算等科技領域帶動的社會衝擊與經濟結構變革，將是史無前例，也是最具顛覆性的。人類將首次迎來一個超級透明社會，每一個人的生物特徵與一生足跡都會被完整記錄。從個人所繼承的遺傳基因編碼開始，所有的健康、體驗、言行、移動、消費、生產與交往活動細節都將被完整記錄。每個人的一生將完全透明，一言一行都有紀錄，好事與壞事天下皆知，而且數位紀錄很難竄改。除非一個人退出現代社會與世隔絕，否則無法遁逃於天地之間。紙幣可能很快會徹底消失，由數位貨幣全面取代。所有經濟交易與金錢流向一目了然。未來社會將建立無死角的社會信用制度，腐敗無所遁形，財富無法藏匿，企業無法逃稅，犯罪難逃法網。也許天堂就是這樣一個超級透明社會，每個人都變天使了，因為你不能做壞事。

伴隨超級透明社會而來的可能是超級智慧政府。政府擁有最完整的大數據以及最強的運算能力，可以對社會進行全天候、全方位的數位管理。政府掌握了每一位公民的體質特徵、健康狀況，社會關係、生活習慣、經濟活動與資產變動的所有紀錄，並據此提供公共服務，進行智慧城市管理與調節經濟活動。超級透明社會加上超級智慧政府，可以迎來夜不閉戶、講信修睦的人間淨土，但也可能導向個人自由徹底消失的極權社會。

面對掌握大數據資源，具備超級運算以及深度學習能力的政府，傳統西方國家所依賴的權力分立與制衡機制將失靈。在超級透明社會時代，必須設計新的權力制衡機制。對應於超級透明社會的，應該是超級透明政府，政府針對民眾權益的所作所為都應該攤開在陽光下接受檢驗，所有公權力行為都應該留下紀錄，作為日後問責與糾偏的依據。

超級智慧政府的運行，本身就需要內建日常控管與監督機制，這些內控機制需要配備等量齊觀的數位資源、運算能力與深度學習能力。當政府部門使用替代人為判斷的人工智慧系統時，需要從人工智慧的設計源頭內置倫理守則，任何逾越倫理守則界線的狀況，都有自動揭露與自動糾正功能。此外，應該將個人所產生的各類數位資訊利用區塊鏈技術，讓不同類別的個人活動、社會信用與經濟交易紀錄分散保存與平行認證，避免單一強制性機構集中保存與認證。

中國其實已經站在超級透明社會的門口了，美國與歐洲國家也都站在這個社會的門口，需要思考的是如何跨入。政府職能也是一樣，將來很多政府職能都是可以被智慧化的，公務員可以被人工智慧替代。現在中國海關很多幹部都空閒著，因為幾乎所有貨櫃都是透過網上申請自動驗關通關，事後再抽查。根據大數據電腦系統，對於紀錄優良廠商的申報馬上就可以放行，事後還可以根據廠商的貨料庫存、出貨量、能源使用、現金流等其他數據來比對稽核。所以海關的職能需要轉型，人力資源需要重新配置，閒置的官員要幹嘛呢？可以做更多的企業諮詢服務與政令宣導，或是根據大數據提供產業經濟預測，或接受新的專業培訓，去貧困地區扶貧[17]。

這個變化已經出現了，將來中國公安的主要責任不是抓小偷強盜，而是維護網路安全、防制網路犯罪、金融詐欺，那才是真正的新職責。整個社會形態改變了，公共治理的挑戰會變得完全不同。所以，中國若能在這些領域有一些好的制度探索與實踐，對全人類來講，尤其對那些同樣是低起點、人口規模大、資源薄弱的國家來說，都有重大啟發作用。如何駕馭這些科技，增強人類社會的可持續發展性，中國的責任重大；為了十四億人的福祉，需要迎接好挑戰，對其他國家、民族產生示範作用更是如此。

維護地球生態與公共領域

位於即墨鰲山灣畔的青島海洋學科與技術（試點）國家實驗室，在二〇一六年發起「全球海洋科教機構領導人論壇」，九月二十六日在海洋國家實驗室召開首次會議，來自二十個國家的六十餘家涉海院所負責人參會，這個論壇可以說是全球海洋科技領域的「G20峰會」。在這個會議上，實驗室主任吳立新院士向全球專業同行介紹了「透明海洋」大科學計畫，其中包括「海洋星簇」、「海氣介面」、「深海星空」、「海底透視」和「深藍大腦」等五大計畫。最終目標是藉助衛星遙感、大型潛浮標，深海智慧浮標、水下滑翔機等海洋技術裝備，再利用大數據，人工智慧與超級電腦的超高運算能力，發展全球海洋智慧模擬器，讓科學家在實驗室就能知道全球海洋正在發生以及未來將要發生的事情，如海洋的溫度變化、水聲通道的變化、魚群的變化等，並能做出預測。

例如「海洋星簇」計畫，就是通過研發具有自主智慧財產權的「觀瀾號」衛星，創新衛星遙感和組網技術，在國際上首次實現將主動微波掃描成像高度計加上雷射雷達水體剖面同步觀測相結合的新體系，構建海洋從中尺度（十到一百公里）到亞中尺度（一到十公里）、表面到海洋上層（五百公尺）的天基觀測系統，實現從空中將海洋看透明。

這個科學大計畫的實施，將以通過建設覆蓋「兩洋一海」（西太平洋—南海—印度洋）的海洋觀測系統，建立海洋環境、資源與氣候變化的預報和預測系統為近程目標，然後在此基礎上與各國海洋研究機構進行交換、分享與合作，最終建成對全球海洋的海氣介面，上層海洋以及深層海洋的資訊即時獲取與近期變化預測能力。

「透明海洋」以優先覆蓋「兩洋一海」為目標，因為西太平洋—南海—印度洋為中國核心戰略海區。「兩洋一海」的透明化將可成為支撐二十一世紀海上絲綢之路發展的重要基礎。「西太平洋—南海—印度洋」既是二十一世紀海上絲綢之路的重要空間載體，也是火山、地震、海嘯、颱風等自然災害的多發地帶，對海上絲綢之路的安全和暢通構成潛在的威脅。

二〇一九年三月，我到青島海洋科技實驗室進行調查研究時，潘克厚祕書長替我做介紹時提到，二〇一五年啟動的「透明海洋」大科學計畫，短短四年之間，已經初步建構了對世界上最大規模的區域海洋潛標觀測網——「兩洋一海」潛標觀測網，突破了潛標即時傳輸這一全球性難題，首次實現深海資料長週期穩定即時傳輸並共用應用。海洋研究原來是中國科技能力的短處，「透明海洋」大科學計畫將為中國在海洋觀測探測領域從跟跑、並跑到領跑的轉變，提供一大助力。

二〇一九年四月，習近平在青島向出席中國海軍建軍七十年慶祝活動的各國海軍代表，首次提出建構「海洋命運共同體」的倡議。這是在全球治理領域裡，中國領導人第一次對全球海洋治理領域，正式提出完整的「中國方案」構想，這也可理解為，中國宣導人類命運共同體理念在海洋領域的實踐方案。中國提出建構海洋命運共同體，就是要聯合世界其他國家共同努力，在保護海洋生態環境的大前提下，有序開發海洋資源，積極參與全球海洋治理，共同建設美好的地球家園，實現人與海洋的和諧共處。

這個倡議的提出，代表中國的「海洋強國建設」已經初步達成目標，中國已經具備足夠的海洋領域綜合實力，從造船工藝、海港設施建設能力、填海技術、商船運輸能力、海洋觀測與探測能力、海洋生物科技、海上執法能力，到海軍遠洋巡弋能力都逐步達到世界先進水準。如果欠缺這些綜合能力，在全球海洋治理領域是無法發揮關鍵影響力的。唯有具備對全球海洋生態體系變遷理路的系統性理解與掌握精確數據，才可能形成更有效的對抗全球暖化的方案。唯有具備對於上層海洋與深層海洋的全覆蓋與高精準尺度的觀測與探測能力，才可能引導國際社會對海洋資源的有序開發利用形成共識。

地球是人類的共同家園，一個人類生存發展最根本的依託。地球表面積超過百分之七十一是海洋。為了子孫後代，我們必須共同保護海洋生態環境。如何保護好上天賦予人類的這個共有資源，節制濫用，做好管理、分配與共用，避免悲劇性的生態失衡，留下永續造福人類的「藍色銀行」，是一個巨大難題，也是無可逃避的全球議題。人類的生產與消費活動已經讓地球沒辦法負擔了，以前我們認為海洋無限寬廣，不管倒多少廢水，倒多少重金屬，排多少廢油都無所謂，它自己會稀釋掉。事實不然，我們已經破壞了整個海洋的生態平衡，很多國家對這些問題無能為力。另外一方面，某些技術先進國家還試圖藉助自己的先進技術，占用更多資源，知道魚群在哪裡就設法捕獲更多魚，知道石油天然氣在哪裡，然後趕緊開採。不只是自掃門前雪，而且是非常自私自利的攫取、掠奪跟濫用。從這個角度來看，海洋治理規範與機制的完善化，以及構建海洋命運共同體的提倡，已經是刻不容緩。

中國的全球擔當

非西方世界全面崛起的大趨勢無可阻擋，非西方國家之間將會構築愈來愈綿密的經濟、能源、科技、資訊與金融交換和互助網路，這將為全球化帶來新動力，這也不是西方的反全球化政治勢力，或川普的對中國戰略圍堵政策所能阻擋的。

從促進多元文明的和諧共處，保障人類社會的普遍安全，完善地球公共領域治理，為全球化注入新動力，到駕馭新興科技的巨大潛力，這些當前人類共同面臨的挑戰都不是單獨一個國家可以解決的。很多涉及到區域與全球層級新規範、新規則、新治理機制的建立。在這些領域，中國有無法推卸的開發中國家領導者責任。當前全球治理機制已經遠遠落後於全球化進程，科技大爆發所帶來的一些新挑戰，可能都需要在區域跟全球層次建立一些輔助性機制，來支撐每個國家內部的體制改革跟法律更新，才能有效。

中國領導人當然也明白要量力而為的道理，不能承擔太多超過自己能力，或者在別人心理上沒有思想準備的情況之下，去承攬這些擔子。同時，中國也並不純粹是在道義上去承擔國際領導者責任，因為在很多領域上是利人利己，可以創造很多雙贏或者多贏的可能性。所以中國開始在新興市場國家裡面做一個領導者，而且承擔國際秩序重組過程中的建設性角色，既符合新時代中國自身發展的需要，也有利於人類社會和平與發展。

科技大爆發時代把人類社會帶往歷史十字路口。我們可能通向零邊際成本社會與分享經濟的烏托邦，也可能跌入數位資本絕對支配與壟斷的黑暗前景。人工智慧讓迷信武力的國家，發動戰爭與國家恐怖主義行徑的心理門檻大大降低。還有，多數新科技帶來的巨大經濟利益，如果沒有新的監管與社會再分配機制，很可能被極少數人全部囊括，將來這些壟斷交易平台、智慧專利與大數據庫的企業創造的投資回報收益都是幾百倍、幾千倍的，因為知識經濟時代很多生產活動的邊際成本都是接近零，最重要的生產要素是演算法與資訊，這些東西的複製成本趨近於零。

全球的經濟遊戲規則將來一定要做調整。過去三十五年，在新自由主義思想下打造的經濟全球化遊戲規則，簡單來說就是資本友善至上，私有經濟至上，它的行動主體、主角或者利益驅動者，就是大型跨國企業、跨國銀行、投資機構、私募基金等等。實際上它對整個社會產生了巨大風險，累積了巨大的社會矛盾，也讓虛擬金融活動氾濫，嚴重威脅到實體經濟活動。

當資源與財富快速集中在極少數族群手中，對宏觀經濟也會帶來非常不利的影響。美國在一九二九年經濟大蕭條前夕，處於當時分配最不公平的時代。所得分配非常不公平的話，這時候的總體消費一定會不足，因為大多數族群的所得是下降的。所以這個時候消費能力不夠，經濟也失去成長動力。而那些富豪不可能吃那麼多、穿那麼多，所以他們就去炒作金融資產、房地產，甚至這些投資還不夠，再去創造虛擬金融交易，最後製造出巨大泡沫。一旦泡沫破裂後，實體經濟就會受到嚴重挫傷，政府還得用納稅人的錢去補他們的窟窿，這就是二〇〇八年、二〇〇九年的故事[18]。

未來經濟全球化的遊戲規則，一定要平衡資本友善、勞動友善、環境友善三者，而且不能獨厚私有經濟，或者獨厚大型跨國企業，要讓微型企業或個體都有直接參與全球經濟分工的機會。所謂兼顧資本友善，不是要把資本消滅，因為資本有它的活力與動力。在有些市場結構內，讓國有企業與合作型經濟體有參與的機會，有一席之地，產業生態會比較健全，會產生良好的競爭效率。現在的網路科技與數位交易平台，將來會打破完全由跨國企業壟斷的跨國經濟分工或者產業供應鏈，實現生產組織扁平化，很多個體、微型企業、邊緣經濟體都可以直接在網路上找到它的交易對象，然後直接參與經濟全球化的分工，實際上這個過程已經在發生了，只是說它還沒有很好地變成跨國聯通機制。

另外，一定要在全球重建財稅正義，因為現在所有的西方國家，包括某些開發中國家，其所面臨的最大困境就是稅基不斷流失。跨國企業與富裕階層很容易隱藏自己的利潤與所得，因此政府很難有辦法收到稅，除非所有國家放下狹隘的個別利益，協商出全球性的租稅互助與合作機制，並利用區塊鏈技術來追蹤跨國企業的跨境附加價值活動與富豪的複雜金融交易活動，並據此在全球課徵營利稅與利得稅，以及按發生在各國的附加價值活動比例來分配稅收，否則這些問題沒辦法得到根本的化解。

中國不僅有意願去補強現有全球治理機制的不足，或是在目前的機制出現基礎動搖時提供主要支撐，未來也將積極參與新興全球議題領域的規範建構，例如海洋與外太空等人類公共資源的維護與管理，以及在電子加密貨幣與網際網路領域新全球規範的建構。現成的例子，就是網際網路通訊協定第六版（IPv6）的逐步推廣，可以有效打破美國對網路的獨家主控權，讓網際網路變成一個最重要的、真正實現共建、共有、共用的全球基礎設施。中國現在也在積極參與網際網路行業、數位經濟規範和商業規則的制定。現在中國定期在浙江烏鎮舉辦世界互聯網大會，一開始這個大會的名聲還沒有很響亮，但慢慢全世界的網路巨頭都認為自己不能缺席這個年度集會，因為將來很多這個行業中一些新的發展趨勢跟合作機會，還有一些新規範的制定，都慢慢會在這裡落地生根。

中國國家主席習近平於二〇一五年九月出席聯合國發展峰會，倡議「探討構建全球能源互聯網，推動以清潔和綠色方式滿足全球電力需求」，雖然這個倡議現在還沒有開始落實，但是歐亞大陸很多國家開始感興趣了。中國規劃從歐亞大陸開始做起，通過特高壓的輸電網連接，實現全世界能源供給的共用。這在技術上與經濟可行性上沒有問題，因為中國有一家全世界名列前茅的大型國企「國家電網」，它在這個領域內的技術領先全世界，它首先解決了中國自己的西電東輸問題，也在巴西、菲律賓、澳洲承擔建設長途輸電網的工程。此外，中國在太陽能、地熱發電，以及以核融合技術為核心的第四代核能領域都走在世界尖端，這些都是更清潔與更安全的能源，可以減少碳排放，更符合可持續發展性。全球各地區由於時差，發電與供電的高峰與離峰彼此錯開，理論上電源完全可以共用。如果將來真的有一天能實現這個願景，人類社會離命運共同體就真的相距不遠了。如果人類把最重要的基本需求，即一天不可或缺的能源需求捆綁在一起，那麼國家與國家間就不可能再打仗了，也不可能再用網路病毒或金融戰攻擊彼此，因為大家禍福與共，彼此的核心利益已經高度融合在一起，難分難解。

注釋：

1 二〇一九年希臘也正式加入，所以現在已經是17+1。

2 Kevin Gallagher, "China's Role As The World's Development Bank Cannot Be Ignored," October 11, 2018. https://www.npr.org/2018/10/11/646421776/opinion-chinas-role-as-the-world-s-development-bank-cannot-be-ignored。

3 "China's Global Development Footprint: The clearest look yet at Chinese official finance worldwide," AIDDATA: A Research Lab at Williams and Mary. https://www.aiddata.org/china-official-finance。

4 可參考麥肯錫顧問公司對於中國在非洲投資的一千家企業進行的調研報告「獅龍共舞」。根據這份報告，在非洲的中國企業僱用當地雇員的比例達到百分之八十九，而且對百分之六十四的員工進行培訓，參見：*Dance of the lions and dragons: How are Africa and China engaging, and how will the partnership evolve? Mckinsey & Company, June 2017.*

5 最典型的論述就是歐亞諮詢顧問集團總裁 Ian Bremmer的「零級世界」論點，參見 *Every Nation for Itself: Winners and Losers in a G-Zero World.* (New York: Portfolio, 2012）。

6 Joseph Nye, "The Kindleberger Trap," Project Syndicate, Jan. 09, 2017. https://www.belfercenter.org/publication/kindleberger-trap。

7 ILO, *Global Wage Report 2018/19: What lies behind gender pay gaps*, December 2018. https://www.ilo.org/global/publications/books/WCMS_650553/lang--en/index.htmhttps://www.ilo.org/global/publications/books/WCMS_650553/lang--en/index.htm。

8 Jayati Ghosh, "What China can teach the world about wage growth, as workers globally continue to get a raw deal", *South China Morning Post*, December 12, 2018. https://www.scmp.com/comment/insight-opinion/united-states/

article/2177551/what-china-can-teach-world-about-wage-growth。

9 關於世界銀行「物流績效指標」，參見https://lpi.worldbank.org/international/global。過去有一種錯誤的流行觀念，以為中國的物流成本非常高，其實不然。物流成本在中國的ＧＤＰ中所占比重比較高，這只是反映中國的經濟結構的特徵，就是商品在全國大範圍流通的規模特別大與平均距離特別遠，而這並不反映單位物流成本。

10 Patrick Lawrence, "How China Is Building the Post-Western World," *The Nation*. May 16, 2016. https://www.thenation.com/article/how-china-is-building-the-post-western-world/。

11 Soren Patterson and Bradley Parks, "Chinese infrastructure investments reduce inequalities in developing countries," AIDdata, December, 18, 2018. https://www.aiddata.org/blog/chinese-infrastructure-investments-reduce-inequalities-in-developing-countries。

12 Vivienne Walt, "Boxed In at the Docks: How a Lifeline From China Changed Greece," *Fortune,* July 26, 2019.

13 "How China rules the waves," *Financial Times*, January 2, 2017. https://ig.ft.com/sites/china-ports/。

14 上海合作組織成員國總面積為三千四百三十五點七萬平方公里，占亞歐大陸總面積的五分之三；人口三十億，為世界總人口的百分之四三。

15 長風文教基金會，「從歷史的終結到民主的崩壞：法蘭西斯・福山講座」（台北：聯經出版公司，2018）

16 國務院發展研究中心資源與環境政策研究所，「雄安新區能源發展規劃研究」課題組，《雄安新區零碳智慧綠色能源體系的實現路徑》；國務院發展研究中心資源與環境政策研究所，《調查研究報告》，二〇一八年第106號（總5381號）。

17 朱雲漢，「ＡＩ對政治領域的影響及挑戰」，「ＡＩ對科技經濟社會政治暨產業之挑戰及影響」，財團法人中技社主辦，2017/02/22，台北。

18 Joseph Stiglitz, *The Price of Inequality: How Today's Divided Society Endangers Our Future* (New York: W. W. Norton & Company, 2012).

第九章

探索新冠病毒危機後的世界

新冠病毒大流行帶給世人真正的教訓，並非全球化時代的高度相互依存與巨量跨國流動帶給各國空前的健康、社會與經濟風險，而是當前全球治理機制與共同體意識嚴重落後於經濟全球化。真正的解藥不是讓經濟全球化逆轉，而是讓全球健康與公衛互助機制趕快跟上，讓深刻體認全體人類命運禍福相依的全球意識能超越狹隘、但求自保的國族本位思維。亞洲國家可以先在自己的區域建構公共衛生共同體，以及更緊密的經濟共同體，退可以應付全球化全面裂解的最壞可能性，進可以審時度勢積極掌握參與全球秩序改造的歷史機遇。

百年不遇的大封鎖

二〇二〇年四月七日，美國的新冠病毒疫情正處於大爆發階段，一位住在科羅拉多州丹佛市的老朋友趙穗生教授，在微信群裡發了一則讓他很感傷的新聞：位於丹佛市中央火車站附近，見證一百二十八年輝煌歷史的「布朗廣場酒店」（Brown Plaza Hotel），突然無預警的歇業。《丹佛郵報》的記者很感慨的寫道，這座富麗堂皇的五星級酒店從一八九二年開幕迄今，從來沒有歇業過一天。它挺過許多歷史事件的衝擊，無論是第一次界大戰、經濟大蕭條，第二次世界大戰、九一一恐攻事件，以及二〇〇八年爆發的全球金融危機，都不曾讓這個丹佛市民引以為傲的地標酒店因為等不到顧客上門而不得不關門歇業[1]。

無論用哪一種歷史尺度來衡量，這場百年不遇的病毒大感染對所有社會帶來的價值選擇難題、社會壓力、心理震撼與生計損害都是空前的。它的傳播速度是空前的，新冠肺炎疫情在短短四個月內就席捲了全球一百八十五個國家與地區。它引發的全球金融震盪與債務危機將超過二〇〇八年的金融危機，它導致的失業人口比例將直追上個世紀的經濟大蕭條，它對許多國家帶來的生活秩序與生產活動的衝擊也絕不亞於兩次世界大戰，它對高度全球化的世界經濟運行帶來的窒息性打擊將遠遠超過九一一事件。它讓原本人潮洶湧的芝加哥、阿姆斯特丹、杜拜、新加坡、香港等空運樞紐機場頓時之間門可羅雀，它讓原本銜接得天衣無縫的全球供應鏈處處顯露斷鏈危機，它讓絕大多數的主要經濟體至少連續好幾個月基本處於休克狀態，它讓全世界四成以上的人出於無奈的遵守不同程度的禁足與隔離措施。好像是老天爺刻意給忙忙碌碌、汲汲營營的人類突然按下「暫停」鍵。國際貨幣基金在四月十三日發布的最新《世界經濟展望報告》裡，已經正式把這場百年不遇的全球公共衛生危機命名為「大封鎖」（The Great Lockdown），正好與「大蕭條」（The Great Depression）相提並論，凸顯這場疫情對世界經濟帶來的衝擊是百年來所僅見[2]。

雖然疫情的未來發展態勢還有諸多的不確定，沒有專家可以斷言全球社會何時可以脫離病毒大感染的肆虐，持續突變的新冠病毒是否會在每年冬季捲土重來不得而知，有效對抗新冠病毒的特效藥或疫苗是否能在短期內問世也很難預測，但很多世界政治經濟問題專家已經迫不及待的對「後新冠病毒世界」（The Post Covid-19 World）提出各種預測，也試圖拿捏這場突發疫情對人類歷史發展各個方面的長期影響，影響層面從價值與倫理觀念、社交及消費行為、公衛醫療體制、社會風險管理、國家權力邊界與基本職能、全球產業分工模式、大國戰略競爭關係、東西意識型態衝突、政治認同與共同體意識，到全球治理機制所可能出現的永久性調整與改變。

不少國際知名的觀察家把這場病毒大流行定位為歷史分水嶺事件，意謂著新冠病毒會將人類歷史帶入一個新的時期，帶來結構性的改變或啟動新的趨勢。其中比較值得重視的預測有四個方向：

第一是對全球化前景的悲觀預測。例如：英國皇家國際事務研究所所長尼伯樂（Robin Niblett）在《外交政策》雜誌上的專輯宣稱，我們所熟悉的全球化將一去不返，新冠病毒流行將是壓倒全球化駱駝的最後一根稻草。曾經得過普立茲獎的知名評論家蓋瑞特（Laurie Garrett）也呼應尼伯樂的看法，他預言今後跨國公司都會重新評估跨國遠距供應鏈在災變下的脆弱性，他們會設法將全球供應鏈進行收斂，讓生產資源調配在空間上更緊湊，而且寧可犧牲效率及利潤，也要增加替代來源及安全庫存，來增強供應鏈抵禦突發事故風險的韌性[3]。著名的英國評論家樂葛蘭（Philippe Legrain）也是預測新冠病毒將終結我們所理解的全球化，這場疫情凸顯徹底國際整合的風險，助長對外國人的恐懼，將賦予各國政府採取限制全球貿易與跨境人員流動措施的正當性[4]。

第二是對美國國際領導地位殞落的預測。例如美國前東亞及太平洋事務助理國務卿坎貝爾（Kurt Campbell）和布魯金斯學會中國戰略計畫主任杜如松（Rush Doshi）在三月號的《外交事務》發表「新冠病毒可能重塑全球秩序」的評論，他們提醒美國決策者，如果說一九五六年的蘇伊士運河危機暴露了大英帝國的無能為力並使其丟失了超級大國的資格，這次抗疫或許會成為美國的「蘇伊士運河時刻」。如果美國不能在這場抗疫中展現政治體制的有效治理能力，以及在全球抗疫行動中不再能扮演國際公共財主要提供者的角色，中國會填補美國留下的真空[5]。美國國際關係學界現實主義學派的領軍人物，哈佛大學的華特（Stephen Walt）教授，則在《外交政策》發表一篇標題為「美國能力聲譽之死」的尖銳評論，他認為美國過去享有的無與倫比的國際影響力是建立在三大支柱之上，第一是美國擁有的強大經濟與軍事複合體；第二是盟國的堅定支持；第三是其他國家對美國能力的信任，相信美國在各專業領域具備世界上最稱職的能力，可以制定出最值得信賴的標準與正確的決策。但是在這場關鍵的能力檢驗上，川普政府顯露出的疏忽、失職、無能與慌亂，讓美國國家權力最重要三大支柱之一徹底崩解，難以修復[6]。到了四月下旬，目睹美國成為全球新冠疫情受災最慘烈的國家，確診人數逼近一百萬，死亡病例超過五萬，失業人口暴增二千六百萬，《大西洋月刊》的主筆悲痛的寫道：「病毒並沒有打碎美國，而是揭露一個早已破碎的國家。」這些問題存在已久，腐敗的菁英階層，僵化的官僚體制，冷酷無情的經濟，四分五裂且心煩意亂的公眾。牛津大學著名歐洲歷史學教授艾許（Timothy Garton Ash）在接受《紐約時報》訪問時說：「我感到極度悲傷」，這次新冠病毒危機動搖了「美國例外主義」的基本假設，過去憑借價值觀與國力的巨大影響而成為全球領導者和世界榜樣的美國，在二戰後數十年扮演了一種特殊的角色。這次是戰後七十年來第一次，在一場全球危機中沒有人尋求美國扮演領導角色[7]。

第三是對西方自由民主體制前景的預測。很多觀察家都預告這場大流行將導致民主體制的衰敗，以及西方國家將失去良好治理的話語權。他們的擔憂來自於兩方面：一是這場災變必然大幅擴張國家的權力邊界，讓各種限制個人自由與侵犯隱私的措施合理化，甚至常態化，緊急權力的擴張必然鞏固已經在位的強人領袖，或讓更多有強烈威權主義或民粹主義傾向的政治人物得到他們所需要的政治土壤[8]；二是在這場對政治體制的決策品質、學習與糾偏、應變與靈活、協調與統籌、執行與貫徹、調度與配置、動員與號召，以及公民政治信任最嚴酷的考驗中，西方民主體制明顯敗下陣來。因為最嚴重的疫情擴散，最慘烈的生命與財產損失，居然是集中發生在西方已開發國家，從義大利、西班牙、法國、德國、英國、加拿大到美國，無一倖免，這完全顛覆了傳統認知[9]。過去發展中國家都是將西方民主國家奉為圭臬，深信西方體制具備最佳的公共治理能力，能為公民提供最好的醫療與公共衛生保障[10]。這次危機讓西班牙前外長帕拉希歐（Ana Palacio）擔心自由民主能否在新冠病毒危機之後存活下來，因為二〇〇八年的金融危機以及隨後的長期經濟困局已經讓歐洲公民失去對體制的信心，而在這場大流行病之後，經濟危機必然進一步惡化，人們對西方自由主義的懷疑必然加深，它在世界思想市場中的競爭地位也會更為削弱[11]。《彭博新聞》總編輯米克斯威特（John Micklethwait）和《經濟學人》政治版主編伍爾得禮奇（Adrian Wooldridge）也特別聯名發表一篇標題為「病毒應該喚醒西方」的長文，他們憂心忡忡的提醒西方政治領袖，這場大流行病顯示西方的核心機構無法履行保護公民的政府基本職責。他們的結論是：「西方世界毫無疑問正面臨著二戰以來最大的危機。世界面臨一個巨大的地緣政治問題，即西方國家是否可以像以往那樣面對挑戰，並重新思考政府治理的理論和實踐，還是自欺欺人，最終讓出全球領導地位？」[12]

第四是對新自由主義步向歷史終結的預測。很多社會評論家都認為新冠病毒大感染將為過去四十年盛行的新自由主義的棺木釘上最後一枚釘子。來自左派的批判學者紛紛指出，新冠病毒危機將新自由主義的遺害暴露無遺[13]。為了讓資本擁有者享受短期利潤極大化，過去四十年以市場的優越效率為名，將國家能力逐步掏空，生產全球化旗幟下讓許多社會經歷產業空洞化；並創造了一個極為脆弱的金融結構，每一次危機爆發都依賴國家出面搶救，賺錢時放入個人口袋，賠錢時納稅人買單[14]。尤其在新自由主義發源地的美國與英國，政府對防疫與公衛體系的投資嚴重不足，公共產品屬性的新疫苗開發淪為製藥集團牟利工具；行政官僚體系的專業能力全面下降；大多數的基層勞動者都陷入貧困邊緣，缺乏工作與收入保障，普遍欠缺承受經濟風險的能力。在過度市場化的美國醫療體系裡，利潤導向的醫療集團都是聽命於一批擁有ＭＢＡ學歷的專業經理人（而非資深醫學專業人士）。他們最重視的是財務報表，而不是維護病患健康或保障醫護人員。在疫情爆發高峰期，許多美國醫院的第一線醫師與護理師在完全缺乏專業防護裝備與無法獲得測試的情況下，被迫與新冠病毒患者密切接觸，爆發極高的醫護人員感染率。這場危機也導致資本主義體系出現有史以來最急遽、最嚴峻的經濟萎縮，各種市場機制都失去功能。美聯儲為了緩和股市的極度恐慌，推出無上限的債券回購計畫，把自己的資產負債表在短短幾個星期內擴張四兆多美元，金融市場的正常資產訂價機能全部失效，逼近零的長短期公債利率也完全失去指標意義。許多瀕臨倒閉的歐美大企業最後都可能步上國有化一途。曾經是新保守主義陣營大將的福山，在接受法國《觀點週報》（*Le Point*）的訪問中承認新自由主義已死。他判斷新冠病毒危機會促使西方社會重新找尋自由主義、社會保障和國家干預之間的平衡。我們將回到上個世紀五、六〇年代的自由主義（或稱為鑲嵌自由主義），即市場經濟、對私有財產的尊重、通過干預手段減少社會及經濟不平等的高效國家三者並存。大流行病再次表明，一個強大的國家是必要的[15]。

應該如何來評斷上述這些對「後新冠病毒世界」的各種預測呢？客觀上來說，這場大疫對各國經濟與社會帶來的各種短期衝擊都已經陸續浮現了，但新冠病毒危機究竟是否會對世界秩序帶來一些永久性的改變，或扭轉人類歷史發展的方向？其實還言之過早。目前很多評論家的分析可能過於武斷。

從政治經濟學分析的角度觀之，自從人類文明出現細密的經濟分工與交換體系、建立各種保障社會存續功能的階層組織、建構國家統治機構與治理職能、塑造集體認同與歷史記憶，以及發展出有限度的國際協調合作機制與國際社會互動規則以來，任何大型自然災變對人類社會的影響與衝擊都不是在「自然狀態」下出現，也可以說不是在「社會真空」的條件下出現。任何一場病毒大流行的爆發都不是這種病毒天然本質（如感染途徑、傳播速度、發病率或致死率）的單純展現，而是這種流行疾病天然屬性與特定社會條件的互動結果。一個社會的既存物質生活狀態以及這個社會所具備的各種結構特徵：人口與空間結構、制度與組織、知識與技術、觀念與行為、衝突與矛盾，以及其所隸屬的國際體系，都會深刻影響這個社會面臨大流行病的對應模式與效果，影響這場公衛危機所可能引發的政治、經濟、社會與心理後果，影響不同群體如何理解與總結這場災變的教訓，影響大流行病最終會留下什麼樣的歷史烙印與長期影響。所以要回答這場新冠病毒大流行是否會將人類歷史帶入一個新的時期、導致結構性的改變，或改變歷史前進的方向，我們必須把這場庚子年大疫放在我們所處的這個時代的結構、制度與文化脈絡之中，以及放置在疫情爆發前已經形成的歷史發展趨勢之中，來進行分析、推敲與判斷，同時設法找出一些有對比價值的歷史經驗作為參照。

大戰與大疫：西班牙大流感的歷史痕跡

綜觀人類歷史，其前進軌道因為一場大流行病而徹底改變的例子是有，但並不多[16]。當不少評論家在對「後新冠病毒世界」提出各種大膽預測的同時，也有一些冷靜的觀察家不約而同的指出，大瘟疫往往是加速或延緩了原來的歷史趨勢，而不是重新塑造世界秩序；大瘟疫也很少是對現有的社會結構及其特徵帶來根本性的改變，更可能是凸顯現存社會結構的本質與特徵，更鮮明的暴露已經長期累積的結構失衡與體制缺陷問題，或是激化蓄勢待發的衝突與矛盾。例如：總部設於紐約的「對外關係協會」會長哈斯（Richard Haass）在《外交事務》撰文提醒讀者，並非每一次危機都是歷史轉捩點，「後新冠病毒世界」不會是一個無法辨識的世界，這場大流行病更多的將是加快世界歷史的前進速度，而不太可能改變其方向。他指出，美國領導地位的衰落、全球合作的崩解、大國關係失和，所有這些原本存在的國際環境特徵與趨勢，在這場疫情之後只會更凸顯[17]。以研究全球化、國家主權與民主體制三者間結構性矛盾而著稱的哈佛大學政治經濟學教授羅德里克（Dani Rodrick）也敏銳的指出，一場如此重大的歷史事件必然會誘發特定方向的確認偏差（confirmation bias），觀察家會傾向於將事件視為支撐他們既有世界觀的證據，並努力在這場危機中找到自己期待的未來經濟與政治秩序出現萌芽的跡象[18]。

如果我們要找一個歷史案例作為解析新冠病毒大流行的最佳參照，那非「西班牙大流感」莫屬。這場爆發於一九一八年一月至一九二〇年十二月間的大流感，是一百多年來人類社會所經歷過最慘烈的病毒大流行，在短短兩年內，地球上有近五億人被感染，病毒在全球奪走了五千萬條性命[19]，而當時世界人口約為十八億人。在美國，估計應該至少有五十萬以上的人因為大流感而喪生，而當時美國的人口約一億一百萬，如果以這個死亡率套上今日的美國人口數，那就相當於一百五十萬的死亡人數。當時最多的死亡人數出現在印度，在這個人口密集的英國殖民地，估計超過一千二百萬人死於大流感。

為何「西班牙大流感」是比對當前新冠病毒大流行最有意義的歷史參照？因為西班牙大流感是一場真正全球範圍的大感染，疫情迅速擴散到五大洲，波及地球上每一個角落，連遠在天涯海角的太平洋小島都難以倖免。這也是一場爆發於全球化時代的病毒大流行，在第一次世界大戰爆發前夕，殖民、貿易、投資、移民、金融資本與電報通訊網絡已經將世界連結成非常緊密的經濟體。倫敦金融市場的股票與期貨波動會在幾個小時內傳遞到全球其他的金融中心，大清帝國的鐵路債券可以在全球資本市場發行，來自波士頓與紐約的金融資本深度參與全球鴉片、棉花、蔗糖、咖啡、橡膠的生產與貿易。當時雖然沒有民航運輸，但國際旅行比現在受到的限制還少，因為我們熟悉的護照與簽證制度是一九二〇年以後才陸續建立起來，當時任何人只要有錢買張船票就可以跨國旅行或舉家遷徙。所有我們熟悉的現代國家官僚體系、跨國企業、國際金融、超級都會城市，在二十世紀初期也都初具規模。

與當前的新冠病毒大流行最大的不同之處在於，西班牙大流感是爆發於一場空前的世界大戰末期，而新冠病毒是爆發於承平時期，而且是西方國家所經歷過的最長承平時期。西班牙大流感並非起源於西班牙，只因為西班牙是一戰中的少數中立國，沒有實施新聞管制，所以最早公開披露疫情。為了避免動搖軍心或讓敵軍掌握疫情對戰力影響的資訊，美、英、法、德等參戰國的疫情都因為嚴格的新聞管制而被掩蓋。根據目前有紀錄的證據顯示，病毒流行最可能是起源於美國紐約（也有起源於堪薩斯州一說），然後隨著大量投入歐洲戰場的美軍而擴散到協約國，被俘虜的英法士兵又把病毒傳給德軍。病毒也經由商旅、貿易管道以及歐洲列強在全球各地進行的殖民地戰爭動員（例如英國動員殖民地組織遠征軍），而快速向世界各地蔓延。之後又經由從歐洲戰場復員返鄉的美軍再次回流美國本土。

西班牙大流感的疫情如此慘烈，一方面是因為當時各國醫療與衛生條件遠遠不如現在；另一方面是大疫爆發於大戰末期，歐美各國主政者都以贏得這場關係民族（與政權）生死存亡的戰爭為最優先目標，所有資源都優先投入戰爭，連醫護資源也隨著戰時動員而大量調度到前線，沒有太多餘力來防治病毒擴散或照料後方的病患。戰爭動員本身也加速疫情的擴散，軍營的封閉與密集環境、大部隊的遠距離調防（美國共動員了多達一百四十萬人的部隊投入歐洲戰場，英國遠從印度、非洲、澳洲等殖民地調度軍隊），以及戰爭末期慘烈的肉搏戰，都是加速病毒擴散的最佳溫床。與今日相同的是，在當時應付病毒擴散的最有效手段還是隔離，因為沒有特效藥與疫苗。

一百年前這場空前慘烈的病毒大流行對人類歷史發展軌道帶來的影響，對美國與歐洲的社會制度或觀念思維帶來的改變，都比較有限。大流感可能讓歐洲戰事提前幾個月結束，因為交戰雙方的部隊都飽受病毒打擊而損失戰力與喪失鬥志。但是大流感不是決定一戰結局的關鍵因素，真正左右一戰勝負的關鍵歷史事件有兩個：一是一九一七年四月美國決定參戰，一是一九一七年俄國爆發的二月革命與十月革命。

美國驚人的工業生產能力、高達三百萬人的兵員動員規模，以及華爾街為戰爭籌款的巨大融資能力，讓歐洲戰局從以德國為首的同盟國占優勢，演變為以英法為首的協約國逆轉勝的局面。即使大流感不曾爆發，一九一八年五月開始，美國遠征軍大批登陸歐洲，讓協約國軍隊的士氣大振。德軍在協約國最後一波「百日攻勢」下折兵損將，當時盟友鄂圖曼土耳其及保加利亞早已高舉白旗投降，奧匈帝國更形同解體自顧不暇，同盟國大勢已去。

如果說美國的參戰讓協約國在歐洲戰場逐步反敗為勝，俄國革命的作用則是在德國內部瓦解了德意志帝國的統治基礎。俄國二月革命推翻沙皇，十月革命建立蘇維埃政權，震驚世界。推翻封建帝制、建立共和，以及無產階級翻身的革命思想，快速向德國散播。從一九一七年開始，在左翼工人團體帶領下，德國勞動階級的政治意識全面覺醒，展開一波波的罷工行動。一九一八年一月底，柏林出現五十萬名工人的大罷工，要求建立議會共和，以及比照蘇俄的提議，與協約國締結不割地、不賠款的和平條約。罷工風潮迅速擴展到了漢堡、基爾、萊比錫等城市，接著革命思想開始滲透部隊底層，厭戰情緒迅速在德國士兵之間散播，最後在一九一八年十月二十八日引爆基爾港四萬名海員兵變，工人與士兵快速占領各地議會並宣布成立共和，德皇威廉二世被迫退位，十一月十一日德軍就向協約國投降，一次世界大戰結束。

一戰的過程與結局對人類歷史發展的影響極為深遠，一直延續到今日。一戰是人類歷史上第一個總體戰（total war），這不僅是一場殺傷力空前慘烈的戰爭，也是第一場社會總體動員的戰爭，動員機制覆蓋了所有的社會部門、各個群體，以及絕大部分的生產活動，這場戰爭塑造了我們熟悉的現代國家機構的權力、職能、角色以及合法性基礎的基本形貌。

更重要的是，一戰也孕育了主導二十世紀世界政治經濟秩序的兩極格局：美國的崛起以及俄國蘇維埃體制的誕生。美國的綜合國力在一戰後明顯超越大英帝國，紐約躍升為與倫敦並駕齊驅的國際金融中心，並快速取代英國成為西方世界的龍頭。俄國革命在歐洲社會喚起工人階級的政治意識，也在世界各地帶動無產階級革命以及殖民地民族解放風潮，在超過半個世紀的期間，蘇維埃模式成為西方資本主義的強勢競爭對手，逼使西方國家資本家不得不對勞工階級進行政治妥協，也迫使推行帝國主義的列強最終不得不放棄殖民統治。

一戰結束後，短視的英法領袖在《凡爾賽和約》談判期間堅持對德國實施嚴苛政治與經濟懲罰，以及美國威爾遜總統因為國會掣肘而無法落實以「國聯」（League of Nations）為基礎的國際和平體制，注定為日後爆發更慘烈的二戰埋下惡果。一戰解體了德意志、沙俄、奧匈與鄂圖曼這四個帝國，觸動了民族獨立運動，也引發了列強間新一輪的勢力範圍爭奪。英法試圖瓜分鄂圖曼帝國在中東與西亞遺留下來的政治地盤，義大利趁機角逐巴爾幹半島與北非，日本試圖併吞德國在中國的勢力範圍並逐步侵占中國東北與華北。嚴苛的戰爭賠款條件，讓德國經濟瀕臨崩潰並長期陷入超級通貨膨脹的深淵，醞釀了掙脫《凡爾賽和約》桎梏與洗刷割地、賠款及裁軍屈辱的強烈情緒，最終造就了法西斯政權的興起。

西班牙大流感對於所有上述一戰之後人類歷史發展的主軸並沒有帶來明顯改變。雖然大流感造成的死亡人數極為驚人，但對當時主要西方國家的經濟與社會衝擊卻被大戰的巨大作用掩蓋掉很大一部分。大流感的第一波爆發在一九一八年春天，疫情消息的傳播被戰時新聞管制所壓制，此時美國與英法正在全力準備對德國的軍事大反攻，各國政府選擇忽視疫情風險而仍按計畫部署軍隊調動與生產動員。大流感的第二波爆發在一九一八年秋天，疫情比第一波更為慘烈，但疫情造成的經濟打擊、社會恐慌與心理衝擊，很快又被戰爭結束後各國急於啟動戰後重建、部隊解編復員，以及恢復社會與經濟正常運作的強大需求所掩蓋，所以受感染國家只有個別城市採取短暫封鎖措施，沒有全國範圍的封鎖。世界貿易從一九一九年就重回成長軌道。

大流感對人類歷史的後續發展軌跡沒有產生根本性影響的另外一個重要原因是，這場大流感肆虐的高峰期並不長，第二波的疫情大爆發到了一九一九年春天就迅速緩和下來，等到一九二〇年冬天出現第三波爆發時，大流感已經如強弩之末，傳播速度與毒性都明顯減弱，疫情很快就消失得無影無蹤，然後逐漸從人們的記憶中淡出。

西班牙大流感比較明顯的長期作用還是集中在醫療與公衛領域。這場災難加深了西方社會對病毒引發的流行疾病強大摧毀力量之認識，也讓歐美社會富裕階層意識到大流行病威脅的對象是不分階級與種族的，有效防疫必須動員社會整體資源的投入。這場慘烈疫情激發了各國建立現代公共衛生體制，並帶動了各國醫療體制的改革，讓高度私有化的醫療體制走上社會化道路。事實上，蘇俄是在一戰之後首先創立覆蓋全民的強制醫療保險的國家，蘇聯模式激發了北歐、西歐以及其他國家仿效，美國則是走上另一條軌道，醫療保險與雇用合約綑綁在一起。美國從一九二五年開始，逐步建立了疾病通報系統，作為對抗傳染病的重要預警機制，其他西方國家也建立了類似的制度[20]。今天大家所熟悉的美國「疾病控制與預防中心」（CDC），其前身是「傳染病中心」（Communicable Disease Center），這個中心是二戰後（一九四六年）才創立，主要任務是在美國撲滅瘧疾。

爬梳新冠病毒大流行的歷史脈絡

從歷史對照的角度來看，儘管新冠病毒大流行最後導致的感染與死亡人數規模（無論是絕對數字或相對比例）會遠小於西班牙大流感，但當前的全球疫情造成的短期社會經濟衝擊肯定會超過一百年前的大流感。原因很簡單：首先，二十一世紀人類社會的人員移動，無論在人數規模、空間距離、移動頻率與速度，以及伴隨而來的頻繁人際交往與大型群聚活動，都遠遠超過二十世紀初期，這不僅導致病毒可以在很短時間內快速傳播與擴散，也讓任何對人員移動的嚴格管制措施帶來更大的社會與經濟窒息性震撼。

其次，在超級全球化時代發展出來的高度細密的國際分工、高度精緻的全球供應鏈，以及極為頻繁的跨境金融交易與高度複雜的所有權結構，讓世界各地群體的社會、經濟、信息與金融連結與相互依賴程度遠高於一百年前，世界任何角落的社會運作的短暫休克都會打亂距離遙遠廣大群體的正常活動，更何況作為世界經濟心臟的美國這次成為疫情爆發的重災區。武漢是全球汽車零部件的重要生產基地，武漢全面停工就會導致鄰近國家大汽車廠裝配線受到波及；全球醫院使用的橡膠手套百分之六十在馬來西亞生產，正在全球訂單急速暴增時，馬拉西亞政府開始實施人員移動管制，立刻導致全球供應嚴重短缺；華爾街股市暴跌之後，全球風險性資產全面崩跌，熱錢快速流出新興市場，拉丁美洲國家的債務危機立即浮現。

第三，在新自由主義思維的驅動下，二十一世紀西方已開發國家的多數群體都是生存在安全係數最小化、資源配置短期邊際效益極大化，甚至是寅吃卯糧的情境裡。這種走在懸崖邊緣的金融操作、生產分工、社會管理、勞動雇用或個人財務模式，會讓任何一場突發其來的震盪之衝擊出現級數放大效果。在平時，企業管理層一定盡可能採取生產外包策略，盡量多雇用臨時工，把庫存生產備料壓到零，目的在把股票估值拉抬到極致；醫療體系管理層一定把人力資源、病床及其他設備做最優化配置，以發揮最大經濟效益；避險基金與投資銀行一定把融資槓桿率發揮到極限，並用盡各種疊加的衍生性金融合約；消費者傾向於將不動產抵押與信用卡融資額度一定用到盡頭；多數民選政治人物都傾向盡量變賣國有資產，把政府舉債額度用到盡頭，把個人與企業稅率降到最低。像挪威這樣願意把大量石油收益以主權財富基金方式保留給下一代的國家是罕見的異數。多數政府、企業、社會機構、家庭與個人都沒有餘裕、沒有儲備、沒有閒置資源。尤其是新自由主義革命走得愈深愈遠的社會，處在社會懸崖邊緣的人口就愈龐大。多數美國家庭在任何時候都拿不出五百美元的應急現金，只要失業就可能失去醫療保險、汽車與房子；美國提供的失業保險給付在已開發國家中最為單薄，各州的給付金額不同，全美國五十州的平均給付金額是每週三百八十五美元，最多只能領二十六週，而且必須滿足過去三年全職上班的條件[21]。專家估計在美國有高達百分之四十的勞動參與者屬於零工經濟（gig economy）[22]，論件或按時計酬，經常朝不保夕，而且他們多數不在失業保險覆蓋的範圍，也必須自費購買昂貴的醫療保險[23]。

第四，二十一世紀很多社會長期信奉的價值觀與世界觀，讓多數人很難承受新冠病毒大流行對自己關聯群體的生命與健康的急劇摧殘，尤其在一個資訊流通極為迅速的網路傳播時代，他們被這些震撼的消息與畫面所籠罩而無所遁逃。不同社會處境下的人群之心理承受能力原本就有天壤之別，曾經歷兩次世界大戰或是當下生活在敘利亞、阿富汗或南蘇丹的百姓，因為飽經戰亂與天然災害，都有更高的承受能力。相對而言，長期生活在安逸狀態下的人們，深信科技的神奇力量，信賴政府的保護能力，他們難以接受醫院屍體成堆根本來不及火化的這種悲情畫面，他們更無法置信一個原來講求寵物生命權的文明社會，居然有一天會面臨必須在讓大批年長者死亡或是讓經濟大衰退之間進行抉擇，必須讓醫生不得不做出有限的呼吸器讓哪些病患優先使用這樣的生死判決。西方已開發國家的公民更是期待自己的政治體制與醫療體制應對傳染病危機的能力要遠超過非西方國家、遠超過發展中國家。但事與願違，西方已開發國家居然成為全球疫情集中大爆發的新震央。包括中國在內的東亞國家在應對疫情第一波爆發所展現的應變、控制、協調與調度能力，以及把確診病例與死亡人數增長曲線迅速而有效壓制下來的客觀紀錄，為西方社會菁英帶來巨大的心理震撼，他們對自身的體制與文化自信、自尊與優越感，遭遇到一次顛覆性的打擊。讓西方社會原本就有濃厚種族主義與排外主義傾向的政客與群眾特別感到焦慮與挫折的是，在對抗新冠病毒過程中最關鍵的醫療資源，從口罩、防護衣、呼吸器、製藥的原料，到測試新冠病毒所需要的化學試劑，居然都需要大量從中國進口[24]。

第五，這場大流行是在人類社會已經面臨嚴峻的社會可持續性發展危機下爆發的，所有因為世界人口爆炸與嚴重社會不平等而帶來的糧食、飲水、能源、就業、疾病、教育、治安等難題，還有生物多樣性消失、全球生態失衡與地球暖化帶來的生存威脅，不但不會因為這場疫情而減弱，反而會因此而加劇。在病毒大流行爆發前，澳洲的火災、北美的冰災、東非的蝗蟲已經不斷對人類發出警訊。雖然疫情期間經濟活動暫停讓溫室氣體排放頓時下降，但接踵而至的大範圍失業、糧食供給短缺、移民工匯款消失、貧困人口流離失所、少數族群被歧視等問題，將更為嚴峻。一位在孟買執業的醫生海爾馬斯（Dr. Jagadish J Hiremath），目睹印度政府的封城禁令讓成千上萬流離失所的印度窮苦民眾進退失據，於是在他的推特上寫下一段發人深省的文字：「能保持社會距離是種特權，說明你家有足夠的地方隔離。能洗手是特權，說明有自來水。有乾洗手液也是特權，說明你有錢購買它。禁足不出門也是特權，說明你有能力不出門工作。」[25]四月底「國際勞工組織」向全球發出警告，高達十六億人（也就是將近一半的全球勞動參與者）的生計將受到嚴重威脅，這是前所未有的經濟與社會災難[26]。

大封鎖後的全球化前景

很多分析家都指出「後新冠病毒世界」帶來的最大改變將是全球化的全面逆轉，各種不利於全球化的因素都會因為這場疫情而變本加厲。逆全球化的趨勢在這場大感染爆發前就已經逐一浮現，至少有四股力量在削弱全球化的前進動能，甚至加速全球化的裂解：第一，全球化的社會支持基礎嚴重流失，新自由主義意識思維指導下的超級全球化讓國家失去經濟主權，削弱政府的社會保障職能，並導致經濟整合的風險與利益分配嚴重不均，西方已開發國家的大量中產階級與勞工長期陷入經濟困頓，社會安全網減縮，貧富日趨兩極化，激進右翼與激進左翼反全球化政治勢力紛紛崛起；第二，中美關係滑向修昔底德陷阱，美國對華鷹派占據政策主導地位，加速構築對中國的地緣政治圍堵，升高對中國的經濟冷戰，並試圖硬生生讓世界兩大經濟體全面剝離；第三，美國在川普主政下全面轉向激進單邊主義，拋棄國際領導責任，擺脫所有國際規範與多邊體制的約束，對無法配合自己政治需要的多邊組織進行抵制、打擊或乾脆退出，導致戰後自由國際秩序搖搖欲墜，開放貿易體系瀕臨崩解；第四，全球經濟結構性失衡日趨嚴重，各主要經濟體的債務結構持續惡化、負債比例不斷創歷史新高，各國央行在全球金融危機後採行無上限的量化寬鬆政策，只是勉強不讓資產泡沫危機全面爆發，但全球金融體系的系統性風險有增無減，美元的幣值信用問題愈來愈突出。

在新冠病毒大流行爆發前，這些裂解全球化的力量已經開始發生相當作用。世界貿易成長減速，跨國直接投資規模縮水，跨國金融機構收縮全球業務，跨國企業面對中美科技戰與貿易戰的風險，被迫重新評估全球產業布局，以美國市場為導向的製造業基地有一部分移出中國大陸轉進東南亞、南亞與墨西哥，適合全面自動化生產的也有少量遷回美國。

很多研究機構對全球化前景提出悲觀預測，因為他們認定新冠病毒大流行會助長上述這些裂解全球化的力量，有四個趨勢可能加速進行：一是經濟民族主義抬頭；二是中美戰略對抗加劇；三是全球事務群龍無首，多邊協調與合作加速崩解；四是全球成長動力熄火，債務危機加深，歐美經濟滑向日本式零利率停滯陷阱，新興經濟體出現債務危機。不過，我們不宜過度膨脹這些悲觀的預測，因為大流行病在各個領域造成的長期影響經常是雙向的，而非單向。危機也經常蘊含激發新思維與加速尋找替代機制的可能性。

這場全球大流行病也可能強化下列趨勢：一是強化各國社會菁英更深刻的認識到人類社會高度禍福相依的事實，沒有國家能選擇成為獨善其身的孤島；二是加速暴露民粹政治人物的短淺無能，美國政府在對應疫情上荒腔走板的表現，以及疫情失控導致的經濟重創，可能導致川普無法連任，川普政治路線被揚棄；三是讓各國政治菁英更深刻認識到，在全球化時代人類社會更需要建構公共衛生共同體與健康領域的全球治理機制，應該提升世衛組織以及其他多邊機構功能，而非削弱，因為沒有國家可以獨力應付這場全球公衛危機以及伴隨而來的全球經濟危機[27]；四是各種替代人員群聚與空間移動，依託雲端與虛擬世界的經濟、社會與藝文活動將蓬勃發展，這將激發5G＋萬物聯網、數字經濟與智能管理的發展，刺激全球範圍5G基礎設施建設與智能裝置的需求。今年廣交會第一次移到線上舉行，虛擬商展未來可能常態化；有效追蹤與控制病毒擴散的社會治理創新模式會加速推廣，目前在中國大陸普遍採行的手機健康碼憑證，將來可能是國際通行的跨境人員移動數位健康管理制度；雲端交響樂演奏、視訊學術論壇、留學境外虛擬校園這些替代模式的功能也將陸續升級。

總之，謀事在人，成事在天，後新冠病毒世界的歷史走向既受制於主觀不能左右的客觀因素，但也取決於包括美國、中國、歐盟國家以及其他重要新興市場國家的決策菁英在這場危機中做出什麼選擇、如何亡羊補牢，以及如何總結教訓。《人類大歷史》的作者哈拉瑞（Yuval Noah Harari）在《金融時報》評論中也指出，新冠病毒後世界的面貌取決於人類社會在這場危機中如何面對兩個關鍵抉擇：一個是選擇極權監控還是公民賦權，另一個是選擇民族孤立還是全球團結（global solidarity）。他提醒我們，如果我們走上分裂道路，各國各自為政，甚至以鄰為壑，不但會讓疫情危機更看不到盡頭，也很可能引發更大的全球災難[28]。

逆全球化的制約因素

進一步而言，目前浮現的各種悲觀預測有一些明顯的盲點：第一，不宜高估國家退出全球化與區域整合這個選項的現實可行性；第二，在與中國徹底經濟剝離這個議題上，美國社會菁英並未形成牢固的共識；第三，全球多邊體制的韌性禁得起美國缺席或抵制的考驗，絕大多數國家都有支撐全球多邊體制的強烈意願，中國與新興經濟體也願意承擔更多責任；第四，全球化仍擁有廣大社會支持基礎，新自由主義指導下的全球化模式早已面臨困境，但以中國為首的新興市場國家正在為全球化發掘新的動力與開闢新的路徑。

首先，經濟民族主義的情緒必須面對客觀現實。絕大多數政府很快就會發現自己國家的經濟社會常態運作根本脫離不了過去七十年形成的全球相互依存結構，閉關自守與尋求經濟上自給自足，將動搖所屬社會的生存發展條件，因此歐洲國家不可能選擇去全球化，新興經濟體對全球化帶來的機遇仍有很高的期待。美國雖然在能源與糧食上可以自足，但除非願意犧牲生活水準與不再獨享國際儲備貨幣的特權，否則去全球化也不是現實選項。在疫情消退後，拿回經濟主權的主張只有在醫療資源生產領域容易形成社會共識。

的確，在疫情爆發高峰期，不少國家飽受無法自行生產防疫物資之痛，也飽嘗爭奪防疫醫療用品與設備之苦，所以在疫情消退後，條件許可的國家必然會改弦易轍，將醫療資源視為與糧食及能源一樣重要的戰略資源，必須建立戰略儲備以及確保一定比例的本國自製能力。但畢竟只有少數富裕國家有能力儲備大批的閒置醫療資源，也只有屈指可數、具備高端生醫科技與完整產業體系的大國，才有能力全方位生產醫療產品，從醫用口罩、呼吸器、斷層掃描機、病毒檢測設備、藥品原料、抗生素與疫苗，到加護病房設備等。而且任何一個國家的生產能力與應急儲備還是有其極限，要有效應對像新冠病毒這樣急速爆發的大流行病，一定得在全球範圍建立一套應急資源互助機制，以及醫療物資緊急生產動員與跨國調配機制，一方有難，八方馳援。中小型國家及落後國家更需要這個互助機制，大國必須透過這套機制，集體履行對小國的救援職責，否則自身也難逃池魚之殃。長遠來看，建立一套完整的健康與公衛全球互助機制，勢在必行。就好像中日韓與東協國家在經歷了亞洲金融風暴慘痛教訓後，決心創建《清邁協定》，必要時可以動用外匯存底相互支援，來協助各國有效抵禦國際熱錢流竄帶來的外匯與金融震盪，防堵金融危機的蔓延。

跨國企業全面收縮全球供應鏈的選項也必須通過經濟合理性的檢驗。的確，這場疫情衝擊，凸顯了跨國產業供應鏈缺乏因應突發大型災變的韌性，跨國企業必然會被要求重新考量如何降低遠距供應鏈的斷鏈風險，主要工業大國也會順勢引導本國企業重新布局，從跨地域的水平分工轉向空間上更為緊湊的區域垂直整合。有些研究機構因而預測，全球產業供應鏈可能重新組合為三大垂直整合體系：以美洲市場為腹地圍繞美國為核心的供應體系，以歐洲市場為腹地圍繞德國為核心的體系，以亞洲市場為腹地並以中日韓為核心的體系[29]。

不過，這些預測可能隨著疫情發展而持續修正。在疫情第一波爆發的高峰期，武漢的封城與中國大陸的大範圍停工，激發了全球供應鏈將加速撤離中國的想像，不少印度觀察家還樂觀預期可以乘機接收許多遷出中國的製造業活動。但等到三月份開始，歐洲與北美成為疫情第二波爆發的重災區，以及四月份第三波疫情開始在土耳其、印度、巴西、印尼等地迅速增溫，地球上幾乎找不到「淨土」。底特律的汽車大廠無論是從廣州採購零部件或是從鄰近的墨西哥，都無法躲過大流行病帶來的斷鏈風險。所以，摩根史坦利的分析報告指出，在疫情消退後，全球供應鏈布局的大移轉未必會發生，因為大規模移轉需要新的投資，跨國企業在因應經濟衰退時對大筆資本支出會更保守；更何況，中國政府展示出它有能力在短時間內有效壓制疫情，以及能在相當短時間內有序復工，如果新冠病毒將來還會反覆爆發，就降低供應鏈風險而言，中國反而有比較優勢[30]。所以合理的推估是，未來跨國企業會試圖分散供應鏈的風險，避免集中於單一國家，但是最具製造業競爭力以及產業供應體系最完整的中國，仍將在全球供應鏈占最大的分量，尤其是高附加價值的產品；此外，中國自有品牌的高端製造業也將持續在世界市場上擴大份額[31]。

美國反華鷹派所鼓吹的全面發起對中國的經濟冷戰，讓中美經濟徹底剝離，本來就是損人不利己的選項，而且殺敵五千可能自損一萬，所以很難貫徹到底。儘管鷹派想藉助疫情失控引發的美國民眾不滿與挫折，加速推進中美經濟剝離，但這個政策也必須面對經濟因素的制約。從歐巴馬政府開始就鼓吹製造業回流美國，川普更高舉這個目標作為自己的當選承諾，但要落實起來非常困難。因為美國產業空洞化已久，許多產業部門的供應鏈早已消失，各專業領域的技術工人都很難找到。因此郭台銘去威斯康辛州生產大面板的投資計畫落得虎頭蛇尾。即使美國政府願意支付美國企業所有搬遷費用，把在中國大陸（或亞洲）的生產線遷回美國，未必會有很多企業響應。許多美國跨國企業都明白，如果把生產線遷回美國，他們不但會失去中國市場，也會失去海外市場，而且還需要關稅保護或美元大幅貶值才能競爭。如果美國政府強迫許多大公司把生產線遷回美國，那美國消費者的購買力將立即下降，通貨膨脹必然升溫，對一個負債總額早已瀕臨爆表危機的經濟體而言，通貨膨脹導致利率上升，將帶來災難性後果。

馬斯克最清楚中國的比較優勢，所以他把特斯拉的前途押寶在上海的超級工廠，這個關鍵性決定通過了新冠病毒危機的初期考驗。作為中國境內最早復工的企業之一，特斯拉上海廠二月十日起就開始全面復工，據中國工信部合格證產量數據顯示，復工後產能已超過疫情前。等到新冠病毒疫情蔓延至美國，三月下旬特斯拉的加州費利蒙（Fremont）整車工廠被迫停產，上海廠成為唯一能製造整車的特斯拉工廠。特斯拉的上海超級工廠於二〇一九年一月正式動工，不到一年的時間就完工建成，高效的項目審核與建設速度引發全球業界矚目，讓特斯拉的股價從谷底反彈。特斯拉上海超級工廠二期工程也已開工。二期工程規模比一期更大，預計二〇二〇年底完工，但可望提前完成。

少數更激進對華鷹派甚至主張全面發起金融戰，把中國逐出全球美元支付系統。與上述極端主張一樣瘋狂的是，少數美國政客最近鼓吹向中國聲討天價賠償，以彌補新冠病毒大流行所造成的生命與財產損失。無論美國政府以任何理由凍結中國政府與企業在美國的資產，或是切斷與中國的金融往來，就是準戰爭行為，形同發動一場相互毀滅的金融核子大戰，這樣也會自毀美元霸權的長城。此舉只會逼使中國壯士斷腕，寧可犧牲巨大經濟利益與承受金融震盪，也要用盡洪荒之力建立人民幣貨幣圈與貿易圈。一旦美國出此下策，只會迫使中國全力推動本幣貿易結算，加速推廣人民幣數字貨幣，擴大與各國雙邊換匯規模，人民銀行也將不再以美元外匯儲備作為貨幣發行準備。當美國也必須用人民幣才能購買中國製產品時，美國就很難繼續靠長期維持巨額貿易順差來彌補國內消費透支與儲蓄不足的問題。當中國不再扮演支撐美元霸權地位的重要支柱角色，必然全面動搖全球財富擁有者繼續以美元資產作為價值儲存工具的信心，美元霸權的終結將加速到來。也正因為如此，華爾街金融資本一定會全力阻擋這樣的災難發生。

眼下對於全球多邊體制式微的悲觀預期，都假定美國的領導角色是支撐當前全球多邊體制不可或缺的關鍵，沒有其他大國或多國集團可以替代這根支柱，這個假設未必符合實際。川普政府的激進單邊主義的確削弱了許多現存的多邊體制；但另一方面，全球暖化、大流行病、保護主義，以及經濟大蕭條風暴等迫在眉睫的全球性危機，反而更凸顯全球層次政策協調與多邊合作的重要性，在G20成員中沒有國家跟隨川普的反時代潮流做法，美國的長期盟友也反對川普的單邊主義，從未鬆動他們對於現有多邊體制的支持[32]。在四月十五日川普公開批評WHO並宣布暫停撥付資助經費後，剛從醫院返家的英國首相強森透過發言人表示，英國不會跟隨美國暫停撥款的決定，並強調世衛組織在全球對抗新冠病毒大流行中扮演重要角色；在隨後舉行的G7首腦視訊峰會上，川普完全孤立無援，其他六國領袖都表達對世衛組織的堅定支持。川普對WHO的敵視立場也不代表美國主流外交菁英或眾多專業群體，「美國醫學學會」（AMA）公開呼籲請川普收回成命；比爾・蓋茲夫婦馬上宣布在原先對WHO一億美元的捐贈基礎上再追加一億五千萬美元；由美國流行樂壇天后「女神卡卡」（Lady Gaga）發起的全球慈善演唱會「一個世界，一起在家」，在幾個小時內為WHO設置的團結基金募集了將近一億三千萬美元。

其實，在過去三年裡，所有國家都對川普主政下的美國沒有任何期待，各國都在設法於美國退出或甚至阻撓的情況下繼續讓《巴黎協議》、《伊朗核協定》、世貿組織、聯合國教科文組織等持續運作。絕大多數國家的決策者都清楚認識到，在面對新冠病毒大流行的威脅時別無選擇，必須同舟共濟。中國、德國、法國、日本等生醫科技強國都明確支持以緊密國際合作的方式，推進研發新冠病毒特效藥與疫苗的急迫工作，而且承諾成果由全球分享。在這個議題上只有美國不曾明確表態。相反的，川普政府曾於三月中旬試圖以十億美元重金挖角德國CureVac公司的研發團隊，並約定未來疫苗研發成果獨家供應美國，但遭德國總理梅克爾出面阻止[33]。現在許多國家都擔心，如果美國在疫苗研發上先馳得點，川普政府會把COVID-19疫苗當作戰略籌碼並謀取商業暴利。最近墨西哥乃領銜在聯合國提案，要求確保各國能夠經由公平、透明、平等、即時與有效的途徑取得未來的COVID-19疫苗，在美國代表團來不及私下阻擋的情況下，四月二十日聯合國大會以網路投票無異議通過該決議案[34]。

二〇二〇年的關鍵大選

無論是在發動對華經濟冷戰或是退出國際多邊體制上，美國社會絕對不是鐵板一塊。相反的，美國社會高度分裂，從歐巴馬上台到川普上任，美國政治菁英間的裂痕不斷深化。二〇一六年大選，希拉蕊與川普為美國選民提供的路線選擇就截然不同，二〇二〇年十一月大選又將是一場對美國外交政策走向與世界政治格局會產生深遠影響的關鍵抉擇。支持拜登的選民與利益集團基本上擁抱多元社會價值，支持經濟開放與全球化、珍惜自由國際秩序、重視傳統盟友，以及期待美國扮演關鍵的國際領導角色[35]。如果拜登當選，一定會重回《巴黎協議》、恢復《伊朗核協定》、重啟WTO仲裁機制、恢復對WHO的撥款，並試圖重振美國在G7與G20的議題主導角色。雖然拜登也仍將繼續視中國為頭號戰略挑戰者，並持續拉攏印度來布局印太圍堵戰略，但也會採取重振國際多邊體制、強化同盟體系與鞏固共同價值、制定新的經濟與科技競爭規則等，以所謂「巧實力」策略來制衡中國。合理的判斷是，拜登會終止中美貿易戰，會考慮美國高科技產業的需要，而解除一部分對華為的出口禁令，恢復中美經濟與戰略對話機制，並且不排除在對應全球性議題上與中國合作。所以這場大選的結果對世局的長遠影響絕不下於新冠病毒大流行。由於川普在對應新冠病毒危機上的表現荒腔走板，他能否順利連任已成問號，所以共和黨的謀士乃急於抛出嫁禍中國的競選文宣；然而，根據歷史規律，在位美國總統幾乎不可能在經濟嚴重衰退的狀況下贏得連任。

在新冠病毒大流行爆發前，美國主導的全球化模式已經陷入困境，全球化的紅利與風險的分配嚴重不均，全球性金融危機頻發，在已開發國家經濟開放的社會支持基礎流失，新自由主義經濟政策引發社會強力反彈。過去幾年，全球化路徑與遊戲規則必須修正的呼聲此起彼落，即使在意識型態極度保守的美國，民主黨候選人桑德斯所鼓吹的社會民主主義路線也得到新千禧年世代高度的支持。愈來愈多的社會有識之士認識到，要重建全球化的社會支持基礎，就必須讓經濟全球化服膺於包容性成長的目標，必須配合社會可持續發展的需求，不能讓全球化的遊戲規則獨惠跨國企業、跨國金融資本或壟斷數字平台的科技巨獸。展望未來這個改革方向，將因為這場大流行病而得到更強的推動力量。這次新冠病毒在西方帶來如此嚴重的健康與經濟災難，除了源於西方人對亞洲人種族主義式的傲慢與偏見，而導致輕忽疫情風險，過去三十多年新自由主義改革的遺害也暴露無遺，尤其是疫情最嚴重的美國。

所以，在「一帶一路」倡議下，中國推進的經濟合作新模式與區域融合新路徑，將為全球化注入新的融合動力，也有助於世界經濟走出新冠疫情導致的嚴重衰退，因此於疫情消退後在廣大發展中世界將得到更高的認可。中國的「一帶一路」倡議本來就是對應逆全球化挑戰與世界經濟成長趨緩的有效策略，這個策略有四個重要的切入點：第一，中國在能力許可範圍內提供更多補充性與替代性國際公共服務產品，包括提供跨國資訊、商務與金融基礎設施，創建多邊開發融資機構，以及在綠色農業、新能源、醫療衛生、智能化治理等領域的知識分享、技術支援與人才培育；第二，透過政府主導的「區域＋1」政策協商平台、官方投資基金的槓桿、指標性開發項目、教育與文化交流計畫等機制，深化南南合作；第三，協助開發中國家加速打造數位經濟與網路社會，讓個體、微型企業、中小企業、社會企業等都有機會（繞過跨國企業）直接參與全球範圍的經濟分工、產銷合作或金融互助；第四，建設跨區域甚至跨洲際的運輸、通訊、能源、資訊、金流與支付系統等基礎設施的互聯互通。這四個切入點可以幫助許多發展中國家激發潛在的經濟成長動力，讓經濟融合覆蓋更多的潛在受益群體。

「一帶一路」倡議下啟動的許多合作項目當然不免因為疫情衝擊而延遲，有些項目的融資安排可能需要進行調整，但整體而言，中國引領的深化南南經濟合作，在疫情消退後的復原動力將超過已開發國家的經濟復甦速度，因為經濟互補優勢不變，經濟成長潛力不變，網路經濟的巨大賦能能量不變。

在新冠病毒疫情消退後，中國協同全球經濟夥伴開闢全球化與區域融合新路徑的積極作為，必然會遭遇來自西方國家更險惡的阻力與更惡毒的攻擊。在新冠病毒危機爆發前，西方政客與媒體已經對「一帶一路」倡議與中國發展模式進行各種妖魔化的指控，並不斷拋出「銳實力」、「債務陷阱」、「數字極權主義」等誣衊性的概念。這場新冠病毒危機對西方國家政治與知識菁英的優越感與自信心打擊太大，中國治理模式展現出來的相對優勢為他們帶來前所未有的焦慮與挫折，尤其是中國作為廣受發展中國家歡迎的新型國際公共服務產品提供者，現在又被黃袍加身成為全球防疫援助大國，更讓西方國家嚥不下這口氣。因此以美國為首的西方國家政客與媒體必然掀起新一輪對中國的詆毀與攻訐，西方媒體與智庫也會炒作「去中國化」的全球化這個議題，各種妖魔化的指控必然變本加厲。

但是他們無法阻擋中國引領的全球化新路徑，因為這些新路徑並不依靠美國或西方主導的多邊機構或區域貿易協定，也不必擔心美國利用科技與網路封鎖來阻擾，因為在所有關鍵領域，中國都可以提供功能相當的平行系統。美國剩下最可能採用的招數，就是在「一帶一路」沿線國家以及非洲大陸製造動亂與內戰，或是煽動仇華情緒。其實，「一帶一路」倡議的推進可以為陷入經濟停滯的歐洲帶來各種商機，中國從未排除西方國家參與，歐亞大陸經濟整合的機會之門將為歐美跨國企業、金融機構與專業人士而開。

深化南南合作的勢頭並未被病毒疫情打亂，我們可以從貿易統計看出一些端倪。根據中國海關統計，二〇二〇年第一季，雖然中國進出口總額下降，對歐盟與美國的進出口下降幅度最為明顯，但對「一帶一路」沿線國家進出口仍成長百分之三點二，對東盟的進出口成長百分之六點一，而且東盟第一次超過歐盟成為中國第一大貿易夥伴，美國已經退居第三。此外，二〇二〇年第一季，中歐班列共開行了一千九百四十一列，同比成長百分之十五，有力保障了疫情時期對沿線國家的進出口貿易。四月下旬，巴基斯坦政府宣布中巴經濟走廊建設全面復工，重大建設項目仍將如期完工。

從比較長程的角度來看，進入新世紀以來，全球秩序進入劇烈重組階段，過去認為牢不可破的結構開始全面鬆動，過去認為浩浩蕩蕩無可逆轉的歷史潮流出現明顯反轉，所謂百年不遇的大變局之輪廓日益清晰，有四重歷史趨勢同步出現轉折：第一，在冷戰結束後到達頂峰的單極體系開始式微，美國霸權的權力基礎全面動搖，在各領域的支配能力下降，國際領導威信大幅衰落；第二，曾經被譽為人類政治文明演進終點的自由民主體制走下神壇，西方代議體制治理失靈問題日益嚴峻，合法性基礎動搖，人類歷史回歸政治文明多元並舉的常態；第三，自從二〇〇八年全球金融危機爆發，過去三十多年以新自由主義為指導原則的「超級全球化」明顯失去動力，全球社會裂解與再融合力量交替湧現。更能回應包容性成長需求，以南南合作為成長動力的新型全球化模式蓄勢待發；第四，西方中心世界秩序開始式微，以中國為首的非西方世界全面崛起，人類歷史進入後西方中心時代，世界經濟重心快速移向亞洲，新興經濟體開始全面參與國際社會規則與標準制定。上述四重歷史趨勢的前進方向，不但沒有因為新冠病毒大流行的爆發而改變，反而會因為這場大疫而加快步伐。

這場百年不遇的大流行病更彰顯人類命運共同體的倡議是符合時代潮流的。新冠病毒大流行帶給世人真正的教訓，並非全球化時代的高度相互依存與巨量跨國流動帶給各國空前的健康、社會與經濟風險，而是當前全球治理機制與共同體意識嚴重落後於經濟全球化。真正的解藥不是讓經濟全球化逆轉，而是讓全球健康與公衛互助機制趕快跟上，讓深刻體認全體人類命運禍福相依的全球意識能超越狹隘、但求自保的國族本位思維。亞洲國家可以先在自己的區域建構公共衛生共同體，以及更緊密的經濟共同體，退可以應付全球化全面裂解的最壞可能性，進可以審時度勢積極掌握參與全球秩序改造的歷史機遇。

注釋：

1 https://www.denverpost.com/2020/04/07/coronavirus-brown-palace-closed-128-years/。

2 https://www.imf.org/en/Publications/WEO/Issues/2020/04/14/World-Economic-Outlook-April-2020-The-Great-Lockdown-49306。

3 https://foreignpolicy.com/2020/03/20/world-order-after-coroanvirus-pandemic/。

4 https://foreignpolicy.com/2020/03/12/coronavirus-killing-globalization-nationalism-protectionism-trump/。

5 https://www.foreignaffairs.com/articles/china/2020-03-18/coronavirus-could-reshape-global-order。

6 https://foreignpolicy.com/2020/03/23/death-american-competence-reputation-coronavirus/。

7 https://www.nytimes.com/2020/04/23/world/europe/coronavirus-american-exceptionalism.html。

8 https://www.project-syndicate.org/commentary/covid-19-poland-hungary-authoritarians-by-slawomir-sierakowski-2020-03。

9 在西方國家裡也有例外，澳大利亞與紐西蘭對疫情的控制表現得相對較佳，他們得力於島國的地理條件以及南北半球氣候的顛倒。

10 福山試圖拆解控制疫情績效與政體的連結，而強調抗疫績效取決於國家能力與政治文化（特別是對權威的信任），但他迴避了為何絕大多數的西方民主國家欠缺國家能力與政治信任這個問題。

11 https://www.project-syndicate.org/commentary/covid19-crisis-pits-liberal-democracy-against-china-by-ana-palacio-2020-04。

12 https://www.bloomberg.com/opinion/articles/2020-04-13/coronavirus-pandemic-is-wake-up-call-to-reinvent-the-state?sref=yQynBrwF。

13 https://www.euractiv.com/section/economy-jobs/interview/chomsky-on-covid-19-the-latest-massive-failure-of-neoliberalism/。

14 https://mronline.org/2020/04/18/coronavirus-crisis-and-the-end-of-neoliberalism/。

15 https://www.lepoint.fr/editos-du-point/sebastien-le-fol/francis-fukuyama-nous-allons-revenir-a-un-liberalisme-des-anne

es-1950-1960--09-04-2020-2370809_1913.php。

16 最著名的例子是十四世紀爆發的黑死病，消滅了歐洲一半以上的人口，導致勞動力嚴重短缺，進而動搖封建體制與莊園經濟的社會基礎，可參見經典之作：Barbara Tuchman, *A Distant Mirror: The Calamitous 14th Century* (New York: Alfred A. Knopf, 1978)；另外一個常被引述的例子是歐洲殖民者將天花病毒帶到美洲新大陸，導致美洲原住民的滅絕，可參見：Jared M. Diamond, Guns, *Germs, and Steel: The Fates of Human Societies* (New York: W. W. Norton & Company, 1999).

17 https://www.foreignaffairs.com/articles/united-states/2020-04-07/pandemic-will-accelerate-history-rather-reshape-it。

18 https://www.project-syndicate.org/commentary/will-covid19-remake-the-world-by-dani-rodrik-2020-04。

19 有關西班牙大流感導致的全球死亡人數有各種不同的估計，當時很多國家的人口統計不很精確，所以很難有高度可信的數據。五千萬人的估計是目前最常被引用的數據，乃根據迄今為止最新的研究結果，可參見：Johnson, N.P. and Mueller, J., Updating the accounts: global mortality of the 1918-1920 "Spanish" influenza pandemic, *Bulletin of the History of Medicine*, 76(1): 105-115, 2002.

20 參見 https://www.smithsonianmag.com/history/how-1918-flu-pandemic-revolutionized-public-health-180965025/。

21 因為現有的失業救濟補助如此單薄，為了避免社會崩解危機，美國國會不得不通過緊急救助法案，額外給每一個中低收入家庭每週六百美元的失業救濟，最多可以領四個月，參見 https://www.cnbc.com/2020/03/26/coronavirus-relief-act-expanded-unemployment-payment-and-eligibility.html。

22 https://wtfeconomy.com/how-big-is-the-gig-economy-e674c7986a28。

23 Kathleen Thelen, "The American Precariat: U.S. Capitalism in Comparative Perspective," *Perspectives on Politics* Volume 17, Issue 1 March 2019 , pp. 5-27. This article is based on Professor Thelen's 2018 APSA Presidential

Address, https://www.cambridge.org/core/journals/perspectives-on-politics/article/american-precariat-us-capitalism-in-comparative-perspective/13BFEA02B83DBBD792D05107A9149D2D.

24 班農創辦的網路媒體就炒作這個議題：https://www.breitbart.com/politics/2020/04/17/andrew-cuomo-sounds-national-security-warning-everything-we-need-is-made-in-china/。

25 https://www.msn.com/en-gb/news/spotlight/a-viral-reminder-that-social-distancing-is-a-privilege-that-poor-people-cannot-afford/ar-BB11VQOS。

26 https://www.theguardian.com/world/2020/apr/29/half-of-worlds-workers-at-immediate-risk-of-losing-livelihood-due-to-coronavirus。

27 正如在G 20臨時峰會舉行前夕，由英國前首相布朗（Gordon Brown）領銜及九十二位卸任總統、首相一同連署的公開信所呼籲的：G 20政府必須發揮協同的全球領導角色，立刻採取果斷的全球協同行動來控制大流行病以及拯救全球經濟，請見：https://www.globalgovernmentforum.com/former-world-leaders-call-for-g20-to-coordinate-corona-response/。

28 https://www.ft.com/content/19d90308-6858-11ea-a3c9-1fe6fedcca75。

29 https://www.thenation.com/article/economy/globalization-regionalization-covid/。

30 https://news.cgtn.com/news/2020-04-21/China-s-supply-chain-competitive-in-the-global-network-PS8TX3zxcs/index.html。

31 https://www.scmp.com/comment/opinion/article/3078940/why-coronavirus-crisis-wont-weaken-chinas-position-global-supply。

32 https://www.theguardian.com/world/2020/apr/16/g7-backing-for-who-leaves-trump-isolated-at-virtual-summit。

33 https://www.politico.eu/article/germany-confirms-that-donald-trump-tried-to-buy-firm-working-on-coronavirus-vaccine/。

34 https://www.straitstimes.com/world/united-states/us-failed-to-block-un-virus-vaccine-resolution。

35 拜登在他發表於《外交事務》、標題為「為何美國必須再次領導」的專文裡，清楚的闡述他的外交政策基本理念與政策綱領，參見：https://www.foreignaffairs.com/articles/united-states/2020-01-23/why-america-must-lead-again。

國家圖書館出版品預行編目(CIP)資料

全球化的裂解與再融合：中國模式與西方模式誰將勝出? / 朱雲漢著. -- 第二版. -- 臺北市 : 遠見天下文化, 2020.05
　面；　公分. -- (社會人文 ; BGB485A)

ISBN 978-986-479-926-8(精裝)

1.國際政治 2.國際關係 3.中美關係

578　　　　109000111

社會人文 BGB485A

全球化的裂解與再融合

中國模式與西方模式誰將勝出？

The Future of Globalization: Fission vs. Fusion

作者 — 朱雲漢

總編輯 — 吳佩穎
副主編 — 陳珮真
責任編輯 — 賴仕豪（特約）、張彤華
封面設計 — 張議文
圖表協力 — 黃秋玲

出版者 — 遠見天下文化出版股份有限公司
創辦人 — 高希均、王力行
遠見‧天下文化 事業群董事長 — 高希均
事業群發行人／CEO — 王力行
天下文化社長 — 林天來
天下文化總經理 — 林芳燕
國際事務開發部兼版權中心總監 — 潘欣
法律顧問 — 理律法律事務所陳長文律師
著作權顧問 — 魏啟翔律師
地址 — 台北市 104 松江路 93 巷 1 號 2 樓
讀者服務專線 — 02-2662-0012 ｜ 傳真 — 02-2662-0007, 02-2662-0009
電子郵件信箱 — cwpc@cwgv.com.tw
直接郵撥帳號 — 1326703-6 號　遠見天下文化出版股份有限公司

電腦排版 — 極翔企業有限公司
製版廠 — 東豪印刷事業有限公司
印刷廠 — 柏晧彩色印刷有限公司
裝訂廠 — 精益裝訂股份有限公司
登記證 — 局版台業字第 2517 號
總經銷 — 大和圖書書報股份有限公司　電話／ (02)8990-2588
出版日期 — 2020 年 5 月 29 日第二版第 1 次印行
　　　　　 2022 年 8 月 11 日第二版第 3 次印行

定價 — NT480 元
EAN — 4713510947081
書號 — BGB485A
天下文化官網 — bookzone.cwgv.com.tw

天下文化

BELIEVE IN READING